媒体与设计学院
SCHOOL OF MEDIA & DESIGN

文化创意与传播前沿丛书
通识教育丛书

媒体创意经济

童清艳 著

Media Creative Economy

上海交通大学出版社
SHANGHAI JIAO TONG UNIVERSITY PRESS

内容提要

本书挖掘媒体"如何优化生活,拨动用户心弦"的创意力,围绕媒体的独特内容产品、关联娱乐产品、新兴媒体创新三条主线,让读者了解媒体创意经济具有自身独特品质,融文化价值、艺术力量和娱乐价值于一体,是崭新的创意产业经济——媒体产品如空气一样无处不在,从各类智能手机,到可穿戴产品,以及载体上流动的新闻、广告资讯、影视与综艺娱乐作品,现场演出、主题公园、媒体人才等。本书揭示媒体独特运作规律和管理特点,提升人们的媒介素养知识,让读者了解媒体创意经济的魅力。

图书在版编目(CIP)数据

媒体创意经济 / 童清艳著. —上海:上海交通大学出版社,2016(2020 重印)
ISBN 978 - 7 - 313 - 14326 - 6

Ⅰ.①媒… Ⅱ.①童… Ⅲ.①媒体-经济学-研究 Ⅳ.①G206.2

中国版本图书馆 CIP 数据核字(2015)第 310266 号

媒体创意经济

....

著　　者:童清艳

出版发行:上海交通大学出版社　　　　地　　址:上海市番禺路 951 号
邮政编码:200030　　　　　　　　　　电　　话:021 - 64071208
印　　刷:当纳利(上海)信息技术有限公司　经　　销:全国新华书店
开　　本:710mm×1000mm　1/16　　　印　　张:15.5
字　　数:249 千字
版　　次:2016 年 9 月第 1 版　　　　　印　　次:2020 年 1 月第 3 次印刷
书　　号:ISBN 978 - 7 - 313 - 14326 - 6
定　　价:49.00 元

丛书总序

"文化是民族的血脉，是人民的精神家园。"[1]中华民族绵延五千多年，已形成了博大精深的中华文化。中华文化已成为民族凝聚力的价值基础，人民创造力的智慧源泉，国家综合竞争力的软实力要素，经济社会发展的精神动力。随着中国阔步走向世界舞台，中华文化的地位将日渐重要！

诚然，文化的价值如此重要，但倘若缺乏诸如传媒、影视、设计等有形产品的载体，其断然难以发挥效应。由此可见，文化的大繁荣、大发展是离不开文化产品创新、创意的。然而，据国家统计局数据显示，2015年我国文化及相关产业增加值27 235亿元，占GDP的比重为3.97%[2]。而另据世界知识产权组织统计，2013年全球文化产业增加值占GDP的比重平均为5.26%，约3/4的经济体在4.0%~6.5%。其中，美国高达11.3%[3]。虽然上述两大统计口径和时间并不完全相同，但我们从中不难大致看出中国文化产业与美国等发达国家之间的差距。显然，中国文化产品的创新、创意能力较低，是制约我国综合竞争力提升的重要因素之一。

那么，如何破解我国文化产品创新、创意不足的难题？我们或许从如下案例中能得到一些启示。2004年美国日报发行量5 462.6万份，2014年美国日报发行量下降到4 042万份[4]，10年下降了26%；而于2004年上线的Facebook，2014年用户发展到13.5亿，为全球经济贡献2 270亿美元[5]。上述案例展示的冰火两重

---

①　中国共产党十七届六中全会.中共中央关于深化文化体制改革、推动社会主义文化大发展大繁荣若干重大问题的决定[OB/EB].http://news.xinhuanet.com/politics/2011-10/25/c_122197737.htm.

②　国家统计局.2015年我国文化及相关产业增加值比上年增长11%[OB/EB].http://money.163.com/16/0830/15/BVNONT7G002580S6.html.

③　国家统计局科研所.世界主要经济体文化产业发展状况及特点[OB/EB].http://www.stats.gov.cn/tjzs/tjsj/tjcb/dysj/ 201412/t20141209_649990.html.

④　NNA.DailyCirculation[OB/EB].http://www.naa.org/Trends-and-Numbers/Circulation-Volume/Newspaper-Circulation-Volume.aspx.

⑤　露天.Facebook2014年为全球经济贡献超2千亿美元[OB/BO].http://www.techweb.com.cn/world/2015-01-20/2117652.shtml.

天的境况,深刻地揭示出未来文化产业发展的一个重要趋势。为顺应文化产业未来的发展趋势,我国政府不失时机地制定了"互联网+"行动计划,积极推动工业化与信息化融合战略,以及科技与文化融合战略。

所谓的"互联网+",是在移动互联网与大数据、智能化、云计算的基础上,互联网与其他产业的融合发展。目前国内文化、传媒与创意业已在此领域进行了许多探索,譬如中央电视台推出的"央视新闻",以及为数众多的"双创"基地。与此相应,国际巨头也不甘示弱,掀起了新一轮文化市场竞争,譬如英国广播公司(British Broadcasting Corporation,BBC)通过打破传统媒体界限,按照内容重组为"新闻""视频""音频与音乐"三类,通过跨平台全媒体播出系统,满足广播、电视、网络、智能手机、互动电视等多个终端受众需求。显然,全球传媒、文化与创意产业将经历一场前所未有的转型变革!

实践是理论的源泉,理论是实践的先导。"互联网+"时代的传媒、文化与创意产业融合创新实践,既为理论研究注入了新的活力,又为理论研究提出了新的要求。"互联网+"时代的传媒、文化与创意产业发展,其本质上是一种跨界融合创新发展。倘若按照传统的单一学科研究的老路来研究,或许对此难以奏效。为此,跨学科、交叉学科研究将是攻克此难题的一条出路。有鉴于此,我们组织新闻传播、影视编导、视觉传达、文化产业管理以及工业设计专业的学者,从不同学科视野,对文化产业创新创意问题进行了探索性研究。

上海交通大学媒体与设计学院成立于2002年。建院之初,中央电视台原台长、我院首任院长杨伟光先生就带领大家制定了"文理相互渗透,学术、技术与艺术融合,数字化、国际化、产学研一体化"的办学思路。继任院长张国良教授进一步提出了"文以载道,传播天下,影像为媒,设计未来"的办学理念。在两位老院长办学理念的指导下,经过全院师生不懈努力,在国际 QS 学科排名中,2012 年传播与媒体学科跻身世界 100 强,2015 年艺术与设计学科跻身世界第 28 位。为了总结我们在跨学科、交叉学科建设中的经验,特将我院各学科部分阶段性成果撷要结集出版,以飨读者。

鉴于我们的能力所限,加之出版时间仓促,书中疏漏、谬误在所难免,敬请诸位同人不吝赐教!

上海交通大学媒体与设计学院院长、教授
上海市社科创新基地——上海市文化创意产业发展战略研究基地主任、首席专家

李本乾

前　言

　　媒体的内容产品如空气和水一样,是人类不可或缺的必需品。无处不在的媒体创意经济全面渗透人们的生活,满足主体意识越来越强的现代人。

　　那么,如何理解媒体? 创意的魅力何在? 经济学家如何思考? 媒体、创意、经济,三者的交融点何在?

　　诚然,一切传播信息的载体都是媒体。多年来,人们关注的是大众媒体(mass media,如报纸、杂志、广播、电视等),以及大众媒体的四大功能(舆论引导、协调社会、娱乐大众、传承文化),本书将其概括为社会整合功能。因为大众媒体掌握和控制了大量的受众。殊不知,这庞大的受众群体也是消费群体,大众媒体一定程度上决定了用户消费什么不消费什么,大众媒体具有强大的产业经济功能。而如今,社会已经媒体化了,社会化媒体(social media)时代的到来,人人都可以策划媒体,达到全社会共振,将事物本原揭示给世人,产生说服人的煽动力量,你不策划、借用媒体就会落后。媒体创意经济就是要找到与时代和社会共振的元素,这个元素就是创意所要挖掘的。

　　媒体生产三类产品:第一类是媒体内容产品,各媒体生产的娱乐和新闻等资讯信息,包括电视节目、电影、音像制品、印刷品(如图书、杂志、报纸)、各类新兴媒体产品;第二类是媒体用户,即受众;第三类是媒体渠道产品。媒体产品同时可分为有形部分和无形部分,无形产品是依托有形产品而发挥经济效应的。受众只有在接触有形产品之后,才能享受媒体带来的无形产品;媒体企业则在受众媒体消费中获取利润。

　　广告是媒体主要收入来源之一,不同媒体广告各有其独特魅力:传统媒体广告形式多样,新兴媒体广告信息流耐人寻味;多次销售及版权问题也存在着巨大创意效应,版权的评估、法律均很复杂,因而具备创意挖掘潜力;电影成为人们的生活方式,票房就是挖掘不尽的金山银矿。电视剧、网络剧的魅力又何在? 剧情、导演、演员、特技等如何创新? 未来的电影如何? 中国的影视作品如何走向世界？移动媒体时代"微剧"的特征有哪些？综艺节目有哪些特质？媒体品牌的魅力何在？媒体如何借助名记者、名编辑、名主持、名总裁等建设自身品牌？如何培养受众对媒体内容的知晓度、记忆度、忠诚度？媒体如何塑造其他企业品牌？社会化媒体品牌策略有哪些？企业微信平台如何营销？

媒体延伸产品——主题公园的创意如何表现？"米老鼠"一次投入、多次产出的镜子效应展示出迪士尼的营销策略，让人们忘记现实，进入另一个"真、善、美"的世界。媒体贵在创意，其创意人创意基因、特质如何挖掘？媒体管理，从组织结构到绩效、薪酬，皆离不开创意。大数据时代的中国元素在媒体创新之中向全球传播，各类定价行为、兼并行为、卡特尔行为、博弈行为等均可开拓创新思路。

本书感谢"媒体创意经济"课程相聚的各学科"交大同学们"，你们在上海交通大学全校通识课上的求知激情与创意，给本书带来许多灵感；感谢教务处通识系列丛书立项以及鲁丽老师的关心；感谢各届助教，我的硕士生刘嘉雯、鲍杰、羊思慧、高文婷、魏朝，以及曹欢，为本书稿收集资料，我的英籍博士生 Liang Tao Shan 对每章提出的宝贵建议；感谢媒体与设计学院鼎力支持，感谢上海交通大学出版社的编辑提文静女士的辛勤付出，以及每一位给本书带来思路的论著作者和业界精英。谢谢大家！

期望本书能透视媒体创意经济，为这一领域带去一抹清香。

童清艳

2016 年 2 月 18 日于上海

目　录

第一章

理解媒体创意经济

第一节　无处不在的媒体

一、媒体是人类不可或缺的必需品

媒体的内容产品如空气一样,是人类不可或缺的必需品,请看下面一则幽默故事:

两个孩子在交谈——

"你说,远古的时候根本没有电,没有收音机,更没有电视、网络,我们的祖先怎么能活着呢?"

"所以他们都死了。"

媒体的内容产品如空气一样,是人类不可或缺的,源源不断地为人类提供各种必要与想要的内容产品,如新闻、广告、综艺节目、体育内容、影视、游戏等,成为人们与外界沟通的有效信息来源,而各类媒体,从传统媒体到层出不穷的新兴媒体,每时每刻都为人们提供可心的媒体空间,达成人们从过去,到当下以及通往未来的想象通道。

在人类精神文明的发展史上,任何有价值的文化创造,如语言、文字、出版,包括图书、报纸、期刊、广播、电视、网络等传播信息的媒介载体,以及这些媒体所运载的哲理睿智、诗思和艺术等,这些被称之为精神艺术与文化的产品,都只能在传播中生存,在交流中发展。

离开传播,离开交流(双向的、互动的传播),知识就形同泥塑的神像,既变不成什么力量,也没有鲜活的生命。正如培根所说,知识的力量不仅取决于其本身价值的大小,更取决于它是否被传播,以及传播的深度和广度。

如今,报刊、广播、电视、书籍等传统媒体与各类新兴媒体如微博、微信等,渗透在社会的各个阶层和各个角落,小到个人的衣食住行、工作、学习和娱乐,大到社会政治、经济和文化。

各类媒体传播的信息像空气一样弥漫在我们的社会生活中。可以设想一下:今天,你与媒体打交道了吗? 今天,如果离开媒体,你会过着怎样的日子?

二、媒体的本质在于创造

传媒业流行两句话:媒体的本质在于创造;传媒力量优化生活。

(一)"人无我有,人有我新,人新我变——媒体的本质在于创造"

这是传媒业关于"新闻"的说法。新闻是媒体内容产品的重要组成部分。新闻之新首先是"时新"。

新闻是对客观事物发展变化的如实反映。发展变化中的客观事物,从时间过程来说,有其"史态"的存在,有其"现态"的呈现,也有其"趋态"的显露。

从根本上来说,新闻的反映对象就是事物的"现态"和"趋态",就是时序上新近发生的事实。假如采写和传播不及时,信息就会老化,"现态"就会变为"史态",新闻就会变为旧闻。

如今的"信息时代",新闻之新的时新性更为鲜明。"昨日新闻"显得不新了,强调"当日新闻";"当日新闻"嫌慢了,抢发"一小时新闻",以至各媒体的现场直播,使事件发生和新闻传播的时差越来越小。显然,新闻反映客观事物的镜头始终对准发展变化的"现态",至今已达到了同步纪实和同步传播的程度。

与此同时,预测性新闻、各类所谓大数据分析新闻也大量出现,从"现态"、大数据中寻求预示未来的先兆,使新闻不仅具有同步纪实性,而且具有预示未来、反映"趋态"的功能。

如果说新闻是"新近发生事实的报道",或说"新近变动事实的报道",在报道时,还得做到"时新"与"质新"的统一。比如,春天到了,这对于四季更替而言,可以说是新近发生的事实,但这却是千古一律的变动,是人们司空见惯的事实,在一般情况下并没有多少新意。除非今春发生了不同于去春的显著变化,除非今年的送老迎新具有不同往常的特殊意义和显著特色，这里便需要记者发现与创新。

新闻之新，还要求从"现态"中摄取在本质上多少有别于旧态的新态，抓取有别于旧事的新事，反映新近发生的新态、新事、新情况。

做新闻，需时新性、质新性和知新性"三位一体"。

具有时新性又具有质新性的事实，一般能给人以新意，但在不少情况下，许多时新又质新的事物，早被人家报道了，或早为人们得知，对接受者就成了多余的话，没有什么新意可言了。从这一现实出发，我们对新闻之新的认识，应当有所深化。也就是说，只有在受众尚未知晓之前，把时新又质新的事理传给受众，才能保持新闻事实的新鲜感。这就是新闻之新的"知新性"了。

所以，人无我有，人有我新，人新我变——媒体的本质在于创造。

（二）"传媒力量优化生活——用传媒力量拨动顾客的心弦"[①]

1. 媒体全面参与人们的生活，满足了主体意识越来越强的现代人

如今伴随人们的最常见媒体是什么？等朋友、排队、坐公车、购物、寻美食、找景观、分享心得……能将以上这些动作串联在一起的物品是什么？答案是：智能手机。有一项调查显示，59%的人会在购物和等待时使用手机，58%的人会在朋友聚会时使用手机、47%的人会在乘坐公共交通工具时使用手机，28%的人在洗澡时使用手机，23%的人在会议时使用手机[②]。

大众媒体、自媒体，当下尤其是电视、网络、智能手机等媒体，与我们的工作、生活息息相关，不断满足主体意识越来越强的现代人。如人们习惯早晨起床后打开手机，刷刷微博，扫扫微信，接收最鲜活的各类咨询；在开车上班或乘公车地铁的路上，听听音乐或新闻，看看视频，再玩会儿游戏；等进了办公室，人们将打开电脑，再随手翻阅摆在桌面的一叠报纸、杂志，去了解上级或本专业最新的工作动向、国内国际及本地的主要新闻，以增强工作的主动性和前瞻性；闲暇之时，阅读一些报纸、杂志和书籍（电子版或纸质版），以陶冶情操，追求更高的生活品位，以增长知识，提高文化素养和其他各方面的能力；最后，下班回到温暖的小窝，除片刻不离手机外，临睡前，或许还要在电脑、平板或电视上观看两三个小时

① 沃尔夫.娱乐经济[M].北京:光明日报出版社,香港:科文(香港)出版有限公司,2001.
② 果壳网.2014年10月2日.

的视频节目,进一步丰富自己的文化生活;此外,随时与朋友连线交流,进一步拓宽自己的视野,获取一定的信息也是必不可少的。人们在媒体和媒体内容中得到充分的娱乐、放松和满足,永远在线,永远有种即时临场感觉。

可见媒体已全面渗透进人们的生活。

为什么媒体在我们的生活中占据如此重要的地位?

媒体为我们提供新闻,帮助我们了解外部世界的动向和变化;媒体为我们提供知识,帮助我们提高素质,增强认识世界、改造世界的能力;媒体为我们提供生活中的有用信息,辅助我们安排日常工作、学习与生活;媒体为我们提供文化享受,丰富我们的精神世界;媒体为我们提供娱乐,使我们能够从工作、学习和生活紧张压力下解放出来,获得轻松和休息。如此等等,充分体现了媒体对现代人生活的"参与性"。

事实上,媒体提供的不仅仅是服务,它还作为一种改造力量,对我们的意识和行为产生重要的影响。

2. 以传媒力量拨动顾客的心弦

媒体每时每刻都在传播各类信息,以其独特的传媒力量优化生活,用娱乐因素改造着我们的经济。在当代社会,传媒娱乐产业以其无所不在的影响,正渗透到经济增长、文化演进以及人们社会生活中的所有层面。绝大部分消费品产业,都在竭力吸引消费者的注意力,而要拨动消费者的心弦,"娱乐"是一曲最具震撼力的乐章。

麦当劳的总裁说:"切记,我们不属于餐饮业,我们是娱乐业。"如今,人们在展销会现场可以观看一场文艺演出,在商场购买时装可以欣赏一场时装模特表演,看楼如同郊游般轻松愉快……这种能享受到乐趣的消费便被美国娱乐业顾问、经济学家沃尔夫称之为"乐趣导向的消费",并将由此而形成的一种新型经济现象称之为娱乐经济。

沃尔夫在《娱乐经济》一书中提出,消费者不管买什么,都在其中寻求娱乐的成分。在这种"乐趣导向的消费"的趋势下,市场上的产品和服务也会相应地提供娱乐功能或与娱乐活动相结合,形成娱乐经济。他认为,未来传媒产业成功的关键,在于能否成功结合娱乐。

将传媒娱乐经济推上舞台的,是世人日渐庞大的娱乐消费力。反过来,这使得各行各业绞尽脑汁满足顾客的娱乐需求。如新车配备数字音响、多只喇叭已经不稀奇，甚至还要为顾客准备露营用具、野餐桌椅。因此，在大家的服务、功能都差不多的情况下，商家必须提供一整套的服务，特别是增加休闲娱乐方面的附加值，才能吸引顾客。

"生活已经不缺功能，大家要的是感觉"。"媒体娱乐"已经不是一个特定、有界限的行业，因为所有的事情都要换个方式做，提供娱乐，变得轻松、愉快，并借助媒体力量将其无限放大、提升。

许多产业诉诸媒体娱乐，是要拉近与消费者的距离，如银行。银行在存折、信用卡上印玩偶图案、送休闲娱乐产品，就是要让消费者，尤其是年轻的潜在客户群对"冷冰冰、硬邦邦、严肃"的银行业务觉得熟悉、亲近、容易接受，而且会与影视票价、会员服务挂钩，配套一些刷卡折扣服务，让消费者低成本得到媒体娱乐服务。麦当劳不仅在媒体通过广告营造一种令人愉悦的、温馨的进餐环境，现实实体店内，进餐的小朋友们还可以附带得到成套的、新奇的玩具等。

各类新兴媒体，如电商，也成功搭上娱乐经济列车。有不少服装设计师、明星喜好在网络上跟崇拜者对谈、互动。不少网页更设计了聊天室、算命、心理测验、网上游戏、投票等活动，并连续不断地提供各类资讯与娱乐。"任何公司只要上了网络，就变成了娱乐公司"，沃尔夫（Wolf）在接受亚马逊书店的专访时指出。

在娱乐经济时代，商家成功的关键在于能否成功地结合娱乐，媒体经济也不例外。沃尔夫（Wolf）为走向"娱乐化"的媒体企业提供了几把"杀手锏"：

（1）媒体勇于冒险创新。娱乐业的生存法则，就是"各领片刻风骚"。消费者今天看好某一种新产品，但可能很快觉得它不再新鲜或者又去拥抱他认为更好的产品。创新，永远是不变的法则。正如新闻集团老板默多克所判断：别人想出一条娱乐元素，作为媒体人，你必须想出十条，甚至几百条。唯此，受众才会不断被点燃，才能找到媒体行业不断增长的机会。当娱乐因素成为企业竞争力的一部分时，企业必须对于风险有足够的估计并勇于承担。

（2）媒体创立强大的品牌。创立成功的品牌并没有什么固定的模式，但是品牌所暗含的理念却是完整而且具有永恒魅力的。未来的品牌，越能抓住人们的心理与情感层次的需求，就越能深入人心。在今天环境中，心理份额，即公众如何知晓和认识你的品牌，才能获得消费者的信任和忠诚度。媒体中形形色色的广告语承担着企业形象塑造这一功能。迪士尼并不仅仅意味着塑造人物造型或主题公园,它还意味着天伦之乐;玛莎·斯特恩也并不意味着一份杂志或一场电视节目,它意味着充满魅力的好品味;布隆伯格不仅仅是图书商人桌上的一个终端,它还有新鲜热辣的财务信息和分析;NBA也不再单纯地只是高个子以高命中率往篮筐里扣球,而是象征着敏捷,引领都市风尚,反映街头生活影迹,表现娱乐业所特有的动感和激情①。

(3)媒体多元化经营。成功的品牌,如迪士尼,从影视作品,到主题公园,进而延伸至民用产品、实体演出,隐藏着产业扩充的无限潜力,娱乐将大众的波长调到同一个水准,消费潜力不断被挖掘、延伸。媒体娱乐经济的跨行业性质以及消费浪潮的多变性,更使得"娱乐化"媒体企业必须走多元化经营之路。这里媒体企业需要注意的是,必须将媒体品牌的"个性特征"同消费者的自我形象定位结合起来,这里媒体企业必须明确的是,不管实行什么样的多元化策略,维持媒体品牌个性是第一目标。

(4)媒体合作创造财富。媒体企业在推动"娱乐化"服务时,策略联盟是行之有效的重要手段之一。因为媒体企业在实行多元化经营的过程中,对于新领域的经营之道未必熟悉,这就要求媒体企业必须同新领域的企业联合开展合作,如此媒体企业可在快速扩展新领域的同时,有效地节省了大量资源。未来的娱乐经济集多种功能、服务于一身,媒体企业的合作能力将成为核心竞争力之一。未来,不是"各人自扫门前雪"。例如芭比娃娃,所有媒体都在传播这一形象,于是便有了女子全国篮球联赛芭比娃娃,不同生活方式、场合、种族的芭比娃娃形象,民用产品、电子产品。迪士尼和其他卓有成效的娱乐型媒体品牌,也是不断寻求任何可能的拓展、联盟和机遇的必要性②,可以理解为是一种创新的能力。

迪士尼与世界上一大批顶尖品牌建立了以产品为基础的拍档关系,包括柯达、麦当劳、马特尔、圣雷尔游艺以及美国业余体育联合会等一大批知名品牌。在这些合作中,当这些品牌沾上迪士尼的"光"的时候,迪士尼从中也通过杠杆的作用获得了心理份额,通过口传作用增加了其产品的潜在收入能力。甚至像迪士尼这样一个花巨资用于产品销售的庞大公司,它从这些合作投资中得到的来自合作伙伴的广告和促销费用也是米老鼠那深不可测的荷包所装不下的③——

① 沃尔夫.娱乐经济[M].北京:光明日报出版社;香港:科文(香港)出版有限公司,2001:267.
② 沃尔夫.娱乐经济[M].北京:光明日报出版社;香港:科文(香港)出版有限公司,2001:282.
③ 沃尔夫.娱乐经济[M].北京:光明日报出版社;香港:科文(香港)出版有限公司,2001:274-275.

"穿得跟米老鼠一样"。

(5) 媒体创新是生存之本。沃尔夫(Wolf)指出,媒体娱乐化的概念甚至可以包括媒体产品或者媒体服务的便利性。但是无论怎样,持续的创新和抢得先机对于"娱乐化"媒体企业是至关重要的。如果不想被对手击垮,必须不断地开发出新的媒体产品或媒体服务,并且要时刻抓住新生代瞩目的焦点。只有这样,才能建立高价值而且令竞争对手无法仿制和套用的媒体品牌资产①。娱乐经济时代的跟风媒体企业,获利空间将会很有限。

(6) 掌握有创新力的媒体人力资源。在娱乐化趋势中,媒体创新人才是一项很重要的资源和资产,"敢于幻想"则是其最有价值的商品。当大卫·斯科特在 20 世纪 80 年代早期接手 NBA 时,它充其量算个还算火的职业篮球比赛。它不过是迪斯科的体育版本,70 年代的时髦而已,比赛观众比率只有 50% 略多些。而且联赛的声誉受到毒品滥用和猥亵的性丑闻的严重影响。斯科特取得 NBA 权柄之后,富于策略性地着手创立起一个 NBA 品牌帝国来。特许商务、网络广播协议以及认证等手段全都派上了用场。从此之后 23 支球队开始以一个声音与外界打交道、发布言论。他将 NBA 办公室推到一个无所不包的角色中,对该运动进行通盘改造,从为比赛广播寻找新的、吸引人的水银灯下明星,到协助创造各种促销运动,可谓四处逢源。在提升公众对 NBA 的表现的认知水平时,他有一个拍档:网络电视②,就这样,在传媒强大力量下,他出色大胆的创新成就了NBA 的时代传奇,从而化平庸为神奇。

在成熟的媒体娱乐经济模式中,有创意的媒体销售人才,是媒体企业最重要的资产。由于媒体娱乐因素在这种经济模式中已经渗透到了社会经济生活的各个角落,未来媒体企业在招聘人才时,也将打破原来的"专业对口"模式,垂青于具有不同背景的、有娱乐经济细胞的"创业者"。

沃尔夫预测,媒体娱乐经济最终将走向个性化。到 21 世纪中叶,媒体娱乐要让消费者全面主导,媒体企业必须给消费者更多的选择,消费者的性别、年龄、喜好各不相同,媒体企业不能给每个人一样的东西。走向个性化的媒体娱乐经济将全面考验媒体企业了解消费者的能力。

---

① 沃尔夫.娱乐经济[M].北京:光明日报出版社,香港:科文(香港)出版有限公司,2001:293.

② 沃尔夫.娱乐经济[M].北京:光明日报出版社,香港:科文(香港)出版有限公司,2001:288.

未来的媒体商业模式,要花更多的时间和精力去收集和研究消费者的基本资料、个人喜好和流行趋势,越来越注意揣摩消费者的心态。未来的媒体将突破文化保护主义,进行媒体大融合,成为全球媒体娱乐经济。

三、卓越媒体创意经济人

(一)基思·鲁珀特·默多克(Keith Rupert Murdoch)

1. 默多克其人

世界媒体大亨鲁珀特·默多克,1931 年 3 月 11 日出生于澳大利亚的墨尔本,毕业于英国牛津大学伍斯特学院后,回到澳大利亚经营其父濒于破产的日报,短短的三四十年间,不断地兼并与收购各大报社、电视台、卫星网、有线网及出版公司等媒体,将其发展为跨越欧、美、亚、澳几大洲,涉足广播、影视、报业诸领域的传媒帝国——新闻集团,覆盖全球 1/3 人口。他以卓越的胆识、坚韧的决心和不懈的创新,成为世界上最具影响力的人物之一,个人财富也超过 110 亿美元。

2. 默多克具冒险精神

早在小学的时候,默多克就将马粪卖给老太太,捉兔子剥皮卖,很有恶作剧成分,后来,又开始赌钱。中学时代,默多克总是骑车去墨尔本,参加来明顿赛马场的马赛。在牛津大学,他搜索法国的 Deauville 频道,参加赌钱游戏。他也参赌报业、电视以及远程卫星,这是赌注巨大的智力竞赛。1990 年底,默多克将他的英国卫星电视公司天空电视台(Sky)与竞争对手的公司合并,组成"英国天空广播公司"。天空电视台曾将默多克推向悬崖,它负有 27 亿美元的债务。这是他的电视事业,或者任何其他事业的最大的赌注。1994 年,新合并的英国天空广播公司奇迹般地宣布赢利 2.8 亿美元。

3. 默多克的市场天赋

在默多克看来,强力推销最奏效,而且具攻击性的挑战是他所擅长的。1993 年 9 月,《泰晤士报》的销售量和其竞争对手《独立报》的销售量都在 35 万份左右。默多克将《泰晤士报》的价格由 45 便士降至 30 便士。《独立报》则奇怪地提升了报纸的价格,以表明它不屑于玩弄这种低级把戏。1994 年上半年,《泰晤士报》销售量上升了大约 40%,达到 50 万份;而《独立报》的销售量却降至 27.5 万份,濒临破产边缘。这种攻击性的价格下调是默多克在竞争过程中经常采取的策略。

4. 默多克总是迎接未来

你会认为这根本不是什么了不起的技巧,但是高级管理人员显然很少思考未来。相反,人们总是疲于应付眼前的事务,深陷于当前琐事的泥沼。默多克却总是着眼未来。

他关注拥有 13 亿消费者的中国市场。英国广播公司(BBC)播放批评中国政府的节目后,他就将英国广播公司驱逐出他的亚洲星空卫视系统,并取消了与彭定康的出书合同。他的这些做法算不上狡猾,但表明了中国对默多克意味着什么,这也可以理解为他强有力的政治公关策略,他总是善于破解掉未来道路上的障碍。

(二)萨姆纳·M.雷石东(Sumner M. Redstone):

1. 雷石东——世界最大的传媒集团之一维亚康姆(Viacom)创始人

他出生在美国波士顿一个清贫的犹太人家里,17 岁时,进入哈佛大学;20 岁时,被选拔进入美军从事破译日军电报密码工作;24 岁时,获哈佛大学法学博士学位;31 岁时,第一次创业,经营"国家娱乐有限公司";30 年后,积累了 5 亿美元财富;50 岁时,经历一场火灾,险些丧命;63 岁时,第二次创业,收购维亚康姆公司;70 岁时,收购派拉蒙电影公司;76 岁时,收购哥伦比亚广播公司;78 岁时,被《福布斯》评为全球第十八位富豪;80 多岁,管理着全球最大的传媒娱乐公司——维亚康姆公司。

2. 创造奇迹——维亚康姆(Viacom)

雷石东将当年一家在挣扎中求生存的电视节目公司转变为如今的世界媒体和娱乐巨头,这就是维亚康姆公司。如今的维亚康姆是世界上最大的媒体和娱乐公司之一,旗下拥有曾拍摄《阿甘正传》、《泰坦尼克号》的派拉蒙电影公司、哥伦比亚广播公司,曾经做 DVD 和电脑游戏的百士达(Blockbuster)及 MTV 音乐电视网等几大著名公司,年营业额达 226 亿美元,在全球 170 多个国家和地区拥有分支机构。创造这一奇迹的是雷石东。

3. 媒体理念——内容为王

雷石东最著名的媒体理念就是"内容为王"。在雷石东的计划中,他要建立的是一个世界上第一流的以内容为驱动的媒体。在通过维亚康姆建立了电视王国后,雷石东将目光瞄准了派拉蒙电影公司。1993 年,雷石东成功收购派拉蒙。

1994 年,维亚康姆以 84 亿美元收购 Blockbuster。

1994 年,电影《阿甘正传》出品,这部励志片饱含生活的哲理,留给人们深沉的人生思考,弱智但永不放弃的阿甘深深感动了全球观众。同时,影片中那令人瞠目结舌的电影特效让人充分体验了电影魔术的神奇魅力。《阿甘正传》也被认为是美国战后最伟大的电影之一。

1995 年,《勇敢的心》深深震撼了全世界,这部恢宏的史诗巨片充满了崇高与悲壮之美,那种为正义自由而浴血奋斗的献身精神又一次让观众感受到电影艺术的崇高魅力。

1997 年,《泰坦尼克号》中浪漫的苏格兰风笛,危难中人性的光辉,与一段生死与共的不渝爱情,带给全世界一次浪漫而凄美的感动,带给人们深深的震撼和长久的共鸣。

《泰坦尼克号》是电影史上最成功的影片之一,在票房价值与艺术享受之间取得了最大的双赢。其巨大的制作、恢宏的场面,史诗般的悲剧之美和感人至深的爱情,使《泰坦尼克号》成为经典中的经典。

(三)华特·迪士尼(Walt Disney):

1. 米奇:从幻想到现实,从生活到创业

华特·迪士尼 1901 年出生在美国伊利诺伊州的芝加哥,童年的他经常被父亲要求与他的哥哥们一起打工。在经历过军人、画家、制片人等行业的锻炼之后,1935 年的某天,因为一个在火车上的梦,华特·迪士尼突发创造米奇老鼠的灵感,进而在他的有生之年,将其无穷的幻想与童心变为现实。

后来这个卡通形象改名为米奇(Mickey Mouse),华特·迪士尼也成为全球最富幻想力的造梦大师。当上了父亲之后,华特又萌生了建造乐园的念头,1955 年,世界第一座迪士尼乐园在美国加州建成,这是全家人都可以感受到快乐的地方。

2. 坎坷的创业经历成就迪士尼快乐王国

1920 年,华特和一位当时广告公司的同事乌布·伊沃克斯合伙成立了伊沃克斯·迪士尼商业美术公司(Iwerks Disney),由于从一项业务中总共才挣到135 美元,伊沃克斯—迪士尼商业美术公司成立不到一个月就停业了。

之后,华特加入了堪萨斯市广告公司,并在这里学到了拍摄电影和动画的基本技术。华特建立了欢笑动画公司(Laugh-O-Gram Films),并成功通过电影发行人弗兰克·纽曼发行公司制作的动画短片。1922年5月23日,华特征得乌布的同意,将伊沃克斯·迪士尼商业美术公司的剩余资产并入欢笑动画公司。在欢笑动画公司,华特制作了《小欢乐》(*Laugh-O-Grams*)动画,并卖给了堪萨斯城的发行商。

1923年7月,华特·迪士尼到了洛杉矶,准备在好莱坞发展。华特·迪士尼和哥哥的儿子罗伊·迪士尼成立了迪士尼兄弟制片厂(Disney Brothers Studio),并接着制作《爱丽丝在卡通国》系列动画。

1925年7月25日,华特·迪士尼与制片厂的女员工莉莲·邦兹(Lillian Bounds)在爱达荷州结婚。度完蜜月回到好莱坞后,华特·迪士尼决定把迪士尼兄弟公司改名为华特迪士尼制片厂,因为他认为单个名字比带有“兄弟”一词更有吸引力。

1926年,位于海布瑞恩的新片厂建成了。随后,迪士尼兄弟开始在新片场制作《幸运兔子奥斯华》(*Osward the Lucky Rabbit*)系列动画。

1927年《幸运兔子奥斯华》推出后反响不错,之后,华特·迪士尼带着莉莲到纽约去找发行人查尔斯·明茨(Charles Mintz)讨论续签合同的问题。华特原本要提高价格,但明茨却要求华特降低价格,并告诉华特,他已经买通大部分《幸运兔子奥斯华》的制作人员,而且根据合同他拥有这系列动画的版权,如果华特不答应降价要求,他自己也可以继续制作《幸运兔子奥斯华》。

在回好莱坞的火车上,华特·迪士尼突发灵感,创作出了一个以老鼠为原型的卡通形象——莫迪默(Mortimer Mouse),后来经过莉莲的建议,这个卡通形象改名为米奇(Mickey Mouse)。

1928年3月,华特开始了第一部米奇系列动画《飞机迷》(*Plane Crazy*)的制作。随后又制作了第二部《飞奔的高卓人》(*Galloping Gaucho*)。由于这两部动画的反响很有限,当时有声电影又刚刚兴起,因此华特决定用帕特里克·鲍尔斯研究出的方法来给第三部米奇系列动画《威利汽船》(*Steamboat Willie*)配音,创作出了世界上第一部有声动画。1928年11月18日,《威利汽船》在纽约侨民影院进行首映,反响空前!

3. 迪士尼:协同效应的神奇世界

迪士尼的成功不是来源于它所生产的任何一件产品上都贴上米老鼠的头

像,而是来自它精心策划的战略和威力庞大的营销机器①。而华特正是这个奇迹的创造者。

1929 年,华特除了继续推出米奇系列动画外,为了增加流动资金,华特开始制作新的名为《糊涂交响曲》(Silly Symphony)的系列动画短片。

1930 年,一个名叫乔治·博格费尔特的纽约商人为了给自己的孩子圣诞礼物,向迪士尼购买了米奇和米妮形象在玩具、书籍、服装上的使用权。接着,华特·迪士尼授权出版发行米奇的出版物,开始经营版权生意。

1931 年,华特开始考虑拍摄彩色动画。并推出世界上第一部彩色动画《花与树》(Flowers and Trees)。1933 年,华特推出动画《三只小猪》(Three Little Pigs)。1934 年 6 月 9 日,华特推出动画短片《聪明的小母鸡》(The Wise Little Hen),唐老鸭第一次出现。1935 年 2 月 23 日,华特推出第一部彩色米奇动画《米奇音乐会》(The Band Concert)。

1937 年 12 月 21 日,华特在好莱坞卡塞剧院(Carthay Circle Theater)正式推出了影史上第一部长篇动画电影《白雪公主与七个小矮人》(Snow White and the Seven Dwarfs)。

1940 年 2 月 7 日,华特推出第二部长篇动画电影《木偶奇遇记》(Pinocchio)。同年 11 月 13 日推出世界上第一部使用立体音响的电影《幻想曲》。

1941 年,华特作为美国政府的亲善大使到中南美洲访问,并领衔创作了电影《幻想曲》,第三次获得奥斯卡特别奖。这一年 10 月 23 日,华特推出第四部长篇动画《小飞象》(Dumbo)。

1946 年 11 月 12 日,华特还推出了制片厂第一部真人与动画结合的电影《南方之歌》(Song of the South)。另外,在这期间华特也为美国政府拍摄了不少宣传影片。

二战结束后,很多当年参军的员工回到片场,帮助华特制作影片。1950 年 2 月15 日,迪士尼再次推出了一部长篇动画《仙履奇缘》,从这开始,华特的动画制作进入黄金时期。在接下来的十多年里,华特推出了《小飞侠》《小姐与流浪汉》《睡美人》《101 忠狗》《森林王子》(The Jungle Book)等多部脍炙人口的影片。

---

① 沃尔夫. 娱乐经济[M].北京:光明日报出版社,香港:科文(香港)出版有限公司,2001:273.

1950 年 7 月 19 日，华特推出了迪士尼第一部真人电影《金银岛》。在 1964 年 8 月 29 日，华特还推出了真人与动画结合的电影《欢乐满人间》（*Mary Poppins*），这也是影史上迪士尼成就最高的电影。另外，华特也开始在电视上播出《迪士尼奇妙世界》（*The Wonderful World of Disney*）。

4. 华特给世界的礼物：迪士尼主题乐园

在这段时间里，华特还创建了世界上第一座迪士尼主题乐园——于 1955 年 7 月 17 日在美国加利福尼亚州阿纳海姆（Anaheim）开张的迪士尼乐园（Disneyland），并开始规划位于美国佛罗里达州奥兰多的迪士尼世界（Disney World，后来被罗伊·迪士尼改为华特·迪士尼世界）。

1966 年 12 月 15 日，华特·迪士尼在他刚过完 65 岁生日后十天，突发心肌梗塞逝世。许多人都不愿意相信迪士尼真的死去，甚至有人说他会在某一天突然出现在我们面前。

如果说默多克、雷石东是受过高等教育的可塑人才，眼光独到、胆识超群，迪士尼简直就是天才，他从未接受过相应培训与教育，却可创意过人，为人类带来许多乐趣，靠的是天赋，靠的是爱心、童心与创意，用他自己的话说，每个人内心都住着一位小孩，他要为大家创造一种老少皆宜，所有年龄段都会感兴趣的"真、善、美"的产品，他用一生的时间为人类奉献了拨动人心的内容。你，我亲爱的读者，如果愿意，媒体创意的大门已经向你打开。

思考题：

1. 你所了解的成功媒体人有哪些？
2. 你感兴趣的媒体创意策划活动有哪些？

第二节　媒体是创意经济

一、什么是媒体

"媒体"一词来源于拉丁语"Medium"，音译为媒介，意为两者之间。它是指人借以传递信息与获取信息的工具、渠道、载体、中介物或技术手段。也可以把媒体看作为实现信息从信息源传递到受信者的一切技术手段。

随着科学技术的发展,特别是互联网的兴起,可以将媒体划分成传统媒体和新兴媒体两类。

传统媒体也被称为平面媒体,如报刊(报纸、杂志),以及广播、电视、书籍。确切来讲,传统媒体是相对于网络媒体而言的,是以传统的大众传播方式,即通过某种载体定期向社会公众发布信息或提供教育娱乐、交流活动的媒体。

新兴媒体泛指利用电脑(计算及资讯处理)及网络(传播及交换)等新科技的媒体,是对传统媒体之形式、内容及类型所产生颠覆性质变的媒体。新兴媒体一词可以从产业区分、人机接口、艺术运动及其多媒体形式来诠释。

美国《连线》杂志对新兴媒体的理解是:所有人对所有人的传播。

舍基在《认知盈余》一书中认为:"媒体是社会的链接组织(connective tissue)",可以分为公共媒体(专业人士的大众媒体,如电视、报纸、网络等)和私人媒体(信件、电话等),这两种模式已经合二为一了。在传统媒体的世界里,我们就像孩子一样,安静地在地上围坐成一圈,吸收着圆圈中央大人们为我们创造的一切。但如今,人人皆媒体的世界已经出现,哪些能帮助人们做其想做的事情时,新型媒体才得以被采用①。

过去的"媒体",如电视,使得发达国家的人们做得最多的三件事便是工作、睡觉和看电视。看电视减少了人与人之间接触的时间,即"社交替代",人们对"人与人"之间的"关系活动"投入不足,即花很少的时间用于社交。而人类是社会性动物,自由时间在激增,如果把这种自由时间当做是一种普遍的社会资产,那么便可将其用于大型的共同创造的项目,而不是一组仅供个人消磨的、个体的一连串时间。于是,年轻人看电视的时间在减少。而新兴媒体,如各类社会化媒体(You Tube),这类可以快捷互动的媒体,使得年轻人正从单纯对媒体的消费中转变过来,甚至在观看在线视频的同时,有机会针对视频素材发表评论、分享、贴上标签、评分或者排名,还可以与世界上其他观众一起讨论。

想象一下,如果将全世界受教育公民的自由时间看成是一个集合体,这是多么巨大的媒体创造力! 新的媒体技术使其得以实现。

---

① 舍基.认知盈余:自由时间的力量[M].北京:中国人民大学出版社,2012:60-71.

新兴媒体正是这种利用计算机信息处理技术进行内容数字化转换,通过互联网、宽带局域网、无线通信网、卫星等数字化渠道,电脑、手机等数字终端,向用户提供信息和娱乐服务的传播形态。

基于传播和营销价值认知的新媒体,在形式上是不胜枚举的,如门户网站、数字电视、卫星电视、移动电视、IPTV、网络电视(Web TV)、温暖触媒、列车电视、楼宇视屏(各种大屏幕)、移动多媒体(手机彩信、手机报纸等)、网上即时通讯群组、对话链(Chatwords)、虚拟社区、博客(blog)、播客、搜索引擎、简易聚合(RSS)、电子邮箱等等。

从媒体自身出发,新兴媒体就是能对大众同时提供个性化内容的媒体,是传播者和接受者融会成对等的交流者,而无数的交流者相互间可以同时进行个性化交流的媒体。一个真正的媒体,是可以将人们包含进去的,人们可以参与,可以获得与外界沟通的通道。

凡是和真实生活贴近的媒体,其生命力越来越强。反之,与真实生活远离的媒体,其地位正在下降。未来的媒体消费者与生产者相融合;个人可以根据兴趣寻找媒体表达;免费与去中心化是其特质,"媒介即讯息"、"处处皆中心,无处使边缘"、"人人可传播"①。

二、什么是创意经济

(一) 什么是创意

通常认为,创意来源于灵感,来源于 Ideas(英文原意为"思想、意见、想法、观点");Creative(英文原意为"有创造力的、创造性的、生产的、引起的");Creativity(即"创造力",有时也被译"创意");Originality(即利用创造性思维而产生的新思维)。

创意是一种创新性的思维,能将原先旧因素重新组合,也可以"无中生有",具有独创性、求异性、探索性、灵活性、偶然性等特征,其基本形式,有理论思维、直观思维、逆向思维、形象思维等特征。

创意的方法种种,有联想类比法、组合创意法、逆向思维法、头脑风暴法(又称智力激励法)、希望列举法(充分展现自己美好想法)等方法。

---

① 保罗. 新新媒介[M]. 上海:复旦大学出版社,2014.

创意很神秘有趣,有这样一则寓言,上帝为人间制造了一个怪结,称为"高尔丁"死结,并承诺,谁能解开奇异的"高尔丁"死结,谁就将成为亚洲王。几乎所有尝试解开结的人都失败了,最后轮到亚历山大,他说:"我要创造我自己的法则",他抽出宝剑,一剑将结劈为两半,于是,他便成了亚洲王①。

显然,"创意"如同怪结,无法给出确定的概念,但毫无疑问,创意必须是出其不意的,非模仿、重复与循规蹈矩,是一种创新的力量。正如奥巴马在 2011 年国情演说中说道:"激发国人的创新精神是我们制胜未来的基石。"具有历久弥新的恒长力量,好的创意永远是时间的玫瑰,能让不相关变成相关,分享与合作能打开无数创新之门②。

(二)创意经济内涵

自从英国政府 1998 年正式提出"创意产业"的概念以来,发达国家和地区提出了创意立国或以创意为基础的经济发展模式,发展创意产业已经被发达国家或地区提到了发展的战略层面。与此同时,西方理论界也率先掀起了一股研究创意经济的热潮。从研究"创意"(creativity)本身,逐渐延伸到以创意为核心的产业组织和生产活动,即"创意产业"(creative industry)、"创意资本"(creative capital),又拓展到以创意为基本动力的经济形态和社会组织,即"创意经济"(creative economy),逐渐聚焦在具有创意的人力资本,即"创意阶层"(creative class)。

对于创意经济的具体含义,主要分为两类:一类是把创意经济作为一种新兴产业,认为创意经济就是"源于个体创造力和技能及才华,通过知识产权的生成和取用,具有创造财富并增加就业潜力"的产业。

另一类是把创意经济上升到一种新的经济形态,认为创意经济"由创意部门、制造部门和服务部门三部门组成,它不仅能带来经济增长和繁荣,更能使人类的整体潜能得到充分的发挥"。

无论以何种方式定义和划分创意产业,对什么是广义上的"创意经济"这一核心问题的答案是一致的。

"创意经济"这一词汇首次出现在 2001 年约翰·霍金斯(John Howkins)关

---

① 陈勤. 媒体创意与策划[M]. 北京:中国传媒大学出版社,2015:1-19.
② 斯蒂芬. 伟大创意的诞生[M]. 杭州:浙江人民出版社,2014.

于创意与经济的关系的书中。对于约翰·霍金斯来说，"创意并不陌生，也不是经济词汇，但在创意的性质、创意与经济之间关系的程度和它们如何联合创造非凡的价值与财富问题上，创意却是新问题。"Howkins 广泛运用了"创意经济"概念，其中涵盖了 15 种创意产业，从艺术到更广义的科学和技术①。

2008 年，联合国贸发会出版首部《创意经济报告》(*Creative Economy Report* 2008)。该报告以"创意经济"涵括各国对文化创意产业不同定义间的差异。报告称，创意经济也被称之为创意产业、创新经济、创意工业、创造性产业等，通常包括时尚设计、电影与录像、交互式互动软件、音乐、表演艺术、出版业、软件及计算机服务、电视和广播等。此外，还包括文化旅游、博物馆和美术馆、遗产和体育等②。

联合国贸发会议（UNCTAD）关于创意经济的定义（2008 年）是："创意经济"是一个不断演进的概念。概念的基础是创意资产拥有增进经济成长和发展潜能。

它可以促进创收、创造就业机会及增进出口收益，同时促进社会包容、文化多样性和人类发展；

它包含了经济、文化和社会方面与技术、知识产权和旅游目标之间的互动；

它是一系列类以知识为基础的经济活动，具有发展维度，并与整体经济在宏观和微观层面上有交叉联系；

它是一个可行的发展方案，要求创新的、多领域的政策回应和各部门的协调行动；

创意经济的核心是创意产业③。

创意并不新鲜，经济学更是老生常谈。真正称得上新的是它们之间关系的特质和程度，以及两者如何结合，共同创造非同寻常的价值和财富。

约翰·霍金斯则认为版权、专利、商标和设计这四种行业一起构成了创意产业或创意经济。创意并不一定就是经济行为，但是，一旦创意具有了经济意义或产生了可供交换的产品，创意就可能是经济行为。这种从抽象到具体及从概念到产品的转变，是很难界定的。有关这一转变的时刻没有放之四海而皆准的定

①　多斯桑托斯埃德娜，张晓明，周建钢. 创意经济报告[D]. 2008:14.
②　罗昌智，林咏能. 两岸创意经济研究报告[M]. 北京:社会科学文献出版社,2014.
③　多斯桑托斯,埃德娜,张晓明,周建钢. 创意经济报告[D]. 2008:14.

义,无法涵盖一切的可能性。知识产权法提供了一套标准,市场则提供了另一套。总的来说,只要一个想法得以确定、命名或变得实用,这种转变就会发生,结果,它就会被人拥有,或被人用于交易①。

综上,创意经济既可以理解为一种产业,也可以理解为一种新的经济形态。但是把创意经济作为一种新的经济形态,可以站在更高的角度来审视,能够更好地理解创意经济对各国经济的巨大推动作用。

创意经济可以理解为在知识经济高度发达的新阶段,以人的创造力即创意为核心,以知识产权保护为平台,以现代科技为手段,并把创意物化,形成高文化附加值和高技术含量的产品和服务,在市场经济条件下进行生产、分配、交换和消费,以提升经济的竞争力和生活质量为发展方向的新型经济形态。

创意经济可以理解为那些从人的创造力、技能和天分中获取发展动力的企业和个人,以及那些通过对知识产权的开发可创造潜在财富和就业机会的活动。它通常包括广告、建筑艺术、艺术和古董市场、手工艺品、时尚设计、电影与录像、交互式互动软件、音乐、表演艺术、出版业、软件及计算机服务、电视和广播等等。此外,还包括旅游、博物馆和美术馆、自然和历史文化遗产以及体育等。

(三) 创意产业

创意产业的概念第一次被提出是在 1988 年 11 月,英国创意产业工作小组认为它是源于个人创造力、技巧和才华,通过对知识产权的开发,能够创造财富和就业潜力的产业。但是在全球化浪潮迅速席卷而来的今天,这个传统的创意产业的定义已经远远追不上信息技术和互联网发展的速度,利用信息化推动产业发展,使得创意产业有了新的表现形式和更为丰富的内涵。

创意产业是当今世界发达国家和地区进入后工业化社会以来,在现代城市广泛存在的一种重要的新经济形态。新的历史条件下,文化与经济相互交融、相互作用,以文化创新为内涵的创意成为经济发展的主要动力。世界发达城市纷纷将发展创意经济作为在更高层次上形成自己核心竞争优势的战略制高点。

信息化这一新的现代化条件,使传统"创新"概念中隐含的"创意"内涵,越来越被作为创新的主流含义突出起来增加内容。创意从创新中脱颖而出,并且逐渐形成了自身更为系统化和理论化的产业链条。从创新的内容来看,创意更强

---

① 霍金斯,庆福,薇薇,等.创意经济:如何点石成金[M].上海:上海三联书店,2006:6-7.

调创新的人文内涵,创新不仅是针对中间生产手段和工具的技术创意,而且是对人的意义和价值的创造性响应;从创新的方式来看,一方面更加强调创意是原生态的创新,另一方面更加强调创意是"活"的创新。对创新的生命有机性方向的强调,使全球创新潮流,呈现出哈佛商学院教授罗布·奥斯汀(Rob Austin)所说的从"工业化制造"向"艺术化创造"的转变。创造而不是制造,艺术化而不是工业化,成为创新的新意所在。

创意产业包含创意、创意活动、创意人群等多层次内涵,从其产业形态看属于产业经济学范畴,从空间依存性来看属于区域经济学范畴。产业形态是经济形态的载体和核心。经济形态与产业形态的产生时间是不同的,一般说来是产业形态在前。

随着产业的发展壮大,逐渐进入区域国民经济系统,影响区域经济发展,才转化为一种经济形态。创意性的经济活动在历史上早已经存在,但形成独立的产业门类时间并不长。某些创意行业的存在并不代表一个城市就已经是创意城市,更不能说是创意经济发达的城市。以创意人群为核心,创意、创意活动、创意产业之间是层层递进的关系,并通过融入国民经济其他部门,带动国民经济其他部门的产出和就业的增长。

首先,创意是现代城市创意产业发展的基础要素,是对文化和知识生产方式的创新;其次,创意人群是创意经济的核心要素,是创意活动的主体;再次,众多的创意活动是创意的有形化过程,也就是创意与产品或服务有机结合的过程,其结果是创意产品;最后,大量生产创意产品的个体和企业组织在一定空间范围内进行的系列经济活动,构成了创意产业。创意人群凭借创意开展创意活动,生产创意产品,发展创意产业,最终形成创意经济。

一方面,科技进步所激发的思维变革和创新是创意产业发展的动力源泉。科学技术特别是数字化的运用,不仅缩短了创意经济的发展过程,降低了创新成本,提高了创意产品的质量,而且也实现了创意产品销售渠道和消费习惯的深刻变化①。

另一方面知识和创意代替自然资源和有形的劳动生产率成为财富创造和经济增长的主要源泉。从广义的角度来看,创意产业经常被视为是信息化社会发

① 陈忠,陈伟雄. 创意经济竞争力的国际比较分析与中国战略抉择[J]. 服务贸易,2014(2):56.

展的催化剂,21世纪明显的变革就是从一致性和服从性的大众世纪,跨越到知识经济和社会的独特性及创造力。

(四) 创意产业的独特性

根据上述创意产业的内容,可以概括出创意经济的几个典型特征:

(1) 创意经济既可以理解为一种产业,也可以理解为一种新的经济形态;

(2) 以人的创造力即创意为核心;

(3) 以知识产权保护为平台;

(4) 以现代科技为手段,并把创意物化,形成高文化附加值和高技术含量的产品和服务;

(5) 进行生产、分配、交换和消费,以提升经济的竞争力和生活质量为发展方向的新型经济形态。

案例:

中英创意产业

很难否认伦敦是世界上最富有创意和文化底蕴的城市之一,这座城市拥有300多个世界级别的博物馆和艺术画廊,其他的城市很难孕育如此富有历史氛围、规模或种类的艺术生活。伦敦年的创意产业产值为亿英镑,有1 045 400人从事创意产业的工作,通过发展创意产业伦敦成功从金融服务产业城市转变成为充满活力和青春的创意城市。因此,伦敦的创意产业发展很具有代表性。

在英国有大量的自然形成的产业集群,这些集群里的公司由于地理位置的毗邻可互相依赖产生协同作用,尽管它们的雇佣规模并不突出或明显。这些集群大力地促进了英国的创意产业发展并取得了一定程度的成功,如:伦敦的SOHO(电影媒体和音乐的后期制作)和伦敦的东岸(艺术设计)。上海是中国第一个引进集群概念的城市,并将此作为老城区再生的关键要素,凭借上海特有的"海派文化"和高度国际化,上海成为中国创意产业发展的杰出榜样。和伦敦拥有的大批自然集聚群不同,上海的创意集聚区是在政府引导下建立的,如田子坊、M50和8号桥①。

---

① Stuart A Rosenfeld.Bringing Business Clusters into the Mainstream of Economic Development[J]. European Planning Studies.1997,5(1),76-92.

　　两国完全不同的文化和社会结构令上海向伦敦的学习并非一帆风顺。单纯的复制发展模式也令上海创意产业进入瓶颈阶段,高空置率和太多的园区导致供大于求,这种盲目地追求数量和规模上发展已经引起学者的关注。它们同时提出,中国的创意产业已经进入关键时刻。学者们已经展开了一系列对于不同国家的创意产业的研究,主要包括以下几个方面:创意产业空间格局的不同;不同国家创意产业发展的潜在约束;创意产业在不同城市的驱动力和发展流程。

　　艺术工作室作为英国创意产业集群的分子,对于创意产业的发展起到了至关重要的作用。之前的分析反映出伦敦的三个发展特征:①由艺术家们自发创建的艺术工作室随着社会的发展逐渐转变成现在有组织的艺术大厦,这种自然转变过程为创意产业的发展坚固了基础。②通过为公众提供培训项目和空间,工作室与外界进行良好的互动,同时吸引了多种类型资金的支持,扩大了工作室组的知名度。③工作室组的多种经营身份和经营形式降低了发展风险,迎合了艺术家们的多种需求,并以此来支持当代艺术的实践发展。工作室组在关注当地文化的同时,更加注重集群内企业之间的协调,帮助企业之间建立起内部网络关系,从而达到信息共享、节约成本和增加收益的目的①。

三、什么是媒体创意经济

(一)"媒体企业"

　　一是指大大小小的无线电视台、有线电视台和卫星直播电视台及形形色色的电视(电影、音像)节目(信息)制作公司、经营公司;二是指各类别的报社、杂志社、出版社;三是指各大广播电台等;四是指技术催生下的各类新型媒体,如网络媒体、触媒体等。

(二)媒体创意

　　狭义地讲,传媒产业就是生产(制作)文章及图片、图像、声音,并以营销此类信息为主的企业组织及其在市场上相互关系的集合。这里的"企业"即上一段"媒体企业"所包含的三个部分。但广义地讲,传媒产业还应包括电视节目的采集、制作、存储、传送(微波、线缆、卫星)、监控、播出和接收设备制造等属于第二

---

① National Federation ogAritsts Studio Providers."Artists" Studio Provision in the host Boroughs:a Review of the Potential Impacts of London's Olympic project[R].2010,London:NFASP,Dec,5 - 9.

产业门类的企业。因为这些设备是电视节目的物质载体①。而且,中外广播电视年鉴上,电视设备制造工业都是其必不可少的内容。

从传媒产业形成的渠道来分析传媒产业的归属,传媒产业形成的渠道大概有两个:一是直接产业化的发展渠道所形成的传媒产业。这类产业主要是指电影以及为其服务而形成的传媒产业,受社会生产力的发展程度和现代科学技术应用于生产过程的速度状况的影响。二是间接产业化的发展渠道所形成的传媒产业,这类产业主要是指由报刊、广播电视、新闻出版机构以及为其服务的各类基础、技术服务等部门所组成的产业群。

据此分析,笔者认为,传媒产业是指具有经济学投资价值,围绕文字、声像的生产经营和印刷、播出的系列相关活动,向公众提供相应的文化信息产品和服务的企业群所组成的具相互作用的经济活动的集合或系统。

本书所述"传媒产业",系"大众传播媒介产业"的简称②,包括广播、电视、报纸、期刊、电影、音像、新媒体等主要媒体的产业,并涉及为之配套的相关产业,由此初步形成媒体产业链雏形——包含了广告公司(客户代理公司、媒体购买公司、媒体销售公司)、节目制作公司、发行公司、发行监测机构、收视收听监测公司、广告监测公司和其他配套服务商。传统媒体产业有:图书、报纸、杂志、电影、广播、电视;新媒体产业包括:网络、手机、数字出版、动漫、游戏、电子报刊、手机报刊、数字电影、电视电影、网络广电、数字电视、手机电视、移动电视、楼宇电视、IPTV、电子商务、视频、社交、即时通信、无线增值、在线阅读、显示屏、数据库等。

因此,笼统地说"传媒产业"是"信息产业""知识产业""文化产业",或者是制造业都不准确③。

---

① 1978 年 9 月,国务院曾专门成立了国家广播电视工业总局作为自己的直属机构(1988 年 4 月,并入重新组建的机械电子工业部),资料来源:赵玉明、王福顺主编:《中外广播电视百科全书》,中国广播电视出版社 1995 年 1 月,第 398－399 页。

② 目前新闻学术界尚有以"媒介产业"相称,但笔者认为定义不规范,易与经济学中中介行业等的"媒介产业"相混淆,而且媒介的表现形式多样,这里应特指"传播媒介产业",简称"传媒产业"。

③ 证监会在 2001 年发布的新版《上市公司行业分类指引》中,将传媒与文化产业定为上市公司 13 个基本门类之一。其中,传媒与文化产业又主要分为出版、音像、广播电影电视、艺术、信息传播业等 4 大类。分类明细:(一)大类:出版业、声像业、广播电影电视业、艺术业、信息传播服务业、其他信息传播业;(二)细类:书、报、杂志、资料出版业、声乐制品业、广播剧团数据处理业、软件出版业、影像制品业、电影其他出版业、电视。显然,新版《上市公司行业分类指引》将传媒产业与文化产业并列为一类,两者密不可分。

（三）媒体的创意经济

媒体创意经济基本的原材料是信息。所应用的基础设施和技术设备是信息技术产业部门提供的高技术产品；所执行的职能大体都是收集、整理、加工、存储、传输信息；进行信息生产的目的主要是为社会公众提供信息服务。媒体创意经济的生产产品需要创意的附加值。这个产品是指媒介根据市场的需求，生产能满足媒介消费者需求的产品和服务，是一种精神产品，包括新闻版面、文字版面和广告版面、节目和广告时段，报纸、电视节目、广播节目。报纸、电视节目、广播节目为受众提供新闻信息服务、提供娱乐服务、提供各门类知识，受众付出时间和注意力来获得读报、收看（听）节目。

传媒是个激活因子。一切有传播能力的载体都可以称为媒体。传媒产业在发挥其产业经济功能时会与一切有传播能力的载体发生关联，产生其他产业难以达到的多赢结果。媒体创意经济是在"共享"为标志的新经济形式下，由文化创意产业、信息产业、传媒产业相融合产生的一种新型的经济形态。

传媒与生以来则具备"产业运营"的经济特性，这一特性与"社会整合功能"共同构成传媒的双面性，即传媒同时具备"产业功能"与"社会整合功能"。只不过传媒的这两种功能会在不同时期，其角色特征轻重不同而已。由于长久以来，传播学一直停留在经济学科与管理学科之外，所以目前出现了供应商严重短缺的问题。比如现在国内的商业地产投资很热，但建成的购物中心却大量空置，为什么中国的购物中心产业很难做？一个重要原因就是招不到娱乐供应商。购物中心的娱乐项目永远是老三样——电影院、溜冰场、游戏厅，便再没别的了。这是中国产业的大问题，这个问题不解决，中国企业就永远不能在国际分工中赚大钱。

思考题：

1. 经济学者通常认为，所有资源都是有限的，但是传媒产品似乎公然违反经济学的常规，甚至是出现了意外之现象：一部电视剧、一首歌、一条新闻，在播出被受众消费之后，非但没被耗尽，反而可能会出现增值的现象。这是为什么？

2. 经济学家大体思考十个方面的问题[①]：

（1）人们面临权衡取舍，涉及效率与平等问题；

（2）某种东西的成本是为了得到它所放弃的东西，涉及机会成本问题；

（3）人们通过考虑边际量来做出最优选择，涉及边际问题；

（4）人们会对激励做出反应，涉及激励问题；

（5）贸易能使每个人的状况更好，涉及交易问题；

（6）市场是组织经济活动的一种好的方法，涉及市场经济问题；

（7）政府有时可以改善市场结果，涉及市场失灵问题；

（8）一国的生活水平与它所生产的产品与劳动力，涉及生产率问题；

（9）政府发行货币过量时，物价会上涨，涉及通货膨胀问题；

（10）社会面临通货膨胀与失业之间的短期权衡与取舍，涉及经济周期问题。

怎样像经济学家一样去思考媒体创意经济的问题？

---

① 曼昆.经济学原理[M].北京:机械工业出版社,2003:22.

第二章

媒体是干什么的

第一节　媒体具社会整合功能

最早系统考虑大众媒介在社会中的功能和角色的两位学者是拉斯韦尔和赖特。传播学者拉斯韦尔认为大众媒介有三个基本功能：监视环境、联系社会各个部分以适应环境、一代代传承社会遗产。赖特又补充了第四种功能：娱乐。施拉姆又加了第五种功能：经济功能。除了这些功能以外，媒介还可能产生一些反面功能。如拉扎斯菲尔德和默顿的功能观揭示了媒介的麻醉功能，李普曼也提到"拟态（信息）环境的环境化"。

本书认为，上述几大功能可以概括为媒体的社会整合功能，是借用物理学和社会学的有关原理和概念，来描述媒体对社会事物的作用，以及媒体与社会的互动关系。简单地说，如果媒体的新闻传播活动所产生的社会舆论力量，与现实某个社会事物运动变化的脉搏同步，一旦两者的节奏和频率相互契合，相互激荡，就会发生共振。这种共振能够聚合起一种能量作用于该社会事物，使其产生突变，产生飞跃，推动和促进社会事物向前发展。笔者把这种现象概括为"媒体对社会事物的整合功能"，并把这种能够和社会事物产生共振并推动事物发展变化作用，称之为媒体的社会整合功能，具体表现在：

一、舆论引导

大众传媒最主要的功能是在特定社会的内部和外部收集和传达信息，提供人们生活环境的信息,用"新闻"不断地向整个社会及时报告环境的变动。现在通常把大众传媒比作航船上的瞭望者,即是对媒体监测环境功能的一种表达。媒体的监测环境功能的发挥,主要在于及时揭示涉及公众生命安全、重大生活事项的信息,对即将来临的自然灾害或战争威胁,大众媒体能够及时地向人们发出警告,促使他们及早防御,或引起人们的警惕,或未雨绸缪,或有效应对。同时提供政治、经济、社会发展的相关信息,保障公正的知情权,也提示社会规范,在信息中表露社会行为规范和公德、法律。

二、协调社会

协调社会是一种组合功能,即大众传播通过对新闻信息的选择、解释与评论,提出相应的解决方案与策略,以"宣传"聚合社会各团体和个人对环境采取一致的、有效的行动。这一作用假设社会是一个有机体的存在,社会各部分只有互相协调才能维持社会的正常运转,而大众媒体是执行联系、沟通、协商功能的重要角色。对这一媒体作用的认识已经渗透到普通的日常工作之中,特别体现在"新闻评论"、"解释性报道"等新闻文体的写作中。

三、传承文化

人类文明的发展已有漫长的历史,这其中积累的经验、智慧和知识需要源源不断地传承给后代子孙,大众媒体是保证这些社会文化遗产得以代代相传的重要机制。媒体通过大众传播把文化传递给后代,使社会成员共享同一的价值观、社会规范和社会文化遗产;通过"教育"使社会规范和知识等精神遗产代代相传;媒体记录同代人的探索与创新,引领社会时尚与风气,传播共同的主流文化,增强社会凝聚力、向心力。媒体的文化传承是社会化的继续、学校教育的继续。

在知识经济时代,文化成为经济发展的重要资源,而文化产业则成为重要的支柱产业之一,创造出了可观的经济效益,成为经济发展的引擎。借助媒体平台和新媒体技术复兴文化产业,保护文化遗产,提高文化商品的附加值是媒体创意经济的重要内容。

四、娱乐大众

娱乐功能已成为大众传播的一种突出功能。借助"娱乐",媒体使整个社会获得休息以保持活力。媒体提供了大量文学、艺术、休闲等方面的内容,大大丰富了人们的日常生活,陶冶了人们的性情。媒体可以传播许多奇闻趣事、各地的风土人情、文娱节目等趣味性内容,让人们在紧张的工作之余得到高尚情趣的享受,培养和提高人们的欣赏兴趣和水平,满足人们正当的好奇心理需求。注意力经济时代,娱乐的作用越来越显要,如何将媒体的娱乐功能充分发挥,是媒体创意经济需要探索的重要方向。

第二节 媒体的创意产业功能

媒体在传播信息的同时也为传媒组织带来赢利。媒体可带来利润的这种产业功能,正在发挥其强劲的经济效能。

数字媒体是创意产业的主要内容、重要载体、技术手段,在电影、动漫、电子游戏和智能手机等方面,数字媒体发展对推进创意产业发展起着至关重要的作用。数字媒体是创意产业的主要内容,如数字化的电影,它已经涵盖了电影的三个重要的环节——制作、发行和放映,是确保票房的最大热点并且成为在与电视业的竞争中获取胜利的法宝,从《星球大战》中虚拟的太空世界,到《泰坦尼克号》中数字处理的人群,再到《角斗士》中的古罗马圆形竞技场等数字技术的创新,均充分体现了影片的商业卖点和艺术亮点。

媒体创意产业与其他产业的一个重大区别是,媒体机构并不依赖出售自身产品获得全部回报。媒体机构一个重要经济回报来自于"第二次售卖"——将凝聚在版面或时段上的受众"出售"给广告商,或一切对于这些受众感兴趣的宣传者。也就是说,媒体吸引受众的注意力是传媒经济的价值所在。

同其他产业一样,媒体创意产业是由若干个子系统构成的庞大产业体系,包括媒体信息服务、媒体制造、相关信息资源服务和多种经营等,各系统互为条件、相互补充和支持。这其中,信息服务是主导;大量媒体企业,是传媒活动中最为活跃的经济细胞,是媒体创意产业生产经营的主体。媒体生产力要素依赖市场途径进行组织,除公共媒体产品外,其他媒体产品消费完全商品化,通过价格引导媒体资源向效率高、效益好的部门或媒体机构集中,从而有效提高媒体资源的利用价值,促进媒体创意产业结构优化,更好地满足受众对媒体产品的需要。

由此,可以看出,媒体的创意产业功能除了媒体的四大基本功能以外,还具有产业经济功能,并将各个功能整合发挥利用,创造出更大的经济和社会效益。

第三节 两种功能的平衡

媒体社会整合功能与媒体产业功能在不同时期、不同环境,其最佳平衡度都是不一样的。

具体而言,社会中共有四大机构互相影响(见图 2-1),机构之间不能存在根本冲突,否则社会内聚力便不复存在。

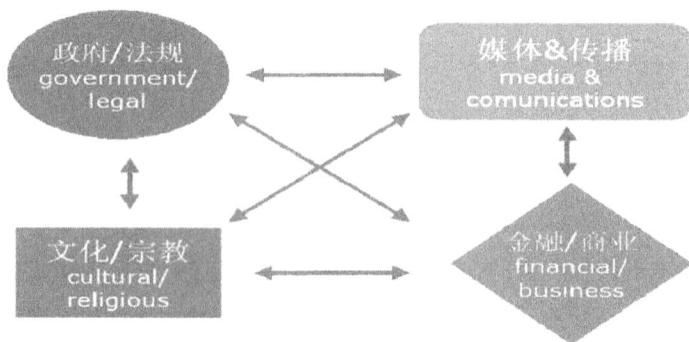

图 2-1 四大机构互相影响

各个社会机构依仗大众传媒来平衡。

在不同的时间和不同的环境里,最佳平衡的成功程度是不同的[①]。(见图 2-2)例如,在美国"9·11事件"之前,社会舆论多谴责媒体组织经济色彩太浓,但在事件后一段时期,社会舆论又被媒体的正义所征服,充分认识到媒体在社会整合方面的作用。

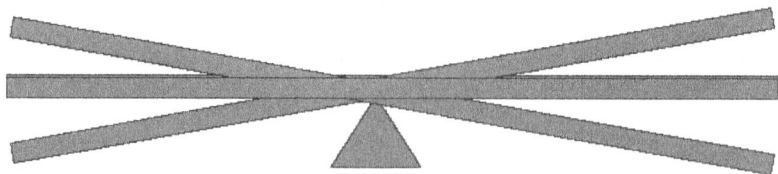

图 2-2 平衡的成功程度

媒体创意产业功能将媒体企业作为经济单元进行划分,然后把它放在整个经济环境中理解媒体在市场上的一些行为,从产业经济学角度进一步理解大众

---

① [美]阿尔巴朗有关传媒经济课程讲义,见上海交通大学传媒 EMBA 课件,2005 年 4 月。

传媒的角色和功能。于是,在理论层次,媒体创意产业功能弥补了现有大众传播学的不足,增加了几个重要的考察因素,包括媒体创意企业结构、行为和绩效,以及经济、政治、法律的相互作用,还有受众的行为和偏好。

第四节　媒体创意功能的实现

媒体为什么能推动社会事物发展,对事物产生整合作用呢? 因为媒体掌握和控制了大量的受众,这些受众在媒体报道的影响和引导下,能够把新闻舆论转化为社会舆论;媒体的受众越多,动员社会舆论的力量就越强,所产生的舆论力量也就越大;媒体连续报道这种社会舆论,舆论的力量就会反作用于某一社会事物,从而影响事物发展变化的运动轨迹,一旦两者的震动频率相同,共振现象就发生了。

一、媒体的策划能量

媒体策划所产生的力量和影响是几何级数的,原子爆发式的,如第二季超级女声推出来的明星,其最高短信投票数量比一些出道多年的明星人气还要高出许多倍。这一产生过程,是用媒体做"烘干炉"加工出来的,几百万网络粉丝就是"大众星探",因为粉丝乘坐的是网络快车,比几个在大街小巷左顾右盼慢慢转悠的星探力量大得多。

社会已经媒体化了,媒体策划可以达到全社会共振,具煽动力。借助媒体,可将事物本原揭示给世人,可以产生说服人的煽动力量,所以,媒体动员起来就会振臂一呼,山呼海应。人人都可以进行媒体策划,你不策划借用媒体就会落后,媒体创意产业就是要找到与时代和社会共振的元素,这个元素就是创意所要挖掘的。

媒体的受众越多,动员社会舆论的力量就越强,所产生的舆论力量就越大;媒体连续报道这种社会舆论,舆论的力量就会反复作用于社会事物,从而影响事物发展变化的轨迹,一旦两者的振动频率相同,媒体舆论和社会事物之间就会发生共振现象。媒体掌握和控制了庞大的受众,而受众就是消费群体,所以媒体很大程度决定受众消费什么不消费什么。媒体就像一个巨大的社会工厂,它可以为旅游景区"生产"游客,为饭店"生产"食客,为晚会"生产"观众,为商品"生产"

消费者,为学校"生产"学生,为医院"生产"病人……使这些景区、饭店、晚会、商品、学校、医院的生意火起来,富起来。所以,媒体就像是一个"生产"百万富翁、千万富翁、亿万富翁的社会机器①。

二、媒体常见的策划方法

人的头脑就像一颗原子弹,一座思维反应堆,一台电脑,用各种各样的知识、方法、经验,组成各种各样的硬件、软件,在完成一定积累的基础上,对信息进行加工,产生新的创意。特别是思维库中一旦建立了若干条思维创意路线,形成若干个定势创意思维反应堆,就像围棋中要倒背如流的若干个定式一样,能对相关信息在瞬间内形成新创意,产生思维飞跃的电闪现象。这就拥有了无穷无尽的创造力,无限创意的爆发力。当信息出现时,大脑就打开了记忆、想象、联想的闸门,爆发思维风暴,产生纵横驰骋、奇幻美妙的思维波,最后拿出具有创造性的新创意。

如果说一个人很有知识,那只能说是一座图书馆;如果说一个人有若干个定势创意思维反应堆,那就能说是一个智慧库。一个人需要很有知识,也就是需要一座图书馆;但是,一个人更需要有若干个定势创意思维反应堆。因为知识要变成财富,更需要的是智慧。

常见的创意思维方法有:发散式,就是将问题的思考范围向外扩散,以期寻找到独特的视角;聚敛式,即聚焦问题,缩小思考范围,找到最优化方案。

创意很难通过训练获取,但也有一些修炼创意的规律,如:

(1)问题核减法:由脑力激荡法创始人奥斯本提出。这个方法就是将所思考的问题逐一整理出来,如:这个还有其他用途吗? 是不是其他地方可以得到启示? 可不可以做些调整? 能不能将它变个形状? 放大或缩小其形状? 能找到其他替代品吗? 能否让它更简洁或简化? 是不是可以将各个元素重新组合? 可不可以从相反方向去看待?

(2)重新定义法:重新定义,找出解决问题的办法。美国知名广告人杰克说过:"所有问题都有解决的办法,关键是有没有问对问题。"

(3)心智绘图法:是由美国托尼所开发出来的思考工具,就是找到一张尽可

---

① 席文举.策划传媒:传媒时代,如何让传媒为我所用? [M].广州:南方日报出版社,2007:13-19.

能大的白纸,再准备一些彩色笔,颜色越多越好。然后将问题写在纸的中央,围绕中心问题再做深入思考和分析,再就这些问题画出不同的分支线。不同的颜色标出不同的问题,不同的主题放在不同区域考虑,把相关联的问题写在分问题的主题后面。这样经过多次重复,就会呈现一个从中心点延伸出来的不规则的图形,这个图形完整而清晰地将思考的问题表达出来。

(4)比喻思考法:用比喻的方式使想法更具灵活性。例如,劳斯莱斯是尊贵的象征,有住宅楼广告就打出"住宅区的劳斯莱斯"广告词。

(5)强迫组合法:将完全不相关的两个事物组合在一起思考,用不同的方法去定义,结果可能会有想不到的创新效果。

(6)曼陀罗联想法:是日本人今泉浩晃参考佛教中的概念,即架构一个正方形的九宫格的图形,像一个"井"田的图形,把思考的主题写在中间,把跟这主题相关能联想到的问题记录在旁边,这样将思维不断地扩散出去。

(7)What if 法:"如果这样,将来会怎样?"就是先假设别人会怎么做,然后再想自己的对策。站在受众的角度,而不是站在自己的角度,就会找到更多的可能性。所以,很多时候,多去深入挖掘,就会让点子不断与众不同。

(8)图像思考法:是一种"迷你电影想象法",一种场景和图像的脑海呈现,就如爱因斯坦所言,他所有的灵感都是先有图像后有文字,奥运会选手训练时,会借用图像式训练,将运动动作先想象一遍,然后再做。

(9)逆向思考法:是由创意大师迪波格提出,即从相反角度去思考问题,往往能够获得思路上的突破。

(10)六顶思考帽法:在思考不同问题时,想象自己戴上不同颜色的帽子,不同颜色的帽子代表不同的思维方式。第一顶是白色,象征现实,代表事实和数据;第二顶是红色,象征热情,代表感觉和情绪;第三顶是黑色,象征法官,代表质疑和询问;第四顶是黄色,象征光明,代表乐观和肯定;第五个是蓝色,象征天空,代表控制和管理;第六顶是绿色,象征希望,代表创新和求变。可以在讨论会上,选择从不同颜色帽子角度去思考,找出最佳方案[1]。

媒体发出的声音常常是企业有力的推手,但有时也是企业强大的终结者。"郭美美事件"让红十字会三番五次地陷入困局。尽管红十字会极力地想撇清其

---

[1]　林伟贤,等.生意从创意开始[M].北京:北京大学出版社,2012:36 - 45.

与郭美美的关系,但由于澄清、宣传方法不得当,其效果不尽如人意,红十字会的公信力还是受到了影响。

媒体能使名不见经传的企业一夜之间成为新晋的市场领导者,也能使市场巨头一夜之间埋葬在舆论中。媒体对企业经营的巨大作用使得现代企业不得不思考如何与媒体建立良好的合作关系。具体方法如下:

(一)借势法

借势头,把自己推向前。借重大事件、突发事件、大人物和名人等等。策划者只需要从自身寻找出可以"往上靠"的契合点,让受众因为对契合点的关注而顺带关注到策划者提供的信息。

在营销界流传着这样一个借名人炒作的故事:一个书商手头积压了一批书,这些书既没有生动有趣的故事情节,也没有强档刺激的内幕揭露,甚至也不具备某种实用价值,这样一本很普通的书,很难找到其独特的卖点。书商经过一番苦想冥思之后,突然想到了一招。他当即给总统寄去一本书,过了一段时间后,频频打电话去征求总统对该书的意见。日理万机的总统根本没有时间去看那样一本普通的书,但是出于礼貌,总统还是很客气地敷衍了一句:"这本书不错。"这一下书商如获至宝,当即大肆宣称:"现有一本总统十分喜爱的书出售。"结果那批书很快被抢购一空。不久后,书商又进了一批书,他如法炮制,又给总统寄去了一本。被利用过一次的总统这次决定奚落书商一顿,于是回答道:"这本书糟透了!"心想这一下看你还有什么办法。谁知书商又大肆宣称:"快来看看总统讨厌的书是什么样子!"结果书又被抢购一空。第三次,书商还是寄书过来,总统干脆置之不理。没想到已经尝到甜头的书商又有新招。这次,他发动了更大的炒作声势:"这本书居然连总统都难下结论! 欲速从购啊!"结果人们买书的比前两次都多。这则小故事说明名人与市场的关联性不可忽视,利用名人为企业或产品炒作,其知名度越高,关注率越高。

案例 2-1:

李晨范冰冰公布恋情 各大品牌齐借势宣传

在如今开阔的世界,每天都有新鲜事发生,互联网上更是如此,似乎任何一个新闻都有吐槽的点。2015 年 5 月 29 日李晨在微博上发布他与范冰冰的合照,并配文字"我们"公布恋情。这段炒来炒去的"冰晨恋",终于守得云开见月明,众网友在惊呼女神被抢走之时,也纷纷送上了祝福。然而,这一事件并没有立马结束,各大品牌都借此势头宣传自己,不少明星或段子手也趁机借势涨粉丝。

麦当劳在微博上发布模仿李晨范冰冰合照的两款最新冰镇饮料的图片,并配文字"冰冰,牛!",可口可乐则在微博上说"这个夏天,可口可乐'Li'加'冰'才更完美!",并配可口可乐和冰块的图片。联想公司说:"昨天我们,今天你们,将来咱们。"小米手机也发布其两款手机的合照,并命名手机颜色"大黑牛"和"白富美",并配字"我们。有李有范!"

案例 2-2:

蒙牛以"中国航天员专用牛奶"的口号打响全中国

蒙牛早在"神五"试验之前就与之接触,暗中借势,为航天员"默默奉献"做好的牛奶,而一旦飞天成功,蒙牛迅速在全国发广告:"为中国喝彩"、"航天员专用牛奶",蒙牛名声大振,不但赚足了眼球,而且从此液态奶销路一直领先。

(二)"吵架"法

关键是制造热门话题,特别是能够引起争论和"吵架"的话题,形成热点。用争论热点吸引大多数人的眼球。传媒上如果两种不同意见形成"吵架",同样会吸引受众,悬念驱使人们的好奇心,要探个明白,问个究竟。

例如,选秀节目超级女声运用这个方法达到了无以复加的地步。这个人的粉丝和那个人的粉丝吵,评委和参赛的女生吵,粉丝和评委吵,评委和主办方吵。把"吵架"作为一个产品,一个武器,生产链中的一个链条,在超级女声的全过程中组织生产,这是他们扩大超级女声影响力的一个法宝。

案例 2-3:

农夫山泉借"吵架"一跃行业老大

"农夫山泉"以全国饮用水市场排行老三身份,独家向媒体宣布:经实验证明纯净水对健康无益,"农夫山泉"从此不再生产纯净水,而只生产天然水。此言一出,行业全部哗然。有69家纯净水商联合声明,集体声讨"农夫山泉"的不正当竞争行为。这场大面积的辩论赛,让众多产经记者兴奋莫名,一时间报纸漫天飞扬着农夫山泉的各类消息。事后统计全国有不下5 000篇相关报道。

分析:这场讨论的直接的市场效果十分明显——一些分销商及终端超市开始拒绝纯净水的进入。在隔年的1月到5月,农夫山泉销量已完成上年全年销量的90%。农夫山泉天然水在瓶装饮用水城市市场占有率已跃居第一位。

(三)煽情法

运用人性论原理,使用煽情的手法制造和大演情感戏。都市报的许多新闻策划用的就是煽情法。那些受苦受难的人和故事、情节、思想斗争过程,写得悲痛欲绝,让人跟着同情,跟着经受痛苦磨难,跟着流泪痛哭,引起共鸣,于是跟着奔走呼号、呐喊,甚至采取行动。

案例2-4:

电影《港囧》发布会上 主演包贝尔委屈落泪

在经济学上,有个专有名词"惊险的一跃",指的就是消费者在最终决定购买的那个环节。

在最敏感的营销节骨眼上,赢得同情和体谅更容易促成成交。所以催生"悲情营销","老板疯了,老板娘跑了","马云所害,年货甩卖",诸如此类,不一而足。在电影《港囧》的发布会上,主演之一的包贝尔在"人气大调查"中被路人纷纷评价"出演港囧感觉不如宝宝(王宝强)"、"包贝尔滚出《港囧》"、"包贝尔刷新了我对男演员颜值的底线"等等。包贝尔在现场一字一句读出网友对自己的负面评价后,忍不住红了眼圈泪洒现场,十分煽情。于是之后在微博上出现"#心疼包贝尔",整个话题的风向都是力挺包贝儿参加《港囧》!这样的煽情法对《港囧》的宣传起到了一定的作用。

(四)悬念法

制造悬念也是各种策划中常用的方法。它有助于布置环境、营造氛围、展开矛盾、引出下文,抓住每个人都有一种悬念的心理,设置悬念,推动营销的发展,勾起用户的兴趣一直关注下去。

案例 2-5：

"野狼"摩托车广告

1973年,台湾地区12家摩托车厂商的产品竞争达到白热化程度。其中三阳公司精心策划,推出了取名为"野狼"型摩托车的促销战术。1974年3月26日,台湾两家主要的日报上刊出一则没有注明厂牌的机车广告。面积是8批50行。四周是宽阔的网线边,中间保留成一块空白。空白的上端,有一则漫画式的机车插图。图的下面,有6行字。内容是"今天不要买机车。请您稍候6天。买机车您必须慎重地考虑。有一部意想不到的好车,就要来了"。

次日继续刊出这则广告,内容只换了一个字:"请您稍候5天。"这天的广告引起了反应。同业们打听到是三阳的广告,于是纷纷向三阳发牢骚,询问:"为什么这两天叫消费者不要买机车?"因为,每一家机车店的营业额都减少了。

第三天,继续刊出这则广告内容重点仍只换了一个字,改为:"请您再稍候4天。"这天的广告,又引起了反应,是广告主本身的各地经销店,都抱怨生意减少了。

第四天,内容取消了"今天不要买机车"一句,改为"请再稍候3天。要买机车,您必须考虑到外型、耗油量、马力、耐用度等。有一部与众不同的好车就要来了"。这天的广告,又引起了反应。是广告主所属的推销员们,大叫"受不了"。这几天的广告,影响了他们的推销数量。这三天中里里外外的反应,使得广告主自己也有挡不住的感觉,几乎想中止这预告性的广告。广告代理业方面的专案小组负责人,则苦苦劝广告主,要忍耐、要坚持。

第五天的广告,内容稍改为:"让您久候的这部,无论外型、动力、耐力、耐用度、省油等,都能令您满意的野狼一二五机车,就要来了。烦您再稍候两天。"

第六天的广告,内容又稍改为:"对不起,让您久候的三阳野狼一二五机车,明天就要来了。"

第七天,这种新产品正式上市,刊出全页面积的大幅广告。果然造成大轰动。广告主发送各地的第一批货几百部,立即全部卖完。以后,接连不断地畅销,以致若干地区的经销商,自己派人到工厂去争着取车,以应付买主的需要。

"野狼"成为市场中的热门货。经销商的销售信心大增。广告主在市场中的声誉,也随之大大改观。广告主以往所出产的其他型机车,销路也连带着越来越好。而其他11家摩托车厂家在这一周当中,销量锐减。消费者坐等"野狼"7天,可见"狼子野心"非同一般。

分析:这则经典的广告,成功利用人们的好奇心理,先把问题设置好,让大家去猜测,去关注,然后到一定的时候再把答案给出来,它属于自问自答式的。在运作过程中要注意悬念的设计:是能让人们感兴趣的,能引发大家的讨论,结果又让人琢磨不透,达到了轰动的社会效应和随之而来的经济效益。

消费者的需求是创意的源泉。

思考题:

1. 你认为媒体创意经济在社会中扮演着怎样的角色?

2. 除了上文介绍的策划方法,还有什么方法可以策划传媒活动?

第三章

媒体产品

第一节　媒体产品类型

人们购买报刊,下载各类付费视频、游戏、音乐、电子图书等,实际是购买媒体商品赋予人类的信息和意义——或寻找社会认同,或获得心灵碰撞,或了解外界,抑或感受未来。

媒体生产三类产品:

第一类是媒体内容产品,各媒体生产的娱乐和新闻等资讯信息,包括电视节目、电影、音像制品、印刷品(如图书、杂志、报纸)、各类新兴媒体产品。从内容上可以将这些媒体产品大体上分为新闻类信息(同新闻相关的内容)和娱乐类信息(戏剧、喜剧、情节剧、音乐、游戏,等等)两大块,对人们产生有形的和无形的影响。

第二类是媒体用户,即受众。被媒体吸引过来的大量人群,一系列解读者[①],如网民、听众、观众与读者,成为媒体另一类有价值的产品,可以被媒体以收视率、点击率、覆盖率等数字,规模性地出售给广告商。

第三类是媒体渠道产品。例如各种频道资源、发送通信设备等,各种可接近、到达媒体受众的通道与载体,皆可被包装和定价,如媒体所配合发行做的一

---

① 网络时代,受众的互动性增强,实际已成为现代传媒的理性主体,是解读者(READER)。童清艳.超越传媒——揭开媒介影响受众的面纱[M].北京:中国广播电视出版社,2002:2.

些宣传与推广活动产品等。

第二节　媒体内容产品

媒体的这类内容产品,通常被归类于"文化创意产品",影片、电视节目、广播内容、书籍和各类声像作品,均不仅仅是一般的商业作品,而被人们赋予某种文化创意意义,被欣赏。传统媒体时代,人们在购买报纸、光盘等有形实物的同时,便购买了媒体商品的信息和意义,因为信息和意义是无形的,这便使得媒体产品具有不可消耗性,这是媒体产品具有"公共"的特性表现——媒体的产品决不会在被消费中所耗掉,再一次使用往往比第一次使用更赚钱,内容重复可被制造成不同的版本和格式。这样,创造传媒产品的初始成本相对多些,但随后提供的额外单位的这种商品的边际成本①却接近于零。所以,数字媒体时代,各类实体媒体物品被电子产品取代也不足为奇,因为,用户真正需要的是媒体产品的信息和意义。

媒体内容产品大体上分为两大类,一类是新闻信息,一类是娱乐信息。

(1)新闻信息(同新闻相关的内容)指,报纸、通信稿、杂志、书籍等相关出版物、电视新闻节目、纪录片等传播的各类政治、经济、文化新闻,满足人们知晓权,了解外界的需求。

(2)娱乐信息,指戏剧、喜剧、情节剧、音乐、游戏,等等。

在体验经济时代,追求快乐成为自我实现的价值泛化,导致创造体验,尤其是娱乐体验成为经济的发展动力。当越来越多的企业将娱乐因子加入到它们的业务中,并且商业信息的沟通更趋向于娱乐体验的设计时,传统的媒体概念被彻底颠覆。这种颠覆来自两方面的原因。一方面是媒体作为商业经营本身的娱乐化倾向,娱乐不仅成为媒体主要传播内容,而是成为所有媒体话语的超意识形态,也就是媒体的所有信息和内容都渗透着娱乐的因子。即便是新闻直播,比如伊拉克战争,往往成为好莱坞战争片的翻版,并因此吸引受众和广告主。另一方面,企业为了提供更多的体验,取得竞争优势,将所有娱乐及其活动作为其商业

---

① 边际成本:最后一单位产量所导致的总成本的增加量。详见:埃德温曼斯菲尔德.应用微观经济学[M].北京:经济科学出版社,1999:735.

信息传播的载体,比如网络游戏、电影和体育赛事,又比如"双十一光棍节"马云与湖南卫视合作策划的类春晚狂欢节。

伴随着移动媒体的时代浪潮,人性化的移动媒体内容服务成为市场的焦点。如人们习惯闲暇时掏出手机看一集电视剧,这已经成为很多人的休闲方式。因为在手机上看电视剧既不浪费时间,又能让精神得到放松。

再看看移动电视,在嘈杂的公交车上你能像在家里那样安静地收看电视节目吗?由此产生了移动电视媒体产品,它跟广播一样都具有伴随性。的士司机可以一边开车一边听广播,公交车上的乘客也是一样,只不过他们是以视觉接收为主,他们可以一边坐车一边收看移动电视,但绝不是简单将传统的电视节目产品照搬上去。移动电视的节目需要内容更短,更强调视觉传播。

由此可见,媒体内容产品的设计是要根据用户的消费需求和接受行为而定,更加人性化的设计是新媒体产品的服务宗旨。也因此,新媒体的内容产品生成,需要更具原创性、更具吸引力和创意。

案例 3-1:

新闻集团的有形产品

新闻集团(News Corporation),是一个庞大的传媒帝国的名称。新闻集团涉足所有的媒体领域,它的首席执行官鲁伯特·默多克用 50 多年的时间将一个普通地方报业公司变成当今世界上规模最大、国际化程度最高的综合性传媒公司之一。新闻集团经营的核心业务涵盖电影、电视节目的制作和发行、无线电视和有线电视广播、报纸、杂志、书籍出版以及数字广播、加密和收视管理系统开发。集团旗下拥有 20 世纪福克斯电影公司、英国天空广播等众多媒体。

鲁珀特·默多克亲手创建的新闻集团,现在总资产达到 400 多亿美元,受众覆盖全球 2/3 的人口。今天,许多顶级的跨国传媒集团在经营上面临着困境,但默多克掌控下的新闻集团仍然充满活力,这与他个人的经营能力是分不开的。

据统计,默多克的新闻集团覆盖几乎全部媒体类型。报纸方面,有《泰晤士报》《太阳报》《澳大利亚人报》《纽约邮报》等;电视方面有 FOX 广播公司、英国天空广播公司(BSKYB)、日本新闻广播公司、凤凰卫视有限公司;电影方面有 20世纪福克斯电影公司等;杂志有《电视指南》《标准周刊》等;哈伯·科林斯出版社等出版业务也能给集团带来10％左右的年收入。在网络方面,1999年,新闻集团办有9个娱乐及新闻网站,新闻集团曾与YAHOO签订合作协议,将新闻集团下属的这些网站与YAHOO相互链接,以期获得新的访问者。

从各个国家的媒体领域划分来看,在英国,40％的报纸都由他控股,6张发行量最大的报纸,包括《泰晤士报》《每日电讯》《镜报》《卫报》等;日总发行量达到2 500万份;在澳大利亚,新闻集团也控制2/3的报纸;在美国,它拥有20世纪福克斯电影公司、福克斯网络和35家电视台,占全美电视台总数的40％;在拉美,默多克与3家电视台合作,通过卫星播送150套节目;在欧洲,默多克有天空电视台;在印度,有EETV;在中国,3 500万个家庭可以通过卫星收看到默多克的电视节目。现在,新闻集团会用7种语言,通过40多个频道向亚洲53个国家和地区提供娱乐和信息节目。

首先,跨媒体扩大了规模,获得规模效益,在生产、原材料采购等方面都可以降低成本。其次,由于媒体产业的特色,报纸、电视、广播、杂志,甚至网络同属媒体业,在整体运作模式上具有一定程度的一致性。因此,在信息、人力、技术设备、传输网络、经营经验等资源上可以实现一定程度的共享,提高资源利用率。

就信息资源的利用来说,不同媒体对一条信息的表现方式是不同的,一条信息在网上可以表现为一组滚动的简讯,在报纸上表现为一条消息,加工后在杂志上又可表现为背景报道,在电视上则可出现画面,做成现场新闻或访谈节目,这样就实现了信息的多重开发。默多克是利用跨媒体的老手,新闻集团内部经常统一调配资讯或节目资源,好的稿件或电视节目以及其他信息资源经常被传到集团在全球各地的媒体共享,从而实现信息利用增值。1998年6月,新闻集团所属《电视指南》杂志的母公司与美国TCI集团合资20亿美元,成立了UVSG集团(联合录像卫星集团)。UVSG集团下辖的专门预报各有线电视频道节目内容的《预告频道》,更名为《电视指南频道》,该频道在美国有5 000万家庭订户,海外300万订户,其现在所播的电视节目预报的内容全由《电视指南》杂志提供,变得更加全面、及时。另外,新闻集团相关网站上也开办《电视指南在线》,其内容也由《电视指南》杂志提供。

1999年,默多克与YAHOO签订合作协议,YAHOO按合同规定负责推广福克斯公司的相关业务,包括福克斯有线电视、福克斯电视和福克斯新闻、福克斯音乐和20世纪福克斯电影公司的品牌与产品的宣传等,从而扩大了新闻集团的宣传渠道,使新闻集团的内容能够接触更多的受众。

另外,跨媒体平台对广告业务也有促进作用。

有了多媒体,集团就可以做捆绑广告,即将广告主的广告在各类媒体资源上同时播出,实现接触受众多元化,扩大了广告覆盖面,增强了广告效果,这种广告经营方式增强了对广告客户的吸引力。新闻集团与 YAHOO 合作的协议中就规定,新闻集团下属的福克斯电视公司转播美国最热门橄榄球联赛时,YAHOO将在其网站上同步放置该赛事转播过程中的广告,以扩大广告覆盖范围和效果。

默多克还注重开发新技术,为传媒搭建新的平台。

1983 年,默多克就开始涉足当时属于新技术的卫星电视领域,1990 年,新闻集团与其竞争对手英国卫星广播公司合作组建英国天空广播公司,该公司核心资产是卫星电视。

随着计算机网络以及数字技术的发展,敏锐的默多克又发现了互联网与数字技术将带来的潜在收益,开始开发数字电视。1998 年,天空广播公司创建了英国第一个数字电视平台,利用数字技术的压缩功能,增开了 200 多条频道,给受众提供了巨大的节目选择范围,极大地满足了电视受众对内容的个性化需求。

1999 年,天空广播公司又利用互联网与数字技术的互动功能,推出互动体育频道,该技术可以给予观众更大的自主权。比如在观看比赛时,观众可以通过电视机机顶盒和手中的遥控器自由选择观看角度,慢镜头重放,并可随时查阅各种相关统计数据及赛事花絮,甚至可以通过电视购买相关产品。自从天空广播公司推出互动体育频道后,观众以每日 1 万户的惊人速度增加。

默多克目前对新技术开发利用的思路是利用卫星与数字技术整合一个全球化的互动传输平台,新闻集团有关影视的所有产品都将通过这个平台传输到千家万户。最近一年多来,集团已经将欧洲、亚洲和拉美的卫星电视资产重组完毕,成立了天空环球网络集团,全球互动传输平台已见雏形。有关专家预测,全球互动电视的销售额未来 5 年内将由现在的 5 800 万美元涨到 450 亿美元。应该说,新闻集团通过开发利用新技术在这块市场中率先占据了"高地",其赢利前景十分看好。

2013 年 6 月 28 日,有着 30 多年历史、566 亿美元总资产以及 4.8 万名员工的新闻集团正式拆分。新的新闻出版公司仍命名为"新闻集团",旗下资产包括众多知名报纸,如《华尔街日报》《纽约邮报》《泰晤士报》等以及图书出版公司

Harper Collins。新闻集团拆分出的另一家公司是 21 世纪福克斯公司,旗下资产包括福克斯广播和有线电视网络以及福克斯影片公司等。

拆分后的新闻集团仍由默多克家族控制几乎确定无疑,82 岁的默多克仍将同时兼任拆分后两大公司的"掌门人"。默多克的小儿子,40 岁的詹姆斯·默多克虽然受到新闻集团"监听门"丑闻的冲击,仍被视为默多克"接班人"的最热门人选。

思考题:

1. 新闻集团生产传媒内容产品实现跨平台资源整合,是如何体现再一次使用往往比第一次使用更赚钱,内容重复可被制造成不同的版本和格式的媒体产品特点的?

2. 新闻集团做捆绑广告,实现接触受众多元化,如何有效扩大了广告覆盖面,增强了广告效果,增强了对广告客户的吸引力?

3. 新闻集团是如何搭建平台,开发媒体渠道产品建设的?

第三节　媒体庞大用户

媒体不仅在受众购买行为里获得大量的发行收入,同时还可以将其作为"收视率"、"覆盖率"、"点击率"等销售给广告商,即所谓的"二次销售"。这为媒体带来了可观的广告收入,成为许多媒体的主要收入来源。

受众根据自己想要和必要的两种需求来使用媒体。想要是指为改善生活质量而需要的信息;必要是指为生存而需要的信息。媒体源源不断地为人们提供着想要和必要内容信息,源源不断地聚合着媒体用户,从而产生点击率、收视率、覆盖率、到达率等人口统计数字。

媒体用户是信息传播的接收者,包括报刊和书籍的读者、广播的听众、电影电视的观众、网民。媒体用户从宏观上来看是一个巨大的集合体,从微观上来看体现为具有丰富的社会多样性的人。

媒体用户所指对象也是不断变化的,与媒体技术对媒体发展的推动密切相关,也显示了一个简单概念的力量和吸引力。媒体用户可以指 18 世纪早期的小说读者群,也可以指 20 世纪卫星电视的用户、21 世纪的网络用户。内涵完全不同,否则会对这样一个术语的理解产生意想不到的困难。

媒体市场需要研究媒体用户消费需求的特点,了解影响媒体市场消费需求的因素,以及影响程度有多大[①]。

媒体用户的消费需求是指媒体用户的主观要求与媒体产品实际情况之间关系的反映,是受众阅读、视听行为的原动力。用户的媒体消费需求有具体指向对象,既指向物质性的媒体产品,也指向这一传播活动的结果,其媒体传播内容所带来的满足。

媒体用户消费需求具有周而复始的特点,即同一种需求会有多次重复出现,这是媒体市场消费需求影响。具体到不同种类的媒体和同一种类不同的媒体,媒体用户消费需求的特点与规律又有所不同。

通过对用户媒体的市场消费需求的调研,可以从中获得如下媒体用户到达率的资讯:

(1)媒体消费者接受媒体消费产品和服务的动机以及所受到的限制;

(2)媒体用户怎样获得信息和下决心购买媒体产品和服务的过程;

(3)社会环境、经济因素对媒体用户消费需求的影响及影响程度;

(4)媒体用户接触大众传媒的具体条件和时间;

(5)媒体消费者对不同传媒形象的态度以及对征订、发行、收费和零售的看法;

(6)媒体用户对不同传媒的兴趣和使用习惯;

(7)现有媒体消费产品所处的产品生命周期阶段;

(8)新策划、创刊、出版、采制、发行的媒体产品投放到媒体市场后的情况和可能的趋势。

这些信息情报,有利于媒体企业针对性地组织传播和广告,创造最佳的社会效益和经济效益,同时发现用户潜在的动机和消费需求,也是开发媒体新产品,改进现有内容产品采集、制作与发布的市场调研基础[②]。

①　席文举.策划传媒[M].广州:南方日报出版社,2007:13.

②　童清艳.受众研究[M].上海:上海人民出版社,2013:5-10.

案例 3-2:

海岩制造青春理想国

海岩,中国作家协会会员。主要从事小说、散文以及剧本创作。代表作有:长篇小说《便衣警察》《一场风花雪月的事》《永不瞑目》《你的生命如此多情》《玉观音》,中篇小说集《死于青春》,并出版《海岩文集》(一至五卷)及电视剧本近百集。海岩是中国影视行业最具个人品牌号召力的作家,被誉为中国"现代言情剧教父"、"大陆男琼瑶",享有中国"言情大师"、"故事大王"之称,同时被称为中国收入最高的作家。

可能连海岩自己都没想到,从《便衣警察》开始,从自己的青春末期开始,他展开的庞大的青春叙事,带领读者和观众体验了一场又一场欲罢不能的残酷青春之旅。

曾经,福布斯中文版名人榜上,海岩是唯一上榜的编剧。在出版界和影视界,"海岩"二字代表了市场和收视率,也成为内地造星工厂的金字招牌。胡亚捷、谭小燕、徐静蕾、陆毅、苏瑾、袁立、刘烨、佟大为、于娜、印小天、孙俪……20多年间,出演他作品的演员们一个个由此高调迈向名利场的星光大道,成为一代又一代倾倒众生的青春偶像。这种批量生产红星的能力,已经成为一种传奇。看着他们成长起来的海岩对此感慨万千:"现在一个个都成大腕了,当年可都是不折不扣的孩子呀。像黄晓明如今面对镜头这么游刃有余,去年进组的时候,他还在问我'牙刷拖鞋我还要不要带'呢!"

"海岩剧"是改编著名作家海岩的小说而创作的一系列电视剧的统称,由于海岩个人影响力巨大,同时改编自他的小说的电视剧,一经播出后往往深受观众喜爱并迅速走红,因此,"海岩剧"也成为影视走红的代名词之一。

思考题:

1. 海岩的内容产品有哪些?

2. "海岩+海润"的产品有哪些?

3. "有形产品"与"无形产品"间关联靠什么?

第四节　媒体渠道产品

　　如今,各类新兴媒体日益成为人们传播和获取信息的重要渠道,传统媒体渠道不断融合,当前媒体渠道融合主要有三种方式:第一种是同业融合,更多的是指报纸和报纸、广播和广播、电视跟电视的联合,可以以区域来融合或者以专业来融合;第二种叫跨媒体融合,是广播、电视、报纸、杂志、互联网、手机等多媒体的融合;第三种是信息传播终端的融合,就是可以把所有的信息资源集纳到一个内容管理平台和内容发布平台上去,即我们所说的在多媒体时代的信息集成[①],这种到达受众通道的渠道整合,催生智能手机以及未来各类新兴媒体渠道。

　　智能手机正日渐成为满足人们随时、随地、随心购买和使用各种软件的平台。平台的一端是智能手机用户,另一端是产品提供商,上亿用户通过这个平台实现自由交易,媒体的服务功能日渐开放出来,手机媒体的开发,不仅发生在新闻领域,还包括了诸如游戏、搜索、音乐等信息产品、服务产品和社区产品的开发。手机媒体的开发趋势还突破"内容为王"的局限,把内容、服务、社区等有机结合,构建用户与媒体之间、用户与用户之间的牢固关系。

　　如星巴克推出别具匠心的闹钟形态的 APP 应用软件:EarlyBird(早起鸟),用户在设定的起床时间闹铃响起后,只需按提示点击起床按钮,就可得到一颗星,如果能在一小时内走进任一星巴克店,就能买到一杯打折的咖啡[②]。

　　智能手机设备成为人们生活的一部分,乃至必需品,发展成为视听兼备的现代信息传播终端设备,通过形象的视听符号,进行数字化信息传播,并随着网络带宽的增加,带有视频和音频的网上聊天已变成更为自由的互动式的"对播"。视听兼备、双向互动,以及高清晰度高保真音效都是智能手机独特的品质追求。

　　概言之,一切有传播能力的媒体载体均可产生经济效应。例如,媒体可与企业联合,及时抓住倍受关注的社会新闻、事件以及人物的明星效应,结合该企业和产品的特点展开一系列的相关活动,甚至可以策划制造具有新闻价值的事件或是其他媒体内容,吸引公众的关注,形成到达用户独特的"渠道"。

---

① 安有太.全媒体融合发展的思考[OL].北屯在线.
② 荆翡.媒介融合背景下手机媒体发展的社会背景、现状及展望[J].北方传媒研究,2013(5).

案例 3-3

人人网"人人话题"

2013 年,人人网推出"人人话题"。通过发起反映人人网用户生活趣味的话题,引发用户关注,并利用真实好友间的口碑传播力,推动话题红透全网。

用"语音相册翻唱童话"! 主页君一句号召,一时间让人人手机客户端变身移动麦克风,人人都拿起手机演绎属于自己的"童话"。该语音相册聚合页单日PV 超过 4w,用户分享累计超 6 000 次。另外,"对暗恋的 ta 不好意思开口? 给主页君发站内信,替你说出心中的爱"——在人人网"表白墙"的鼓励下,包括清华大学、北京大学、青岛大学等 4 065 所高校的学子们一齐加入表白队伍,表白墙主页单日 PV 超过 6w,用户发表状态累计 20 逾万条。

联想、曼妥思、富士、Levis、宝洁招聘等注重创新的品牌率先看到"人人话题"的影响力,尤其是在真实社交环境中对年轻消费群的影响,已分别在活动预热期、活动外围及持续传播期巧妙借力,传播品牌。

人人话题团队为品牌定制的专属话题,是基于对人人网用户的深刻洞察,围绕他们喜欢的内容和近期关注的热点来设计,而不是单纯地帮助品牌植入话题,自然容易获得关注和分享①。

第五节　有形与无形的关联

媒体产品同时可分为有形部分和无形部分,媒体产品中有形部分是报刊、广播电视节目、图书、音像制品,无形产品是思想、观念、主张、生活方式等。媒体的有形部分可通过人们的视觉、听觉感知,无形部分则会影响人们的思维。

无形产品是依托在有形产品的基础之上发挥作用的。受众只有在接触了有形产品之后,才能享受媒体带来的无形享受与服务,媒体企业则在受众媒体消费中获取利润。

---

① 《人人网推出"人人话题"助力内容营销》,凤凰博报。

案例 3-4：

超级女声 VS 超级策划①

"酸酸乳"与"超女"受众惊人吻合：青春期女孩！"超级女声"代表了一种性格、一种与众不同，一种小女孩的叛逆、自我。代表着大胆、自信，创造一种真实的时尚。而产品酸酸乳的目标市场人群也正是这样的一群女孩儿！

为达成销量，蒙牛酸酸乳与"超级女声"活动进行系统整合，一方面针对需要影响的目标消费人群，另一方面也将"超级女声"的品牌影响很好地注入了酸酸乳这种产品。超级女声这类人群，他们不屑把价格作为购物的第一考虑因素，他们强调"我就喜欢"。蒙牛便突出产品的青春色彩。

与此同时，蒙牛酸酸乳与湖南卫视共同打造名栏目，增加节目曝光率、增加重播次数，加强节目的宣传力度，动用地面各终端，使得"超级女声"成为一件"全民盛事"。

由此，企业对媒体的选择，从买"时间"、买"收视率"、买"影响力"（买媒体功能），到策划传媒阶段，这就是"概念经济"与"互动营销"在媒体营销与管理中的有效运用。

还有，蒙牛借助媒体力量去捧红"超级女声"选手张含韵。其背后原因是，从草根出来的张含韵代言费是零！

而且，"超级女声"就是一个娱乐产品。超级女声唱到哪里，酸酸乳就卖到哪里。张含韵所代言的广告脚本亲和力——酸酸甜甜就是我！想唱就唱！其实，是在倡导一种生活方式。

媒体的狂欢成就产业收获，究其原因，"点燃媒体"是"事件营销"、"借势"的关键。

思考题：

信息时代，如何让媒体为你所用？新兴媒体较传统媒体的创新有哪些？

---

① 孙隽.超级女声 VS 超级策划[M].合肥:安徽人民出版社,2005.

第四章

"魅惑"的广告

第一节 什么是广告

一、广告内涵

广告（advertising），即广而告知之意。广告是为了某种特定的需要，通过一定形式的媒体，公开而广泛地向公众传递信息的宣传手段。

广告有广义和狭义之分，广义包括非经济广告和经济广告。非经济广告指不以盈利为目的的广告，又称效应广告、公益广告，如政府行政部门、社会事业单位乃至个人的各种公告、启事、声明等，主要目的是推广；狭义广告仅指经济广告，又称商业广告，是指以盈利为目的的广告，通常是商品生产者、经营者和消费者之间沟通信息的重要手段，或企业占领市场、推销产品、提供劳务的重要形式，主要目的是扩大经济效益。

二、广告本质

广告的本质是传播，广告的灵魂是创意。

广告是通过包括电视、广播、报纸、杂志、网络、路牌等一切可以运用的媒体对产品、服务进行宣传，并期望达到的一定传播效果从而获得一定的利润，是确定品牌定位的一种途径，"使某人注意到某件事"，也是给媒体带来巨额利润的创意产品，许多媒体主要的利润来源。

第二节　广告创意

一、什么是广告创意

所谓广告创意,就是对销售、推广的商品、内容,进行文化内涵挖掘,通过媒体的内容表达,如画面、文字、音乐等创意手段,进行艺术传播,以达成用户的认同与共鸣,唤起人们兴趣、关注与购买行为。

二、广告创意常用方法

(一)主题展示法

将某产品或服务的主题直接展示在广告的版面上,充分运用摄影、绘画或文字等技巧的写实表现力,细致刻画、着力渲染产品精美的质感、形态和功能或服务的舒适感,将产品精美的质地引人入胜地呈现出来,给人以逼真的现实感,使受众对所宣传的产品或服务产生一种亲切感和信任感。这种手法由于直接将产品或服务推向受众,所以要十分注意产品的组合和展示角度,应着重突出产品或服务的品牌和产品本身最容易打动人心的地方,运用背景、色彩和光影进行烘托,使产品或服务置身于一个具有感染力的空间,这样才能增强广告画面的视觉冲击力。

案例 4-1:

大众汽车广告

汽车、数码电器等产品类广告作品都常用这种类型,即将产品直接置于画面中来展示。

(二)特征凸显法

抓住与强调产品或服务与众不同的特征,并将这些特征置于广告画面的主要视觉部位,或加以烘托处理,使观众在接触广告画面的瞬间就能够迅速产生注意和视觉兴趣,达到刺激购买欲的促销目的。在广告表现中,应着力加以突出和表现的特征,一般由富于个性的产品或服务的形象、与众不同的特殊能力、厂商的企业标志以及产品或服务的商标等因素来决定。

案例 4-2：

尼康相机广告

首款尼康天文摄影专用数码单反相机,能够还原来自星云射线的美丽红色。在广告片中,为突出其可用于天文摄影,特地选用了星空景色,并且利用广告词"看见,星际探索之美"来强调其特征。

(三) 对比映衬法

把产品或服务的性质和特点通过对照和直接对比来表现,借彼现此,相互映衬,在对比中显示差别,达到集中、简约、曲折变化。通过这种手法更鲜明地强调或提示产品、服务的性能和特点,给消费者以深刻的感受。作为一种常用的行之有效的手法,可以说,一切艺术都受惠于对比手法。对比手法的运用,不仅使广告主题加强了表现力度,而且饱含情趣,扩大了广告作品的感染力。对比手法运用得成功,能够使貌似平凡的画面处处隐含着丰富的意味,展示广告主题表现的不同层次和深度。

案例 4-3：

酱油广告

前后对比,说明该产品味道鲜美,连盘子都吃了。

(四) 有趣夸张法

对产品、服务的品质或特性的某个方面进行显著夸大,以加深或放大观众对这些特征的认识。通过这种手法能够更鲜明地强调或揭示事物的实质,加强作品的艺术效果。夸张是一种在平凡中求新奇的变化,虚构夸大对象的形态和个性美,使观众产生一种新奇与变化的情趣。

按其表现的特征,夸张可以分为形态夸张、神情夸张,前者为表象性的处理,后者则为含蓄性的情态处理。通过夸张手法的运用,为广告的艺术注入了浓郁的感情色彩,使产品的特征鲜明、突出、动人。

案例 4 - 4:

德芙广告

德芙巧克力为了宣传其独具魅力的丝滑口感与香醇回味,将巧克力的形状化作绸缎,配合广告词,形象而夸张地展示出了其丝滑的特征。

(五)小中寓大法

对产品、服务进行强调、取舍、浓缩,以独到的想象抓住一点或某个局部加以集中描写或延伸放大,从而更充分地突出主题。这种艺术处理以一点窥全面、以小见大、从不全到全的表现手法,给设计者带来了很大的灵活性和无限的表现力,同时为接受者提供了广阔的想象空间,获得生动的情趣和丰富的联想。以小见大的"小",是广告画面描写的焦点和视觉兴趣中心,它既是广告创意的浓缩和生发,也是设计者匠心独具的安排,因而它已经不是一般意义上的"小",而是小中寓大,以小胜大的高度提炼。

案例 4 - 5:

绝对伏特加(Absolute Vodka)广告

绝对伏特加酒的平面广告从小处入手,大胆创新,例如柠檬味的绝对伏特加,大多数受众在第一眼看见广告时也许并不能看出来,但是仔细观察就会发现柠檬的果仁是采用其瓶形来设计的,主题颜色也与酒瓶包装字体颜色一致,使用柠檬黄。让人不得不感叹此广告设计的独具匠心。

(六)悬念联想法

在表现手法上故弄玄虚,布下疑阵,使人对广告画面乍看不解其义,造成一种猜疑和紧张的心理状态,在消费者的心理上掀起层层波澜,驱动消费者的好奇心和强烈举动,产生积极的思维联想,引发消费者进一步探明广告内容的强烈欲望。随后通过广告标题或正文把广告的主题点明出来,使悬念得以解除,给人留下难忘的心理感受。

　　悬念联想手法具有相当高的艺术价值,能够加深矛盾冲突,吸引消费者的兴趣和注意力,造成强烈的印象,产生引人入胜的艺术效果。

案例 4－6:

WOOW 系列玩具广告

　　最初看到这样的广告似乎有些不明所以,只是孩子写的几句温馨的话而已。而在最后才给出解释,让人知晓是玩具广告,先给人留下想象的空间,最后揭示一个受众没有想到的答案,让人觉得回味无穷。

(七) 醒目加强法

　　人们接触广告,通常是不经意的,往往是一晃而过。行人的眼睛扫过广告牌的时间只有零点几秒。人在良好状态下的接受信息量一般是每秒钟 25 比特(比特是二进制的信息量计量单位),这是非常小的。因此大多数的广告,不可能使观众把版面(屏幕)里的内容全部接受,往往只是得到一些残缺的印象——一个数字、一行妙语、一句比喻、一点悬念、画面的某点或者一个意象。所以,只有经过精心创意的广告才能在非常短暂的瞬间抓住观众。

案例 4－7:

辣酱广告

　　薯条的一端因为沾了辣酱,都烧糊了,醒目地表达出产品的辣。

案例 4－8:

刀具广告

　　醒目体现出刀具的锋利,连砧板都切断了。

(八) 文字表意法

　　汉字通常有象形、指示、形声、会意等功效,有效地借用汉字突出产品、服务,会取得意想不到的出奇效果。

案例 4 - 9：

美国华盛顿苹果广告

将苹果和爽甜两个字完美组合在一起,充分表现出产品特色。

(九) 机理组装法

将产品、服务内在机理清楚梳理,并还原本相,便于消费者瞬间把握其特征、轮廓,并获得信任感。

案例 4 - 10：

汽车广告

用车体的部件重新组合成一个车的图案。

(十) 名人效应法

借助名人光环,给消费者传达产品、服务的理念,增强人们信心。

案例 4 - 11：

运用了毛泽东形象,改用了毛泽东的名言"一切反动派都是纸老虎"

(十一) 联想推理法

由此到彼对产品、服务的某一功能、特性进行看似合理、合情想象与推理,延伸消费者的思维空间,有种出其不意的冲击力。

案例 4 - 12：

牛奶广告

喝了牛奶之后,人的力气变大了,就把杯子捏成了这种形状。

(十二) 图形语言法

广告画面有无形的符号传递效果,一种"此时无声胜有声"的效果,会让读者会心、会意。

案例 4 - 13：

公益广告

笼子里的小猫摸着人的手,传递出"To touch is to love"的含义。呼吁爱惜小动物。

(十三)拟人形象法

将无生命的产品、服务拟化为人的一举一动,似有思想,有语言,动感十足,给人印象深刻。

案例 4 - 14：

百事广告

第一幅图为一只橘子在撒尿,下图为一只橘子把另一只拦腰砍断,均运用了拟人的手法,体现百事鲜活、清爽的特点。

(十四)部位替代法

将广告画面的某部分位置换为产品或服务需要表达的特征,打破画面的视觉中心,使读者瞬间关注要点,达到极强的视觉冲击记忆效果。

案例 4 - 15：

鞋子广告

用鞋子置换了人脸,体现了鞋子的活泼,使广告变得有冲击力,印象深刻。

(十五)恐吓戒备法

抓住人们恐惧与戒备心态,将产品、服务负面功能传达,引起关注并唤起人们自觉向上行为。

案例 4 - 16：

戒烟广告

用恐吓的方法,表明吸烟的危害,冲击视觉,触目惊心。

（十六）幽默趣味法

幽默是最能轻松入人心的手段,将产品或服务用漫画、风趣文字表述,使得消费者会心一笑中记忆深刻。

案例 4 – 17:

英语学习广告

用漫画表现,幽默,风趣。

（十七）形似造型法

广告的画面做成与产品、服务关联性的造型,给消费者产生由此及彼的想象,唤起内在认同。

案例 4 – 18:

饼干广告

本来应是麦子堆成谷垛,现用饼干堆成,形似。

（十八）比喻修辞法

与夸张、拟人等修辞手法一样,比喻也是广告创意中常见的手笔,有化腐朽为神奇的力量,有效传达产品或服务诉求点。

案例 4 – 19:

摩托车广告

人的骨架、血管和车融合在一起,比喻车的设计很人性化。

三、广告词创意

广告词可以说是一种画龙点睛的提炼主题的创意手段,通过文字形式向公众介绍商品、文化、娱乐等服务内容,用一句话来描述产品性能,吸引观众心神,深化品牌形象。好的广告语就是广告产品、服务的眼睛。

案例 4 - 20:

迷你(MINI)汽车全新的广告词:"有一种生存叫冒险!"

英文广告语:"Get away ";

中文广告语:"开溜"。

呈现给人们的是一种灵动、迷你小巧中带点犀利,复古艳丽外表下拥有的强大动力、操控性的动态特征,切合都市空间里的反叛与逃逸、冒险心态。

案例 4 - 21:

李宁牌系列运动服广告词:"一切皆有可能"

直击现代都市人的核心欲望,激人奋进。

寓意:

有李宁,哪里都是运动场;有李宁,怎么运动都时尚;有李宁,就能满足您的任何运动的欲望。

案例 4 - 22:

联想集团广告词:"人类失去联想,世界将会怎样?"

寓意:

联想对人类的积极作用,表达企业的地位和价值。

问句的形式引人思考,触发联想,短句铿锵有力,容易记忆。

案例 4 - 23:

美特斯·邦威广告词:"不走寻常路"

寓意:

表达出年轻人敢于走自己路的独特反叛个性特征。

案例 4 - 24:

《现代家庭》杂志广告词:"一册在手,一生牵手"

寓意:

"一册"和"一生"构成鲜明的对比,突出了《现代家庭》的质量之高;又强调了《现代家庭》与读者之间的紧密联系。

案例 4 - 25：

M&M 巧克力广告词："不溶在手,只溶在口"

著名广告大师伯恩巴克的灵感之作,堪称经典。

寓意：

既反映了 M&M 巧克力糖衣包装的独特,又暗示 M&M 巧克力口味好,以至于我们不愿意使巧克力在手上停留片刻。

广告语明确传达品牌的定位,创造市场!

案例 4 - 26：

百事可乐的广告词："新一代的选择"

寓意：

与可口可乐的竞争中,百事可乐找到突破口,从年轻人身上发现市场,把自己定位为新生代的可乐。

邀请新生代喜欢的超级歌星作为自己的品牌代言人,赢得青年人的青睐。

案例 4 - 27：

大众甲壳虫汽车广告词："想想还是小的好 "

寓意：

突出汽车小巧、省油、易泊的特点。

广告语应简明扼要,抓住重点,清楚、用字简单,符合潮流,朗朗上口,使受过普通教育的人都能接受。这样才便于重复、记忆和流传。广告语在形式上没有太多的要求,可以单句也可以对句。一般来说,广告语的字数以 6～12 个字(词)为宜,一般不超过 12 个。

四、广告代言人(advertising spokesperson)

广告代言人在广告的传播过程中扮演着重要的信息来源角色,因其名人效应,对消费者产生一定说服力影响。Friedman(1979)将广告代言人类型分为名人(明星)、专家、典型消费者三类,其中"名人(明星)"说服力的来源主要是依赖吸引力;"专家"说服力来源主要是依赖专业性;"典型消费者"说服力的来源主要是依赖相似与可靠度,产生爱屋及乌的移情效果,增加品牌的喜好度。

考察广告代言人是否适合广告产品、服务,大概有以下几个角度:

第一点,广告代言人的喜好人群与产品的目标受众是否吻合;

第二点,广告代言人的内在气质与品牌的内在气质是否搭调;

第三点,广告代言人的个人品质是否可靠;

最后,广告代言人的代言费用是否在承受范围之内。

案例 4－28:

杨澜代言洗衣液

寓意:

知性家庭主妇形象,可信度、亲和度很强。

案例 4－29:

汪涵代言老坛酸菜牛肉面

寓意:

畅快、直接的广告创意表现如同主持人汪涵风格。

案例 4－30:

范冰冰的洗发水

寓意:

当红电影明星的秀发让人对洗发液的功效产生受用的想法。

广告代言人利用知名度、信誉度、好感度,扩大所代言产品、服务的影响力,消费者出于对代言人的信赖,了解了自己原本不熟悉的产品,增加了自己的消费选择,减少自己选择成本。

第三节　各类广告

一、报纸、杂志、书籍等印刷媒体

（一）报纸广告的媒体特征

（1）保存信息持久，可反复阅读——报纸是印刷品，可以保存，从而使广告信息比较持久，便于消费者随时阅读和反复阅读；

（2）说服性强——报纸可以保存时间较长的特点决定了它是解释性媒介，可以传播较为复杂的信息，提供详细的说明性材料，展开深度说服；

（3）信任度高——报纸长期积累起来的优良信誉，使报纸广告也因此而受惠；

（4）传播周期短——报纸一般以日报较多，出版周期短，使广告可以及时到达目标受众；

（5）灵活性高——广告版面，次数，刊载日期等能灵活机动地安排；

（6）认知卷入度高——报纸广告多数以文字符号为主，要了解广告内容，要求读者在阅读时集中精力，排除其他干扰。所以当读者愿意阅读时，他们对广告内容的了解就会比较全面，彻底；

（7）受众细分的局限——报纸的发行面大，发行范围广，受众统计比较困难，使得报纸广告比较难以瞄准特定的受众；

（8）广告的注意度低——报纸报道本身以图文为主，而报纸广告也以图文为主来传递信息，而且广告大多数情况下刊登在专门的广告版面中，使得单个广告受到注意的程度大大地降低；

（9）印刷质量差，视觉冲击力弱——报纸广告由于技术和纸质的影响，报纸广告的还原性比较差，视觉冲击力较弱。

（二）杂志广告的媒体特征

（1）受众针对性强——杂志是分层媒介，内容上的高度细分使得其目标受众的细分度非常高，广告主可以根据自己的目标消费者群体准确地选择杂志类型来发布广告；

（2）注目率和理解度高——杂志一般采用高质量的彩色印刷，使广告具有

高质量的产品复原能力和突出的表现效果,从而使广告的注目率和理解度都比较高;

(3) 信息的持久性强——可反复阅读,以及传阅。一般人们在购买杂志后都会保存起来而不会随手丢弃,留待以后有兴趣的时候再看。这就意味着杂志的广告信息可以保存较长的时间,为受众反复接触广告信息提供了机会;

(4) 出版周期长——灵活性差。杂志因为版面和出版时间的局限,一般要求广告主提前相当一段时间送交广告,这意味着广告信息传递的不及时和不能随时按需修改广告内容;

(5) 同类产品广告竞争激烈——由于杂志内容和目标受众的高度细分,导致同类广告的相对集中,也就是说,可能在同一期的杂志中出现若干同类产品的广告,这就造成了同类产品的直接交锋,对广告的创意、制作和设计提出了更高的要求。

(三) 广播广告的媒体特征

1. 广播广告的种类

(1) 节目广告:由赞助节目的广告主在节目中插播的广告,一般收费较高,其插播的广告时间占整个节目时间的 1/10 左右;

(2) 插播广告:在节目和节目之间插播的广告或者在没有特定赞助商的节目中插播的广告;

(3) 报时广告:在整点报时前播出的广告。

2. 广播广告的规格

广播一般提供 60 秒、30 秒、15 秒、5 秒等广告规格。

3. 广播广告的媒体特征

(1) 广告成本低廉——广播广告的播出成本和制作成本都比较低廉,这就为中小型企业提供了利用大众传媒的机会,也为广告主以较低的成本反复地传播广告信息提供了机会;

(2) 信息传播及时——广播可使广告内容在信息所及的范围内,迅速传播到目标消费者耳中。不论身在何地,只要打开收音机,广告对象就可以立即接收到;

(3) 信息传播灵活——广播广告制作简单,修改方便,可形成适时的广告;

(4) 传播范围广泛——在所有的大众媒介中,广播的到达范围最广,受时间和空间的限制最少；

（5）受众的抵触度低——由于受众在收听广播时可以同时做其他的事情，因此，受众对广播广告的接受度比较高，抵触情绪相对较少；

（6）说服性差——线性传播的特点使广播广告的信息稍纵即逝，难以保存和反复接触，这使广播广告只能传递简单的信息，不能进行深度的说服；

（7）广告的冲击力较弱——广播广告虽然可以借助声音形象的塑造来打动受众，但其单纯利用声音的局限使广播广告的表现手段比较单一，受众感受广告信息的直观性差，距离感大，使广告的冲击力减弱。

（四）电视广告的媒体特征

1. 电视广告的种类

电视广告和广播广告一样，可分为节目广告和插播广告、报时广告。

2. 电视广告的规格

电视一般提供 60 秒、30 秒、15 秒、5 秒的广告规格。

3. 电视广告的媒体特征

（1）冲击力和感染力强——电视媒介是唯一的视听兼具的广告媒介，受众感受信息的直观性最强，距离感最小，可以同时调动声音、图像、音乐、音响、色彩等多种表现手段来展现产品，营造特定的情绪情感和意境，多方位地影响消费者，因此广告信息的冲击力和感染力是所有媒介中最强的。

（2）覆盖范围广，单位成本低——电视的覆盖范围非常广泛，在我国大多数地区都能自由接受电视信号。这使广告可以达到的受众群体非常广泛，同时单位接触成本也因此而大大地降低。

（3）信息持久性差，不能反复接触——跟广播一样，电视线性传播的特点使电视广告的信息不能保存，不能反复地阅读，只能依靠增加广告的暴露次数来增加目标受众接触广告信息的机会，这会造成两个方面的影响：一是不便于展开深度说服；二是增加了电视广告的播出成本，使电视广告在高制作成本和高单次播出成本的基础上雪上加霜，使电视广告的绝对成本大大地提高。

（4）受众抵触度高——由于电视广告往往在受众接受电视节目的中间强行插入，对受众形成了较强的干扰，因此人们对电视广告的抱怨是最多的，大多数针对广告的抱怨都是针对电视广告的。这种强烈的抵触情绪使受众养成了规避广告的习惯，不利于信息有效地到达目标受众。

（五）新兴媒体广告的媒体特征

新兴媒体层出不穷,但任何一种新的媒体都不会取代旧的媒体,只会成为互补媒体。新兴媒体有以下优势:

(1) 迅捷性——传播范围更广,借助于国际互联网络,任何人,在任何地点都可以获取;

(2) 交互性强——不同于传统媒体的信息单向传播,而是信息互动传播,可以随时得到宝贵的用户反馈信息;

(3) 个体性——网络媒体是一种以个性化为指向的分众媒体而非大众媒体。受众数量可准确统计。

（六）游戏内置广告的媒体特征

1. 内涵

游戏内置广告(In-game advertising),简称 IGA。一种以大型线上游戏的固定用户群为基础,在游戏中适当的时间、适当的位置上出现的全新广告形式。

2. 特征

(1) 通过游戏本身对玩家的吸引力和互动性;

(2) 结合游戏产品的文化背景和内容的独特性;

(3) 相应的游戏道具、场景;

(4) 任务而制定的广告形式;

(5) 将广告巧妙地放置在情节中。

3. 常见的两种形式

第一种是把产品或与此相关的信息作为游戏必不可少的道具;

第二种是把产品或品牌信息嵌入到游戏场景中。

将广告设计成为并无故事情节的游戏形式,让目标受众群以玩游戏的形式强制性地识记广告。

4."地毯式轰炸"+"精确制导"策略

"精确制导"——针对目标受众的喜好、购买力、未来存在的潜在购买可能设计结合游戏情节投放。

"地毯式轰炸"——指在"精确制导"之后,采取广泛覆盖的形式,在游戏的背景画面和游戏的进程中投放广告,并不考虑广告对每一位玩家的吸引力。

（七）动漫广告的媒体特征

这是一种独特的广告表现形式，无处不在，集动画与漫画为一体，集合了绘画、音乐、平面设计、三维设计、摄影等技术。

动画（Animation）源于拉丁语 Animate 一词，意"赋予生命"，是一种会动的画；漫画（Comics 或 Manga）指笔触精炼、篇幅短小，有讽刺、幽默、诙谐意味，但寓意深刻的单幅绘画作品。动漫广告结合动画与漫画的特点，能完成实拍不能完成的镜头，而且艺术效果表现很具生动性、夸张性、时尚性等特征，说服力、感染力不言而喻[1]。

古希腊哲学家亚里士多德认为人类具有一种"动求功能"，即主动探寻事物底蕴、冒险、猎奇与挑战自我的天性，动漫的特点迎合了人们的这种需求，因而动漫广告日益成为人们喜爱的一种表达方式，为互联网、影视、手机、报刊等载体所采用。

与其他广告形式一样，创意是动漫广告的灵魂，大体而言，动漫广告的创意手法包括：

1. 直接铺陈法

这是最常用的一种方法，将产品或推广信息直接展示在动漫内容里，产品的组合和展示角度，注意画面的构成，应着力突出产品特征、性能、品牌优势等，展现能打动用户的地方，运用动漫色、光、音乐进行烘托，使产品置身于一个具有感召力的空间，强调广告的视觉气氛，增强感染力。

2. 夸张、比喻、拟人等修辞手法

夸张是超越现实的诉求技巧，也是动漫广告中常采用的手法，采用 Flash 等软件技术，对产品特性、品质等方面进行夸张，突出，强化用户的印象；比喻手法比较含蓄，但会给人一种回味无穷的联想；拟人将没有生命力的产品加以情感与思想，渗透进人类的想法、语言和动作，会让受众倍感亲切，印象深刻。

3. 幽默法

动漫广告独特的表现形式使得幽默传达得淋漓尽致。可以抓住产品或人们性格、外貌、举止等惹笑点，运用有趣的情节、巧妙的编排达到轻松取胜的效果。

---

[1] 王慧等.动漫创意设计[M].北京:北京邮电大学出版社,2012.

4. 悬念法

好奇是人类的通有心态,动漫广告将广告主题隐藏在故事或其他结构,勾起受众解密、紧张、渴望等愿望,开启积极的思维联想,以期引人入胜,带动受众探明广告题意所在的强烈愿望,最后再通过广告标题或点名主题释放解疑,通常会取得出乎意料又在情理之中的艺术效果。

一些手法可以根据广告需求综合运用在创意流程里,包括广告作品的背景、场景设计、形象设计、故事讲解、语言表述等。

第四节　植入式广告

一、涵义

"植入式广告"(product placement /branded placement),指把产品及其服务具有代表性的视听品牌符号,融入影视或舞台产品中的一种广告方式,给观众留下深刻的印象,以达到营销目的。

"植入式广告"是随着电影、电视、游戏等的发展而兴起的一种广告形式,它在影视剧情、游戏中刻意插入商家的产品或标识,以达到潜移默化的宣传效果。由于受众对广告有天生的抵触心理,把商品融入这些娱乐方式的做法往往比硬性推销的效果好得多。

案例 4 - 31:

《天下无贼》电影中的植入广告

男女主角互发短信时,特写镜头手机屏幕上滚过中国移动"全球通"的大logo。

火车上张贴在车厢内的《北京晨报》,随着剧情的展开,不时地进入镜头,一部电影,几乎成了品牌的展示舞台,宝马汽车、惠普电脑、淘宝网、长城润滑油等,不下十数个品牌在电影的场景中出现。

二、植入广告创意

（一）对白植入

在电影、电视剧、小说等作品中,通过人物的对话巧妙地将品牌植入其中。

案例 4－32：

《阿甘正传》里有一句经典台词:"见美国总统最美的几件事之一是可以畅饮'彭泉'汽水。"

案例 4－33：

《一声叹息》里,徐帆时刻不忘提醒亲朋好友:"我家特好找,就在欧陆经典。"

案例 4－34：

《我的希腊婚礼》中,女主角说:"我老爸只相信两件事,第一件事是要教育美国人,第二件事是任何身体上的问题,不管是红疹或是鸡眼,只要喷稳洁就会好了……"

（二）情节植入

指某一品牌的商品成为推动整个故事情节的有机组成部分,品牌或商品不再仅仅是生活场景或人物对白中出现,而是几乎贯穿于整个故事。

案例 4－35：

好莱坞电影《一线声机》

帅哥瑞恩有天突然接到一个名为杰茜卡的陌生女人的电话,声称她被绑架了,绑匪下一个目标是她的儿子,请求他不要挂断手机,去警察局报案。

影片自始至终无法离开手机,最后手机内置的摄像功能,保存了罪犯们的犯罪证据,得以将之绳之以法。

一部电影,几乎是手机品牌诺基亚的"广告"。

（三）形象植入

根据品牌所具有的符号意义,将某一品牌商品或服务,植入电影、电视或其他媒体之中,成为故事主人公个性和内涵的外在表现形式。

通过故事情节,或生活细节,不断演绎品牌原有的意义,丰富品牌内涵,增强品牌的个性,进一步提升品牌形象。

案例 4 - 36:

《电子情书》

浪漫的女主角每天清晨自信地走在纽约上西区的街头,总会先至星巴克咖啡店外带一杯咖啡,而每天晚上,则会打开她的苹果电脑,进入 AOL.com 开始收发 e-mail。

星巴克咖啡、苹果电脑和 AOL.com 网站这些品牌的形象、个性,以及其所具有的社会象征意义,已经成为女主人公角色演绎的道具,同时影片中剧情、女主角的形象、气质,又在不断地强化着这些品牌所具有的符号意义。

（四）事件植入

媒体与企业联合,及时抓住倍受关注的社会新闻、事件以及人物的明星效应,结合该企业和产品的特点展开一系列的相关活动。甚至可以策划制造具有新闻价值的事件或是其他传媒内容,吸引公众的关注。

案例 4 - 37:

火烧 2005 中国的"超女活动"

蒙牛集团精心设计,利用广受关注的社会新闻、事件以及人物的明星效应等,结合自身需求展开了一系列活动,从而借势获得企业和产品的知名度与美誉度。

以在湖南卫视的广告投入及其他销售费用、参与播出费用约 2 400 万元,获得了销售额从原先 7 亿元到 20 几亿元的成功。

（五）场景植入

就是将品牌视觉符号或商品本身,作为电影内容的场景,这种植入,适宜那些比较成熟的品牌。

案例 4-38：

电影《泰囧》

泰鸟航空、RIMOWA 行李箱、三星手机、AVIA 国际租车等品牌均在电影场景中呈现。

一些音效,通过旋律、歌词以及画外音等,也可以使得观众联想到一些特定品牌。

思考题：

1. 连粉也不抹

公车上,母亲向儿子推荐一女孩,儿子则是一脸的无奈,眼神飘向一旁涂脂抹粉的"美女"。

妈妈很生气,儿子却说:"连粉也不抹,能看吗?"

请问:

(1) 这是一则什么广告?

(2) 接下去的情节会是怎样?

(3) 你认为该广告创意是什么?

2. 微信广告信息流营销

微信朋友圈,是基于微信社交关系链的更丰富的信息内容分享与原创平台,微信公众号广告是基于微信公众平台,提供广告主多种广告形式投放,并利用专业数据处理算法实现成本可控、利益可观、精准定位效果的广告投放系统。

广告主有产品,需要别人给你打广告,流量主是依托自己微信公共平台的大人流,做广告推广,以每点击一次计费（即 CPC, Cost Per Click）。在这种模式下,广告主仅为用户点击广告的行为付费,而不再为广告的显示次数付费。网民的每一次点击就会为广告主带来真实的流量或是潜在的消费者。但 CPC 存在的一个问题是,可能浏览者并没有点击广告,但是他实际上已经看到了广告。所以这时候就出现了 CPM（即 Cost Per Mille 或者 Cost Per Thousand）,它叫千人成本。

为降低骚扰，微信团队会严格挑选 50 个品牌的广告主，通过一定的准入标准限定品质。

一般的微信朋友圈广告是以这样的形式：①头像＋名称；②推广标签；③详情外链；④推广图片；⑤社交互动。其中的社交互动方面，让好友为广告主"代言"，"点赞"和"评论"都会提高展示概率并激发信任互动。同时广告引擎也会从两个评分维度出发精选第一批高质量种子用户。

请问：

(1) 微信广告的优势和劣势分别是什么？如何实现精准营销？

(2) 广告形式多样，你在生活中还遇到哪些？

(3) 创意一则"食品安全"的动漫公益广告，写出分镜头脚本。

第五章

版权创意效应

第一节　多次销售及版权

一、多次销售

媒体的发展影响着人们的生活方式，还记得你是如何收听音乐的吗？

在收音机调频搜索音乐？在随身听中插入磁带收听音乐？还是使用光盘CD？如今，越来越多的人直接在网上下载音乐到手机里，或者直接在豆瓣FM、网易云等媒体平台收听音乐。

在复制时代，文字作品和音乐作品等媒体产品的经济利益的实现，靠的是合法复制品的生产和销售，从而实现产业链各环节的利益。但在信息网络时代，媒体企业和媒体产品生产者面临的却是手机彩铃、互联网音乐搜索和下载，文字网站上传、下载和转载等等问题，面临免费被消费者享受的局面。

而且，不同于其他有形商品，买家和卖家之间单次实行的一次销售，媒体产品可以进行"二次销售"（即媒体企业先将内容产品卖给受众，然后再将受众数量卖给广告商，这常常是媒体的主要利润来源），甚至"多次销售"。比如一本图书，可以通过出版商发行纸质版，也可以通过电子版继续销售，图书还可以改编成电影、电视剧，进行更广泛的销售。在这个过程中，媒体产品的生产者先将内容传递给受众，之后受众会有所反馈，每一次销售环节其实都涉及"版权"问题。

媒体创意经济存在制造和包装知识产权问题，媒体产品的生产者如以高价格出售知识产权,便能获取利润最大化。

第二节　版权问题

媒体产业的发展是"钱途无量"的,然而要想做到"钱途无量"还要遵循一个公式:底蕴＋创意＋版权＋品牌＋产业链＝媒体产业"钱途无量"。一定的底蕴积累,加上富有创意的想法,保障权益的版权和具有标识性的品牌,以及决定产业宽度与广度的产业链,才能确保媒体产业"钱途无量"。

一、版权的核心资源:内容创新

版权即著作权,是指文学、艺术、科学作品的作者对其作品享有的权利(包括财产权、人身权)。版权是知识产权的一种类型,它是由自然科学、社会科学以及文学、音乐、戏剧、绘画、雕塑、摄影和电影摄影等方面的作品组成。

构成作品必须具有某种精神方面的内容,即作品要具有某种思想或者美学方面的精神内容,还必须有具体的表达,并具有独创性。只有具备了这三个条件才构成了作品,才有作品版权,这三个条件决定了版权的核心资源是可传播性、优秀的创意内容作品。在新媒体经济时代可传播性的创意作品赋予了版权的"经济能力",承担着传播文化、弘扬人类精神的使命。

从语源学上讲,版权不仅表示复制权,而且表示对作品本身及其载体的所有权和控制权,有时也与文学艺术产权交替使用。

总体来说,版权涵盖以下两个方面。

一是著作权:包括人身权与财产权;二是领接权:即针对表演或者协助传播作品载体的有关产业的参加者而言的,如图书出版者权、表演者权、录音录像制作者权和广播电视组织权。

为了保障作者因创作作品获得正当权益,协调作品的创作者、传播者和广大公众因作品的传播和使用而产生的法律关系,鼓励作者创作,促进作品传播,发展科学文化事业,版权制度便应运而生。

二、版权的创意经营

媒体作品的各类权力,只有在被用于谋取经济利益时才有市场交易价格。

交易双方协商确定,并签署版权协议,由专业版权代理和专业律师进行具体的业务依法授权办理。版权可转化为经济价值和效益,当规模达到一定程度便可形成产业。

版权是文化产权交易的核心内容之一,是媒体行业的重要管理领域。版权的开发是版权创意经营管理的第一步,在数字技术和跨文化交流的今天,版权管理日显重要。毫无疑问,用数字技术传播信息以其独特的魅力,既降低了复制成本,又降低了分销成本[①]。这两种新能力对于版权管理乃至整个知识产权的管理提出了一系列的挑战。

但是数字技术的发展也为知识的发明者和所有权提供了前所未有的美妙机会:一种新知识会以更快的速度普及到广大民众,这反过来又可以回报知识产权。

在新兴媒体爆发的时代,对版权的开发、经营和管理要以创新思维来规划,以受众需求为核心开发、经营和管理版权。

三、版权价值的评估

版权作品是精神产品,其价值难以用标尺衡量。不确定因素太多,评估体系难以面面俱到。动态评估可以防范评估风险:评估分为两次,成品前一次,媒体产品投放市场后再一次。通过后期评估的反馈,对前期进行不断修正使评估更准确。

版权价值评估的基本方法有[②]:

重置成本法。是根据假想创造资产所发生的所有花费,并考虑一定的损耗而评估其价值的评估方法。基本公式为:

$$评估值＝重置成本－损耗＝重置成本×成新率$$

收益现值法。是通过估算被评估资产在未来的预期收益,并采用适宜的折现率折算成现值,然后累加求和,得出被评估资产价值的一种资产评估方法。

现行市价法。是通过分析当前市场上可对比资产交换价格来确定资产的评

---

① 在西方经济学中,分销的含义是建立销售渠道的意思,即产品通过一定渠道销售给消费者。从这个角度来讲,任何一种销售方式我们都可以把它称之为分销。亦即分销是产品由生产地点向销售地点运动的过程,产品必须通过某一种分销方式才能到达消费者手中。

② 企业版权机制评估,华律网,2012 年 8 月。

估值。其基本公式为:被评估版权价值＝同类交易实例价格×调整系数。

四、版权的法律规范

对于传播方来说,作品的选择、整合与授权都要经过慎重地考虑和决定,在进行过程中可能会出现版权问题。对于受众来说,在挖掘、使用信息时要提高版权意识,减少不必要的成为侵权人的风险。而政府的相关部门应当平衡政策,进行内容引导,同时要加强立法。对于著作权人来说,应当提升自身对自己产品的控制力,明确价值判断。

围绕着著作权人,全媒体时代版权跨界所面临的法律问题主要有四个方面:一是传播方面临着选择、整合与授权等挑战;二是由于技术发展过快而导致的立法的不稳定性;三是政府对于媒体的平衡政策以及内容引导;四是受众对于信息的挖掘增加了无意的侵权人的风险。在这样的情况下,著作权人的控制力也会下降,价值判断容易模糊。

上面提到技术发展过快而导致的立法的不稳定性,那么如何在发展过快的媒介技术和相对滞后的版权制度之间寻求平衡呢?笔者认为应当要做到两个基本点:一是凡涉及他人作品权利的生产者和传播者必须要取得授权;二是著作权人要捍卫自身权利,通过各种方式获得法律的认可。

第三节　版权跨界

版权跨界是指图书、期刊、杂志、影视等媒体产品的版权合作与交流,以及媒体出版产业链和其他文化创意产业链上产品的版权交易,乃至国内外各行业和领域的版权贸易。

一、版权跨界运营创新

(一)全版权运营模式

所谓"全版权"是指一个产品的所有版权,包括网上的电子版权,线下的出版权,手机上的电子版权,影视和游戏改编权,以及一系列衍生产品的版权等。盛大文学的全版权运营模式是最好的实例。盛大文学全版权运营包含两个部分:版权的生产和分销。版权的生产在盛大文学的七大原创文学网站上完成,版权的分销,则是与其他内容生产商协作完成。

案例 5‑1:

盛大文学的全版权运营模式

盛大文学有限公司(以下简称"盛大文学")是以经营网络游戏著称的盛大集团的子公司。盛大文学先是成功推行网络付费阅读模式,然后收购"起点中文网"(以下简称"起点网")、"晋江原创网"、"红袖添香"、"榕树下"、"小说阅读网"、"言情小说吧"和"潇湘书院"等七家国内领先的原创文学网站。这些都是为了专注于文学版权运营,为线下出版、电影、游戏、动画等提供有版权的内容。盛大文学在实质上是新时代的数字出版公司。

盛大文学旗下原创文学网站完成版权的内容生产,版权的分销在不同渠道销售出去。盛大文学拥有数千部当红、畅销流行小说的影视改编权,已售出影视改编权的小说超过百部,进一步延伸产业链,但不至于受制于终端阅读。自2008年开始,盛大文学便着手于无线阅读平台的优化,与中国最大的电信运营商中国移动达成战略合作协议,共同开辟无线阅读市场。为此,盛大文学专门设立了无线公司,依托于其搭建的数字版权中心,正式进军无线阅读市场。

此外盛大文学还进行广泛的渠道建设:其一,与梦网书城或其他文学类WAP网站开展内容源合作,为其提供原创文学作品;其二,与梦网书城或其他文学类WAP网站开展渠道合作,在其上面开辟小说专区[①]。

盛大文学的全版权运营模式是对数字出版赢利模式的创新,初步打造了数字出版全产业链,推动了网络文学的主流化。

(二)平台跨界运营模式

平台商业模式的精髓,在于打造一个完善的、成长潜能强大的"生态圈"。它拥有独树一帜的精密规范和机制系统,能有效激励多方之间互动,达成平台企业的愿景。

平台生态圈里的一方群体,一旦因为需求增加而壮大,另一方群体的需求也会随之增长。如此一来,一个良性循环机制便建立了,通过此平台交流的各方也

---

① 盛大文学全版权运营模式研究,第三届数字时代出版产业发展与人才培养国际学术研讨会,2012.3.

会促进对方无限增长。而通过平台模式达到战略目的,包括规模的壮大和生态圈的完善,乃至对抗竞争者,甚至是拆解产业现状、重塑市场格局①版权平台跨界经营模式也应运而生。

案例 5‑2:

梦工场

梦工厂(英语:DreamWorks SKG)是美国排名前十位的一家电影洗印、制作和发行公司,同时也是一家电视游戏兼电视节目制作公司,制作发行的电影有超过 10 部票房收入超过 1 亿美元,是建立在电影产品版权平台上的媒体公司。

创立人是 3 位好莱坞重要人物,大卫·葛芬、杰弗瑞·卡辛堡和斯蒂芬·斯皮尔伯格,2009 年 2 月 9 日,史蒂文·斯皮尔伯格带着他一手创建的梦工厂,正式加入了迪士尼的童话王国,迪士尼将包办梦工厂出品电影的发行和市场推广,其中,迪士尼将在包括《变形金刚 2》在内的 6 部影片盈利中收取 8% 的发行提成。迪士尼将在 2010 年起的一年内负责发行 6 部梦工厂出品的影片,此外,迪士尼还拥有梦工厂出品电影在除印度外所有地区的音像制品及电视放映发行权。对迪士尼而言,梦工厂的加盟与版权经营正好可以带来更多的影片,让其充分利用全球发行平台。梦工厂针对电视网 Nicktoon 的 6～17 岁的青少年受众,将动画电影《马达加斯加》开发制作成系列动画片,并授权 Nicktoon 独家播映。其系列动画片大胆启用原影片中大受欢迎的配角企鹅四兄弟为主角,搞笑而富有想象力的情节吸引了众多电视观众。

(三)产品跨界运营模式

1. 版权担保贷款——文化创意产业融资模式的创新

以知识产权,即版权作抵押获取融资。

案例 5‑3:

《集结号》版权抵押贷款

《集结号》在无第三方公司担保授信的情况下,以知识产权,即版权作抵押来

---

① 陈威如.平台战略[M].北京:中信出版社,2013.

吸收招商银行 5 000 万元的贷款。项目结束时,华谊兄弟连本带利仅仅需要归还招商银行 5 500 万元左右。这也就意味着,华谊兄弟仅仅用了 500 万元左右的利息和两年的时间,就撬动了 5 000 万元的资金杠杆,并促成了一部贺岁大片的诞生。

案例 5－4:

《英雄》剧本融资

总投入为 3 000 万美元的影片《英雄》在当时也开辟了一种全新的融资方式:对剧本先作预算,再找一个国际著名的保险公司,将剧本、导演、演员和各种市场分析报告等呈给保险公司审核,然后在保险公司担保的情况下,向银行融资,最后到银行成功贷款。影片刚拍完,欧美版权就卖了 2 000 万美元,国内音像版权又拍卖出了 1 780 万元,还有贴片广告收入,使影片的前期收入全线飘红,资金的快速回笼令投资商信心倍增。

2. 版权跨界可以延长版权产业链,在授权使用中实现经济和社会效益

版权合作模式演变出业务合作模式、合作出版模式和合作经营模式。以《ELLE 中国时装之苑》为例,国内外期刊合作最常见的一种模式,即境内杂志以支付版税的方式取得境外合作方出版物文字或图片内容的使用权。

3. 音乐版权问题与 KTV 的收费问题

"音乐侵权"似乎无法可依,法官综合各方面意见得出的判断成为决定性依据。有关律师表示,包括影视作品的侵权,很多判断标准都是十分模糊的。对于如何杜绝类似侵权案件,律师认为在相关法律并不完善的情况下,唯有进行行业自律,正是,群众的眼睛是雪亮的,如果你的作品确实是抄袭的,那么即使法律不给你定罪,你的音乐作品也会被歌迷所唾弃。

在音乐圈中,有将"8 个小节雷同"作为判断音乐作品是否抄袭的标准。而律师对此明确表示,我国并无相关版权法,版权法律都归属《中华人民共和国著作权法》之下,而《著作权法》中根本没有类似"8 小节雷同即算抄袭"的相关法律,"法律中对音乐侵权并不像商标、专利,它没有量化的标准,因此类似官司更多的是靠法官的'自由裁定'。说白了,这还一定程度上取决于法官本人对音乐

的理解。"①

早在 2007 年,以 KTV 音乐版权为代表的娱乐行业知识产权问题就引起业界和社会的广泛关注和讨论,在这之前由唱片行业众明星签名游行公开呼吁,在全国掀起一阵著作权保护热潮,问题的焦点集中在各大唱片公司对娱乐行业数字音乐版权问题的声讨,但娱乐行业信息化进程中的知识产权话题却被大多数人所忽视。现如今,随着数字传播技术的快速发展和互联网上免费时代的到来,KTV 收费问题再一次成为焦点。

KTV 行业在经营过程中可能存在两种侵权行为,一是侵犯词曲作者的著作权;二是侵犯制作公司(也就是人们所说的 MV)的放映权。KTV 版权收费后,商家如何在既不转嫁成本,又要保证利润的条件下进行合理的定价和经营?

以 KTV 为代表的娱乐行业的知识产权保护话题可以用"想唱就唱,唱得痛快"来总结。"想唱就唱"是指音乐版权问题得到解决后消费者能够随心所欲地挑选自己喜爱的歌曲演绎。而"唱得痛快"则指的是以点歌系统为代表的娱乐信息化在版权保护的支持下不断进步,提供更加新鲜、流畅、可靠的消费体验。

案例 5 - 5:

《甄嬛传》的版权经营

热播宫廷剧《甄嬛传》是近年来为数不多口碑、收益双丰收的国产电视剧之一,可以说创造了一个收视狂潮。那么《甄嬛传》的版权经营是怎样的模式呢?

总制片人曹平表示,"早在开机前,《甄嬛传》的前期销售已经完成,那时我们就收回了成本"。这些前期销售包括电视台版权购买、视频网站版权购买和相关品牌合作等。《甄嬛传》的版权价格不菲,单家卫视出价达 95 万元/集,总价超 7 000 万元。而为了拿下独家网络版权,某网站砸下了 2 000 万元买下 5 年版权,又通过版权分销、剧目互换、广告投放等方式,早就将成本全部收回。

另外,《甄嬛传》走出国门,走向美国。以往一部热剧,卖给国内电视台动辄上百万元一集,但输出到国外立马变成"白菜价",《甄嬛传》有望扭转这一局面。制片人曹平说,"虽然具体价格不方便透露,但在美国的卖价会比国内卫视首轮

---

① 中国网《音乐涉嫌抄袭法律人士称目前尚没"法"界定》http://www.china.com.cn/chinese/MATERIAL/1167897.htm.

播出的价格要高得多"(注：国内卫视首轮播出95万元/集,76集总价超7 000万元人民币)①。

4. 网络视频版权问题

我国视频分享网站自2006年迅速兴起,经历了起步阶段、飞速发展时期、行业低潮的洗牌期后,如今已进入上市阶段。然而,围绕视频分享网站的版权侵权纠纷却自2008年以来从未中断过。

曾经,国内视频分享行业的巨头优酷网、土豆网等被诉版权侵权的赔偿金额已高至上千万元。从诉讼结果来看,视频分享网站大多以败诉告终。在面临巨额版权侵权诉讼的同时,国内视频分享网站尚未真正实现盈利。从版权角度看,视频分享网站上大量充斥的盗版视频严重损害了其权益,而视频分享网站运营商则认为传统版权法框架下分配给网络服务商的版权责任过重。

2009年,"版权"已成为网络视频行业发展的关键,中国网络视频保护已经迫在眉睫。政府部门为加大力度打击网络侵权盗版,净化网络文化环境而采取了大量行之有效的措施。同时,在2009年,以搜狐为首的国内多家新媒体版权拥有和发行方共同发起并且建立的"中国网络视频反盗版联盟"启动,旨在共同抵制网络侵权盗版行为,维护网络视频市场的正常秩序,推进网络视频正版化过程。

由于国家对盗版视频的严厉打击,视频网站不得不购买正版版权,使得视频版权价格不断攀升。在为期三天的2011中国国际影视节目展上,共有980家参展商,400余家影视制作机构前来参与。然而最惊爆的是:黄志忠和张嘉译主演的电视剧《浮沉》,被众多视频网站相中,纷纷竞标争抢,最终卖出了一集过百万元的天价,30集电视剧,售价超过了3 000万元。视频网站已经成为这次电视节的主力军。

网络盗版视频虽然给网络视频媒体带来巨大的广告收益,同时也给版权所有人带来巨大的经济损失,电视台失去收视率、电影失去票房等。以《画皮Ⅱ》为例,盗版流入网络后,华谊公司统计市值损失约6.6亿元。这样的盗版行为,严重影响文化市场的正常有序发展,对网络视频行业的长期发展,只能起到相反的

---

① 《现代快报》2013年1月31日 A12文娱版《〈甄嬛传〉将剪辑成6小时的电视电影在美国播出》。

作用。

"美剧下架"事件在新媒体高速膨胀发展的今天,引起对网络视频版权问题的更深层次的思考。爱奇艺网站在 2014 年出牌"独播战略",大有占领市场头牌交椅之势。这一阶段的视频网站,把版权问题早已划入了整个企业的整体运营当中,比如搜狐视频为了拿到《中国好声音》2013 年的独播版权,高额付出了 1 亿元的人民币。

版权问题,在新时期的演绎已由价格战逐渐升级到了版权内容采购和网络独播的竞争高度。早在 2012 年 4 月,搜狐、腾讯和爱奇艺曾组建视频内容合作组织,按照"联合买剧、联合播出"的原则,进行买剧和播放合作。此合作为应对居高不下的版权市场价格,可以分流高额的支付费用,进行合作式的营销共赢。但一年多以后,各家主流视频网站纷纷放弃了这种策略,其原因是,内容同质化严重影响了视频网站的独特化经营,不可能占据更多的市场份额,用户选择黏性也会越来越低。现如今,各大视频网站在经历了并购风潮后,都有了过亿的用户规模,版权费的非理性暴涨不再频繁出现,只是价格仍然居高不下[①]。

任何一个媒体企业在力求利润最大化时,会不断对自己的内容产品进行战略定位,探求真正的现金流(收入减去费用、税费、利息以及考虑贬值因素等)。开辟渠道建设,实现多次销售和让版权效益最大化也随之成为媒体总裁所遇到的现实问题。

一个好的传播渠道可为媒体企业开辟通畅的版权利润流,使得媒体企业利润如自来水一样,龙头一开,哗哗来钱。

思考题:

1. "欢乐传媒"成功收购著名原创文学网站"榕树下"的经营策略是什么?

民营传媒企业"欢乐传媒"成功收购著名原创文学网站"榕树下"。

欢乐传媒此举耗费超过 500 万美元,之后将会把"榕树下"的文学作品范围向影像作品拓展。

欢乐传媒总裁董朝晖表示,此次收购是欢乐传媒向新媒体投资的第一步。

---

① 郝苗苗.从"美剧下架"审视视频网站版权运营策略[J].今传媒(学术版),2015(04):60-61.

之所以选择"榕树下"网站,主要是看中了该网站 500 万的注册用户,每天 8 000 篇原创文章的更新频率。同时,大量的原创文章对于每年有大量影视节目制作需求的欢乐传媒来说,是非常好的内容资源。网站上的优秀原创作品包括诗歌、散文、小说都可能被影像化,甚至拍成电影、电视。

2. 美国编剧集体罢工是为了捍卫自身哪方面权益?

近几年来新媒体的发展让娱乐产品有了更多市场输出形式,比如互联网、付费下载电影等,这些领域的利润不仅增长速度快,而且占据越来越大的比例。但旧有的合同没能让编剧们因此尝到甜头,他们在这些领域的著作权也没有得到应有的保护。

于是,美国编剧集体罢工,但这并非是单纯的提高报酬问题,它牵涉到整个媒体产业的发展方向与模式。传统电影电视媒体如今受到了新兴媒体的巨大冲击。该事件的矛盾焦点是版税问题。

看到互联网蓬勃的发展势头,美国编剧协会提出了分享互联网节目利润的要求。该协会主席帕特里克·维隆说,这是一次"为下一代编剧进行的罢工"。美国电影电视制片人协会同样看到了这一趋势。

但是,新兴媒体如何演变,传统文化娱乐节目如何与其结合,都还没有形成成熟的模式,这使得电影电视制片人协会瞻前顾后,不敢贸然同意编剧协会的要求。

美国编剧协会提出了分享互联网节目利润的要求。这个要求当然是合理的。媒体本质上是内容产业,属于智力密集型产业,有创造力经济特征,其最根本的一点是靠创造力吃饭,靠创意吃饭,因而创意和策划人才是媒体产业中的核心人才,有着核心价值功能,不容忽视。

传统媒体的内容资源又被免费使用于网络等新媒体,这就促使传统媒体思变求变,如此一来,美国编剧协会便提出了分享互联网节目利润的要求。其他媒体,如互联网视频下载等服务,因而与媒体其他产业部门发生诸如产品、劳务、价格、劳动就业、投资方面的关联。这为媒体提出了各媒体重新组合后重新评估创意人才价值的问题。

罢工的持续将直接影响到美国电视产业的正常运转,也会影响到全球传媒娱乐业的发展,如李安这样的外国大导演目前成了好莱坞的"抢手货"。互联网的知识产权保护问题是一个国际性的问题。

3. IP 剧大行其道,说明了当前好剧本的过度匮乏,还是从网络 IP 剧,到网络小说改编的电影、游戏及其各类衍生产品,版权开发潜力无限?

"IP"是英文"Intellectual Property"的缩写,意为知识产权。电视剧市场提及最多的"IP",主要指围绕拥有大量粉丝基数的文学作品的影视剧版权改编。在文化产业中的常见操作模式,包括电影版权、电视剧版权、网络游戏版权等多类型的版权开发。

《琅琊榜》这部电视剧,尽管播放前期的收视率不尽如人意,但在其发布的4 天之后,这部不被人看好的电视剧立马扭转了颓势,甚至获得了 9.3 的高分。其最大的成功点就是引发了人们的认同感,不少人成为"自来水",各大社交网站上出现了不少的分析帖,从其布景画面、人物妆容到剧情走向均进行分析,网友们甚至对比了之前的"热"剧,从而挖掘出《琅琊榜》过人之处,不自觉为其营销。

该部作品,从初始的网络小说到之后的衍生产品(改编剧),小说网站和影视制作商始终在不停积累其人气和评论,朋友圈、QQ 空间等社交媒体像炸开了锅似地充斥了改编剧的评论、分享。一些看了改编剧的观众也会对小说充满好感,并从影视平台再次回到文字平台,阅读其原作。相辅相成地,网络小说和影视改编剧共同积累起了超高的人气,再加上电视广告的巨额赞助,经济效益也居高不下了。

网剧《盗墓笔记》于 2015 年 6 月 12 日上线播出。其"先导片"上线爱奇艺两分钟点击量即达 2 400 万,不到 22 小时点击量就成功破亿。尽管粉丝众多,但《盗墓笔记》IP 剧的质量却为人诟病,只得到了 3.6 分。

盗墓笔记一共制作 12 集,总共花费了 6 000 多万元,平均每集成本高达 500万元。然而这部剧除了演员阵容赚足了看点,邀请到李易峰、杨洋、唐嫣等人气演员外,其剧情、导演、特效、摄影乃至布景、音效、剪辑却非常不尽如人意。《盗墓笔记》描述了 50 年前由长沙土夫子出土的战国帛书,记载了一个奇特战国古墓的位置,其中一个土夫子的孙子在他的笔记中发现了这个秘密,聚集了一批经验丰富的盗墓贼前去寻宝,便成了《盗墓笔记》一系列的故事。网剧的故事以此为主线但却逻辑混乱,叙事手法出现问题,这一问题也为人诟病。

然而《盗墓笔记》还是大获成功,点击量一天破亿,爱奇艺会员当月增长875%。"交还给国家"成了热极一时的吐槽,本应令人惊悚的尸蟞王也推出了淘宝同款玩偶。

4. 谁挽救了 1984 年洛杉矶奥运会？

尤伯罗斯出任 1984 年洛杉矶奥组委主席时，奥组委的银行账户上仅有 100 美元，没有任何政府资助，也无法获取捐款。

但尤伯罗斯凭着他的商业头脑进行完全的市场化、商业化运作，使得洛杉矶奥运会结束后竟获得纯利润 2.325 亿美元，开创了奥运会历史上最成功的一次商业运作。

在 1984 年洛杉矶奥运会以前，现代奥林匹克运动会因为 1976 年蒙特利尔奥运会高达 10 多亿美元的负债，以及 1980 年莫斯科奥运会遭到政治抵制而陷入了低谷。在此以前，举办奥运会基本上是"赔本赚吆喝"，举办国更多地将其视为"形象工程"。

但洛杉矶商界奇才尤伯罗斯改变了一切。当美国政府宣布对奥运会筹建"断奶"后，尤氏创造性地提出了"以奥运养奥运"的新思路。

尤伯罗斯不遗余力地为奥运卖广告。

尤伯罗斯宣布了一个惊人决定：洛杉矶奥运会只需要 30 个赞助商，每个赞助商至少需要出资 400 万美元，同行业厂商只有一家入选。

如此苛刻的要求非但没有吓走赞助商，反而引发了赞助商内部的激烈竞争。

最终，美国广播电视公司（ABC）和全国广播公司（NBC）经过六轮的较量竞价，以 3.09 亿美元胜出。

第六章

"逃离扁平世界"的电影

第一节　电影是人们的生活方式

从无声,到有声,再到三维空间的震撼;从黑白,到彩色,到宽影,电影逐渐与人们的生活轨道默默契合,成为人们生活进步的缩影,成为人们闲暇之时,生活的填充剂。

与此同时,电影在人们想象力的灌注和鬼斧神工的创造性思维中,更具有生命,又反补人们以无限灵感;电影源自生活,又服务于生活;电影也是一面神奇的镜子,让人们看到世界不一样的色彩。电影在不知不觉中改变了人们的生活习性,对人类生活产生深远的影响——

生活在现代社会的我们无时无刻不被压力所包围:情感的压力、事业的瓶颈、一些猝不及防的磨难和历练。当我们偶尔觉得被生活的大气逼到快要窒息,想要通过短暂的逃避离开挡在面前的巨石时,都会试着去寻找一个突破口,找到一种既能放松心情又能调解身体困倦的方式,用轻松愉悦的心情去欣赏一场电影,有时会给我们一种沁人心脾的清新力量,甚至让我们突然醍醐灌顶明白压力的症结所在,或者柳暗花明找到问题的解决方式。电影就这样悄无声息地走进我们的生活,成为一盏幽暗却又充满力量的指路灯。

而当幸福来敲门时,可能我们会感到开心地无所适从,如果想要从这样的兴奋中抽离而出,找到一种方式安慰和鼓励自己的话,电影又会成为神奇的添加剂,让我们在快要倾覆而出的快感中找到沉静与平和,领悟另外一层人生的真谛。

无论是沉浸于幸福还是经历着苦难,电影都已经逐渐成为我们生活里一片沉静、悠长而又温暖的时光里永不褪色的安宁天堂。

所以,电影一定程度上影响了人类的生活方式。随着电影艺术的发展,其覆盖面越来越广,使得各国、各民族所创造的文明迅速为全人类所共享,影视艺术起到了传递信息、表达情感、传播文化,搭架起文化交流桥梁的作用,增进了不同民族和不同文化之间的交流,扩大了人们的视野,提高了人的素质,增强了人的国际意识。电影艺术改变了人类的学习和娱乐方式,可以使人足不出户地点评多姿多彩、瞬息万变的世界,接受远程教育,欣赏世界各地的文体节目和领略自然风光。电影不断影响着人类的思想观念,在向观众提供一幅幅生动真实的生活图景的同时,传播着价值观念、道德规范、社会准则、生活方式、社会语言,影响着人们的价值观、世界观和人生观。它所倡导的生活理念、价值取向、行为规范及行为准则,引导人们追求真善美,提高着人们的道德情操和文化品位。

总之,在电影发展如日中天、人类生活水平普遍提高的今天,电影引领着文明的发展趋势和社会风尚,满足着人类的审美需求和精神追求,为人类生活开辟了一个新天地,时时刻刻在影响着我们,也使我们的生活更加丰富。

第二节　电影的魅力

一、电影靠什么吸引观众?

(一)剧情

电影中的剧情吸引着观众,比如传奇性故事情节,让观众觉得不可思议,印象深刻;生活气息浓厚的剧情,观众感觉与自己现实生活接近,在演员更加写意、夸张的表现下,让观众轻松地走进,产生代入感,而被情节影响。

案例 6-1:

《泰坦尼克号》

影片《泰坦尼克号》可谓一个电影工业神话,全球逾 18 亿美元票房不单使两位主演莱昂纳多·迪卡普里奥、凯特·温斯蕾特迅速成为超人气国际巨星,更创下了至今仍无人能及、更让所有后来者望洋兴叹的票房奇迹。让我们通过文字来重温经典吧。

1912 年 4 月 15 日,载着 1 316 号乘客和 891 名船员的豪华巨轮"泰坦尼克号"与冰山相撞而沉没,这场海难被认为是 20 世纪人间十大灾难之一。1985 年"泰坦尼克号"沉船遗骸在北大西洋两英里半海底被发现。美国探险家洛维特亲自潜入海底船舱墙壁上看见了一幅画,洛维特的发现立刻引起了一位老妇人注意,已经 102 岁高龄的罗丝声称就是画中少女,潜水舱里的罗丝开始叙述当年故事。

1912 年 4 月 10 日,被称为"世界工业史上奇迹"的"泰坦尼克号"从英国南安普顿出发,驶往美国纽约,富家少女罗丝与母亲及未婚夫卡尔一道上船,另一边不羁少年画家杰克靠码头上的一场赌博赢到了船票。

罗丝一直认为卡尔是个十足的势利小人,从心底里不愿嫁给他,甚至打算投海自尽。关键时刻杰克一把抱住了少女罗丝,两个年轻人由此相识。

为排解少女心中忧愁,杰克带罗丝不断发现生活快乐之处,很快,美丽活泼的罗丝与英俊开朗的杰克相爱了,罗丝脱下衣服,戴上卡尔送的"海洋之心"项链让杰克为她画像,以此作为他们的爱情见证。

当美好爱情故事正上演时,"泰坦尼克号"却撞上了冰山。惨绝人寰的悲剧就此拉开了序幕,"泰坦尼克号"上顷刻间变得一片混乱,危急之中,人性中善良与丑恶、高贵与卑劣更加分明,杰克把生存机会让给了爱人罗丝,自己则在冰海中被活活冻死。

老态龙钟的罗丝讲完这段感动天地爱情故事之后,把那串价值连城"海洋之心"沉入了海底,让它陪着杰克和这段爱情,让它长眠于海底。

感人至深!

然而,剧情不等于情节。剧情是一个叙述故事的戏剧和感情成分。有的故事情节比较单一,但是剧情却很感人。而情节可能是故事的大致走向,即"开始—高潮—结束"。没有剧情的支持,情节就是一个骨架。

剧情是剧情片的卖点所在,而不同于动作片的精彩打斗,场面的宏大,以及爱情片的缠绵,喜剧片的搞笑。剧情片的节奏往往比较慢,但是情节相对紧凑,往往是一种社会现象和一定人群生活状态的写照,容易使观看者产生情感上的共鸣。

　　剧情片取材范围广泛,如历史、神话、科学幻想等,但以现实生活为主,也有对其他体裁的作品,如叙事诗、戏剧、小说的改编。这些影片有的取材于现实生活,有的反映历史,有的描写神话或幻想等。它经过集中概括等艺术手法,塑造人物、组织结构、提炼情节。

(二) 名演员

　　最初演员只是为了塑造荧幕形象而存在,电影演员即使并不出名,但是题材新颖、情节动人、制作手法精良,一样能吸引很多的观众,但是近些年来,演员在电影中的分量越来越重,明星带动了粉丝电影效应,形成了"明星＋粉丝＋电影"三者互相作用的结果。

　　这一模式是将粉丝对其偶像的狂热追求,转化为电影的一个成功卖点——粉丝对电影明星的想象及情感。近些年,越来越多的电影利用明星效应吸引粉丝,成功走上粉丝电影制作之路。

案例 6 - 2:

《小时代》

　　《小时代》系列的口碑其实并不算好,在豆瓣上的评分甚至低于 5 分,但柯震东、杨幂等一批娱乐名人的效应还是吸引了大批年轻粉丝。

　　杨幂、柯震东、郭采洁、陈学冬、谢依霖、郭碧婷等偶像演员俊男靓女的形象在年轻一代的群体中有很高的号召力和感召力。数托邦(DATATOPIA)分析发现,观看《小时代》的观众平均年龄为 20.3 岁,这批典型的 90 后成了《小时代》票房的最大贡献者,也成为《小时代》在社交网络上传播的最大贡献者。

　　《小时代》主演杨幂培育的粉丝来看,其体量之大难以计数。还有一部影片也说明她的影响力——成本仅 400 万元的惊悚片《孤岛惊魂》在上映前没有受到业内的重视,首映当日预售票在一小时内售罄,上映一周就收获 5 000 万元票房,最后票房近亿元,这几乎全都要归功于杨幂。自称她"脑残粉"的影迷表示:"六次买票进电影院"。

　　经常有人称我们的时代是"明星时代""大片时代",这是我们这个时代最突出的特征之一,"明星"和"大片"之间的密切联系已然成为我们这个时代最普遍的现象,而电影人也充分认识到了这一点。

汉普顿曾经说过,电影界的明星制实际是观众建立的,在其整个建立过程中,观众是完完全全的、不容置疑的主宰……从此以后,反复无常、残酷无情的民众便掌握着娱乐的发展方向。

电影中,明星,尤其是女明星,往往处于一种"被看"的地位。

(三) 名导演

导演应是一部电影的绝对权威,他是指挥、控制、掌握拍摄过程的人。因此一部电影制成品的质量好坏、拍摄效果、故事情节、演员的表现力等各个方面都会被导演影响。一个好的导演经常是电影质量的保证,也是票房的保证。

导演通常由制片人选定,制片人代表投资方的利益,在财政上拥有决定权。幸好在艺术创作上导演仍然占据着主动,尤其在选材及具体的创作中,以及在演员的选择上。

案例 6 - 3:

冯小刚

冯小刚,中国著名电影导演,第十七届金鸡百花电影节最佳导演,北京大学生电影节最受欢迎导演奖,第十三届中国电影华表奖优秀导演,2011 年上海电影节年度杰出贡献奖,第十九届金鸡百花电影节最佳导演,新中国 60 年文艺界十大影响力人物。著名的冯氏喜剧就是其影响力的见证。从《天下无贼》到《非诚勿扰》系列再到《私人定制》《老炮儿》,且不说这些贺岁喜剧的口碑如何,但就票房一项就让很多导演羡慕不已。

(四) 电影吸引力的绝招

1. 片名很重要

对于中小成本影片来说,明星和制作班底虽未必为观众耳熟能详,但从营销宣传的最初,就应该从片名做文章。

案例 6‑4:

影片《白鹿原》

该宣传团队介绍该片营销方案时提出,宣传的第一阶段即是告诉观众什么是"白鹿原",通过概念海报以及预告片等宣传,令不同年龄层次的观众完成从熟悉小说《白鹿原》,到熟悉影片《白鹿原》的概念转化。

实际上,国产电影因片名营销不得力的例子有很多,像有一年中小成本的诚意之作《钢的琴》,因片名不够吸引人曾引发一场争议,而电影《赛德克·巴莱》也因为片名令观众不解影片内涵而失去观看兴趣。

2. 档期要合适

电影制作方可以为影片量身打造合适的档期,这样的排期可以成为推动国产影片的一种有效方式,同样对院线来说也可以有合理的安排。

片方提前主动将影片的上映日期告知院线方面,这样利于影院的排片计划。好莱坞电影公司拍摄影片档期从开拍之日就定下来,而且不会改变,以上映倒计时来宣传,这样在观众心中形成期待。

通常,暑期、节假日、周末均是最佳档期,近年来还出现制造特殊档期的案例,如《失恋33天》安排在"双十一光棍节"。

3. 尊重市场

片方制作高质量的电影,发行、放映方面选择良好的推广方式,一部影片少不了大明星、大制作、大投入,但面对市场的时候,依然忐忑紧张。

由于导演在很大程度上对艺术的理解高于对市场的理解,有时对影片的取舍大都在保留艺术性强的那部分。对此,如何做到既赢艺术,又赢票房,则得尊重市场。影片制作方、发行方和放映方应该在影片拍摄最初就要进行沟通,否则等片子拍出来拿给院线已经太迟了。

第三节　电影营销

一、如何做好电影产业链终端的宣传?

做好电影终端产业链的宣传,关键在于影城的宣传,涉及的问题包括:影城每日影讯如何宣传？影城新片上映阵地如何宣传促销？影城贵宾卡客户的管理？影城团体客户的管理(年票、包场)？影城节假日阵地如何宣传促销？影城放映质量、设备维护保养？影城员工团队的管理、培训？影城卖品的销售与管理以及开发？等等。

线下和线上结合的宣传手段被广泛运用于各大影城。宣传方法也是各出奇招，罗列如下。

（一）阵地媒体

海报、灯箱、易拉宝、展架、挂旗等；电视墙、LED 视频、贴片广告、DM 单派发、电影刊物赠送、电影衍生品、大堂主题活动、阵地摆设布展、趣味游戏互动。

（二）传统媒体

报纸：影城影讯为硬广，其余文稿为软文；

电视：可以投放预告片硬广，活动视频报道为软性报道；

广播：频次播出为硬广，进行活动类的软性合作；

其他传统媒体。

（三）新的媒体

网站：门户新闻网站、娱乐网站、BBS 论坛、自有网站；

手机。

（四）社会资源媒体

银行金融公司：中国银行、工行、招商银行等需要进行客户服务的金融机构；

电信行业公司：中国移动、中国联通等全国大型通信公司；

全国大型连锁机构：家电连锁或者超市连锁等；

其他可以与之合作的具有媒体传播作用的社会资源：硬广媒体、户外大牌、公交站牌、楼宇视频，等等。

谁能够真正掌握影院终端的宣传力量，谁才能够真正成长为最有竞争力的电影院线。控制了电影产业链终端的宣传，才是真正做好了电影宣传。

案例 6-5：

《港囧》

2015 年 9 月《港囧》上映，打破了 12 项纪录，创造了首日票房破 2 亿元的神话,除了电影本身质量以及光线传媒的发行渠道优势以外,《港囧》的推广也是可圈可点:IP营销、怀旧营销、社群营销、创意发布会、借势营销、Social等等方式,基本上将热门的营销手法都认真地使用了一遍。

有关《港囧》的海报和传单很早以前就开始在市场上流传,而光线传媒也举办了多场发布会,因为有之前《泰囧》的积淀,所以这次的票房有一定的保障,但仍在院线做足了功夫,各种电影周边的派送都为其聚集了人气。在微博上的讨论、BBS上直接投放广告,宣传其出乎意料的发布会模式也成了一大看点。另外,片方还通过时下新型的众筹、浦发银行合作等方式铺路。不仅推广方式一应俱全,热点营销也做得极为到位,造就了其票房奇迹。

二、电影票房营销

电影是艺术和商业结合的产物,好莱坞用美金和明星将电影打造成传播全世界的流行商品。一部成功电影的背后,除了强大的文化和工业的支持,还有赖于日益重要的营销传播的支持:从影片的选题、编剧到拍摄、制作,乃至映前宣传、映后市场跟踪,制片方成立的营销小组会通过市场调研、观众心理测定和影片市场预测,确定媒体传播计划,制造口碑,引起关注,来完成影片市场营销策划的整个步骤。

案例6-6:

好莱坞

好莱坞黏合式的创意靠的是高概念的创意营销。其每开拍一部电影,都会审核数百部片子的营销策划和剧本大纲,通过特许经营、联合促销、植入广告等营销手段开发出电影票房以外的盈利潜力。

好莱坞的成功,一部分要归功于类型片(好莱坞的一种拍片方法。实质上,它是艺术产品标准化的规范,即按照不同的类型或样式的规定要求创作出来的影片)的开发。好莱坞电影的制作人从影片的开拍之初就已经锁定了目标消费群,而在电影上映宣传时,往往能在最短时间内将电影上映的消息传播到位,电影的公关小组会针对不同国家的影迷,实施相应的传播策略。

例如,《蜘蛛侠3》拥有前两部所积累的人气,因此制作方在继续兜售蜘蛛侠

"侠义心肠"等符合中国人审美要求的主题基础上,加大了对影片视觉效果的宣传。除了在各大媒体高调发布中文版的预告片,展现影片的视觉魅力外,《蜘蛛侠3》还精心策划了"国内上映比美国本土还要提前两天"的爆炸性新闻,极大地满足了国内影迷的观影心态。

迪士尼公司的经典系列电影《加勒比海盗3》在国内宣传时,除了继续强调风靡世界的"加勒比海盗风格"之外,还特别将华人影星周润发当作整套宣传计划的核心法宝,围绕着周润发,《加勒比海盗3》不断传出"辱华"等真假难辨的传闻,虽然一切传闻随着影片的上映不攻自破,但电影已经积累了大量的关注度。

好莱坞电影营销特点:以钱滚钱、以片养片,以片配片、营销大于影片,值得借鉴。

电影是一个时效性非常强的产品,能否在短期内积攒人气直接影响电影上映的票房,而试映会便是重要的公关手段。

在电影正式上映前举办的小型试映会和媒体看片会如同敲门砖,是电影营销中非常重要的一环。专业人士和媒体对电影的评论会直接影响消费者的观影心态,业内人士的点评更是会形成一种强大的引导作用。

三、电影异业营销

高知名度和曝光率的明星是电影票房营销的"重型武器"。除了直接参与电影的演出和配音,主打明星牌的电影营销还有另外两种形式:一是邀请明星参加大片的首映典礼,并邀请他们对电影进行点评;另一个则是邀请明星参与影片的制作(如演唱主题歌等),从而使明星以影片参与者的身份跟随影片进行宣传。这两种形式在一定程度上均可以最大限度地调动明星粉丝和娱乐记者的注意力,将关注度从明星引导至电影,为电影做免费宣传。

电影作为快速的文化商品被消费,当其不再仅仅是一块银幕时,异业合作便成为电影资源整合的最佳模式,如商业时代,电影的价值被扩展,票房不再是衡量一部电影成功的唯一标准。传统的电影营销是以银幕营销为主,这种方式无疑让电影可能创造的市场价值与实际回报有巨大差距。在电影品牌之下,特许经营、联合促销、植入广告等,都存在巨大的盈利潜力和空间。从经济角度来审视电影,就会发现如今越来越多的电影魔力正在向"非体验型"企业浸透。

美国电影业总收入中约20%是从影院的票房收入中获得的,而有约80%则是由非银幕营销所得。好莱坞的大投入、大制作、大营销、大市场的"四大"商业电影模式值得效仿。

四、低成本电影"盈销"

各类新兴媒体的快速发展,不断改变着社会信息的传播方式,毫无疑问也促使电影营销发生重大变革。电影营销从传统的 AIDMA 法则(Attention 关注、Interest 兴趣、Desire 渴望、Memory 记忆、Action 行动)逐渐走向网络特质的 AIASA 的模式(Attention 关注、Interest 兴趣、Search 搜索、Action 行动、Share 分享),技术进步、顾客强势和定制化等因素,均促使当下数字电影营销搭上社会化媒体的通道,完成低成本,高回报的"盈销"时代。

社会化媒体以其口碑传播,互动参与性,使得电影获取"疯传"效应,如《人在囧途》,不仅微博上传,豆瓣电影评论频繁,在上映阶段,视频、台词、观众影评、截图恶搞等充斥各大社会网络,网友们竞相搞怪 PS,许多电影传播内容均来自网友的原创,一些 80 后、90 后电影迷,创造性地采用了"STEPPS 内容疯传原则"[①]。

原则一:社交货币(Social Currency)。非常规、卓越非凡的事情,神秘、争议、有趣、新奇和生动会产生内在吸引力,引人注意,产生口口相传的欲望。

原则二:诱因(Triggers)。趣味性可导致短时的传播但可未必持久,但周围环境的刺激和流行诱因的连接,可以使受众通过一些线索而联想某些产品或思想,并使这个线索被更广泛地触发。

原则三:情绪(Emotion)。积极的信息比消极的更受到人们青睐,但很多负面情绪也可以引起传播,比如愤怒和担忧。因此,具备高唤醒的情绪比如敬畏、兴奋、幽默、生气、担忧等激活情绪能够让人们更多地传播。

原则四:公共性(Pubilc)。具备公共视觉性的东西更容易被传播,因为受众具有的从众心理使之乐于互相模仿,或根据他人的行为来制定自己的行为。所以公共可视性对产品和思想的流行至关重要。通过图文等形式公开,颜色、形状、声音等有区别的特征标志都具有公共性。

原则五:实用价值(Practical Value)。有用的信息即使不具备趣味性也会

---

① 伯杰.疯传[M].北京:电子工业出版社,2014.

被大范围传播,受众会共享其认知有用的信息,实际对其是否有用并不关键。因此,对实用价值的传播是传播内容最基础的事情。

原则六:故事性(Story)。将传播内容有机嵌合在故事里,使之成为故事重要的组成,会获得更好的效果。

社会化媒体打破传统媒体的垄断地位,使其"权力终结",全新的电影格局、营销方式诞生,推广、宣传、促销、广告的单一效果在弱化,口碑、沟通、对话、分享、交流的创新形式日益受到欢迎,用户在体验即时沟通、实时共享的传播乐趣。

案例 6-7:

《失恋 33 天》

这是一部仅 900 万元低成本的电影,改编自豆瓣上的一部小说,叙述的是都市女孩失恋疗伤的故事,没有宏大的主题,强大的明星阵容和制作团队,甚至是该片导演的处女作,但就是这样的影片,却取得 3.5 亿元票房的收入,这与其网络成功营销分不开。

该片营销团队将宣传重心放在各类社会化媒体,如各类视频网站、微博,内容重点放在爱情、失恋等能够在普通人心中产生共鸣的话题上,加之原著之前的网络效应,并创造性地在"光棍节"上映,所以大获成功。

电影《失恋 33 天》突出重围,打败《铁甲钢拳》《猩球崛起》等同期上映的好莱坞大片,并凭借 3.4 亿元票房成为票房黑马,开创了所谓的"光棍节档期"(小成本＋特殊档期＝票房奇迹)。

没有各类社会化媒体之前,电影的营销通过发布会、看片会、人物专访、炒作话题等策略在电视、报纸等传统媒体上进行传播,配合着真金白银的硬广告,以及各种翻样耗资不菲的首映礼等等,而制作平民化、作品微视化的兴起,是电影创意经济的未来发展趋势[①]。

电影受欢迎的实质还是在于能打动人心,愉悦受众。

五、电影院线的营销

一定意义上,电影院线的经营决定电影票房的成败。所谓电影院线,是指经

---

① 王鸿海等.创意媒体[M].北京:社会科学出版社,2014:205.

营者通过掌握相当数量的电影院,在某一城市或地区建立放映网络,垄断某一新版影片的公映,从而获取巨额经济利益的经营体制。因此,在电影放映行业,电影院线是一种具有垄断性的经营体制。

电影院线通过调整票房价格、推广策略、场地等手段,选择与锁定目标观众,通过对电影产品的描述、包装及定价、便利的购买渠道、有效的促销活动,配合目标观众的需求、兴趣和选择,达到唤起人们观影意愿,最终使影片获得高上座率的目的。

一个完整的电影产业链,是由制片、发行、放映几个环节构成,虽然发行的终端渠道越来越多样化——互联网、海内外市场,但因为看电影是人们的生活方式,人们去电影院看电影是最常见的行为,所以,电影院线的经营至关重要。

院线的经营需要根据人们的电影消费习惯,选择合适时机、合适推广,一些贺岁档、暑期档便应运而生。中国如万达这样覆盖全国市场的电影院线也不断成熟。

第四节　电影的未来

电影院会永远存在吗?类似 Netflix 这样的公司将给电影产业带来怎样的变化?会有比 IMAX 更大的屏幕出现吗?

Hollywood Reporter 撰写了一组文章,预测了未来电影行业的 10 个新趋势。尽管没人能确切地预知未来,但这 10 个趋势还是值得关注。

(一)人们会更多地选择用家庭影院观看电影

观影习惯将发生变化。未来,购买一套家庭影院级别的设备将不再具有太高的门槛,这会让你不仅仅在家里就可以享受到高质量的电影,还能够与院线保持同步。

当然影院仍然以其独特的氛围和体验而存在,但距离将会成为制约人们观看电影的一个重要因素,人们在选择电影院时会更多地考虑在路上花费的时间。

(二)到 2024 年,流媒体和蓝光碟的租赁服务将会得到大幅度的增加

类似于 Netflix 这样的提供互联网随选流媒体播放、定额制 DVD、蓝光光盘在线出租业务的公司将会受到更多的青睐,在线提供第三方平台的播放服务商将会得到更大的发展,一个更为优质的平台能够更多地将这些技术最大化的运用到电影行业中。

多窗口操作和多平台的技术将会得到更多应用。这也就意味着无论何时何地,只要成功给第三方付费就可以获得永久的播放资格。

(三)电影的工作方式需要向电视制作业看齐

电影需要具有更强后续动力,而传统的电影无法满足人们对于这些故事后续性的要求。

人们更为偏爱高制作成本的电影。电影的版权商可以将自己的特许经营权下放到工作室进行代理,但这会导致中小成本的制作商无法生存,而这是一个合理的发展方式。

人们能够有节奏地观看这些电影续集并能够通过订阅的方式来为其付费。而以超级英雄们改编而成的电视剧将会具有很大的影响力。

(四)要讲一个全世界人民都爱听的好故事

必须让电影克服不同地域的文化与语言差异,能够找到使人们情感得到共鸣的关键点。

(五)全球化的演员合作将是一个新趋势

随着电影越来越趋于全球化,制作人在挑选演员方面显得更为谨慎,因为人们想要看到具有自己所在地区辨识度的面孔出现在荧幕上。

(六)电影院的屏幕必须要更真实

当家庭影院的屏幕都已经从 50 英寸向 60 英寸迈进时,电影院不能只是简单地做得更大了。

(七)新的互动方式将在电影院扮演新角色

识别系统可以将观众的面部表情和动作扫进 3D 效果的圆顶状屏幕。观众可以在之前选择自己的身份信息,由识别系统将你的身体和面部表情扫描完毕之后,将这些信息转换到屏幕上,便可以与这些电影角色进行互动。

(八)换不一样的方式讲故事

当人们可以选择多元的方式来观看影片时,这也就预示着电影有着更多可行的表现手法。电影的背景和色彩将会不同,拍摄手法的多样性也会使得人们的认知方式产生巨大的差异,但不管怎样,真正的好故事将是能够将人性和时间地点完美连接在一起的。

（九）特效技术将成为推动电影发展的重要力量

自 2009 年的电影《阿凡达》在全球获得了 28 亿美元的票房之后，电影行业就已经发生了巨大的变化，而现在电影特效制作技术的飞速进步将会给人们所观影感受带来巨大的提升。

现在的电影制作人正在努力将数字电影摄影技术转换成数字投影技术。

（十）虚拟现实电影将是新趋势

虚拟现实设备公司 Oculus 已经不再满足于只做游戏领域的设备了，开始将更多的目光投向电影领域。Oculus 公司发展了自己的项目 Oculus Cinema ，这项技术就像是自己在模拟《黑客帝国》里的 NEO ，只不过这次看到的是这些数字转化成图像在眼前显示出来。这会创造一个讲故事的全新方式，而你所做的仅仅是需要你戴上一个虚拟设备。

思考题：

1. 你会因为什么原因走进电影院看一部电影？

2.《疯狂原始人》动画，或你最近看的一部动画片的亮点在哪里？

3. 面对海外大片的来袭，你认为中国电影的出路在哪里？有哪些需要改进的地方？

4. 你如何看待社会化媒体中的微电影？（提示：一些微时长、微制作、微投资的电影，适宜在新兴媒体平台播放的短片。）

第七章

视 频 剧

第一节　传统电视剧

一、电视剧

（一）什么是电视剧？

电视剧（TV play；teleplay；TV drama；TV serial）是专在电视媒体上一集集连续播出的有剧情的娱乐节目，它兼容电影、戏剧、文学、音乐、舞蹈、绘画、造型等现代艺术等诸多元素，通常是系列剧。

电视剧随着电视广播事业的诞生而发展起来，"电视剧"的概念是中国特有的，在美国称"电视戏剧"，在苏联称"电视故事片"，在日本称"电视小说"。

电视剧又称为剧集、电视戏剧节目、电视戏剧或电视系列剧。一般分单元剧和连续剧，利用电视技术制作并通过电视网放映。电视发明后不断普及，改变了大家对艺术欣赏的方式，成为人们闲暇时间的娱乐选择。

（二）电视剧产业

电视剧产业主要是指以电视剧为中心延伸出来的，包括创作、融资、制作、经营、播出、数据调查和衍生产品开发等各个环节的产业化运行体系。电视剧对于提升电视台收视率、拉动广告创收的作用十分显著。在我国，电视剧带来的广告收入占电视台广告收入的五成以上，电视剧也因此被业界称之为"电视台的发动机"，电视剧购买和编排已经成为电视台的一项重中之重的工作内容。

通常,电视剧的盈利模式有四种:一轮播映权、二轮播映权、网络播映权和海外播映权。最新发展出的新增赢利模式是植入性广告、政府奖励和网络播映权的竞买。

二、美剧为何受欢迎?

美剧是我国观众对美国电视剧集的简称,美国电视剧一般摄播同步进行,传统上以每年九月中旬至次年四月下旬为一个播出季,每周固定时间播送一集,季播形式。美剧身为美国流行文化的重要符号,以精良的制作、多元的表达和对艺术的不懈追求,持续吸引全球观众。

美国电视戏剧通常有三大类别:肥皂剧(Soap Opera)、情景喜剧(Sitcom)、情节系列剧(Drama)。有些剧集兼有其中两种的特点,甚至交错三种,例如《欲望都市》。

编剧占主导地位,由主创(制作人)构想故事创意,再组织编剧团队编写剧本,投资方对制作方干涉较小,编剧的权力比较大,保证了艺术质量。人物角色的命运掌握在编剧手中。美剧主演通常都有扎实的表演功底。

美剧收视为先。一部收视率低下的电视剧是无法生存的,只要吸引不了观众的注意力,那么不管该剧的情节进行到何处,电视台都会毫不留情地腰斩。如果剧集反响热烈,会续订下一季,甚至在本季追加集数。如果人物角色受观众喜爱,也可能会加重戏份。

在我国,美剧的观众群集中分布于 19～40 岁之间,以中青年为主;71%～85%的美剧观众有专科以上文化,受教育程度普遍较高。国内最大的美剧论坛伊甸园论坛曾经对美剧爱好者的学历进行过调查,得出的结论是:看美剧的人多半是知识水平较高、有英文基础的年轻人和中年人。

三、中国电视剧如何走向世界?

美国的观众不喜欢阅读字幕。对内容的加工、处理和风格也与国内电视剧有差异;不同的文化对娱乐的理解也不同。比如,对于幽默,100 个民族就有 100 个解释。中国现有的电视节目很难卖到美国去。

而且,发达国家电视很注重品牌。每一个电视台都有自己的风格和特点,很难愿意花钱买别人的节目,而走与自己电视台的风格不相符的路子。

而合作可能是一条可行的道路。

案例 7 - 1：

《甄嬛传》"留洋过海"

"这次与美国公司合作，将把所有剧集剪辑成 6 部电视电影，每部片长一个半小时到两个小时，会在美国的主流电视台播出。"《甄嬛传》制片人曹平接受华西都市报记者采访时透露，由于收视习惯的不同，美版《甄嬛传》将会进行"重新包装"。

随着《甄嬛传》《隋唐演义》等国产电视剧相继走向海外，电视剧海外版权也日益受到关注。华西都市报记者调查发现，国产剧海外扩张的版图并不如想象般迅猛，甚至在某些区域，还存在困境。

虽然前途有些艰辛，但国产剧也有一些自己的突破方式。电视剧出品方也开始有意识地用明星效应吸引东南亚买家，像老戏骨陈道明、张国立等参演的剧目，深受亚洲地区观众喜欢，销路会相对更好①。

第二节　网络剧

一、网络剧

网络剧是专门为网络制作的，通过互联网播放的网络连续剧，是随着互联网发展产生的。

其与传统电视剧区别主要是播出媒体区别。网络剧是以电脑网络为媒体的剧种，其播放准入的门槛低，对节目的内容多选择性，受众多宽容性，人们观看网络剧的时间更具自由性、可操作性。

网络剧满足了网民的碎片化收视习惯，可以随时随地收看，因而每集的播出时长较电视剧短些，剧情悬念需设计巧妙，有些网络剧基于已经播出的人气电视剧，需要稍加改编，适合网络收视习惯。

还有些网络剧针对网民中玩家特征，基于人气游戏改编而成，加入一些智力

---

① 陈颖，任翔.国产剧"逆袭海外"，"嬛嬛"留洋极好的？［N］.华西都市报，2013 - 01 - 27.

参与互动元素。网络剧由于政策限制相对宽松,它的品质和影响力正以惊人的速度进化着。

如今,网络剧市场大爆发,乃大势所趋。而传统电视剧一方面受互联网冲击,另一方面又受广电总局政策影响,再加以年轻观众的加速流失,败势已现。网络剧给电视剧产业带来的不是补充,而是颠覆。行业格局要重写,洗牌已经悄悄开始。

二、网络剧发展

网络剧强大的市场需求产生了对内容品质提升的要求。一些人对网络剧、微电影可能还停留在草根低俗的印象中。但其实,网络剧已经开始向电视剧那样的长篇、大体量的方向发展奔去,它在以惊人的速度进化着。

网络视频最初以 20～30 分钟的微电影为主,接着升级为 60～90 分钟新媒体电影,再然后就升级成长篇连续网剧。一开始是《万万没想到》这样的每集 10 分钟左右的短篇情景剧,然后就进化成每集 25 分钟左右的故事片,进化成 40 分钟左右美剧的形式。

网络剧是未来方向,传统影视虽然有资金、大腕、名导、设备等优势,但原有的"价值网络"均在电视台,人脉关系在那边,资源积累也在那边。并且传统影视公司和电视台的价值网络决定它们的方向和资源配置只会流向做质量更好、成本更大的电视剧。

低成本和恶搞,是网络剧的特点,也是其优势,它背后所代表的导演制作体系和演员体系,甚至拍摄成本、渠道,与"高大上"传统电视剧所代表的都不一样。传统影视公司要么不屑拍,要么拍不出这么低成本的网剧,要么没有网剧这样风格的创意细胞。

《创新者的窘境》一书中所提的"价值网络"(value network)理论是这样说的:企业是在一个"大环境"下确定客户的需求,对此采取应对措施,解决问题,征求客户的意见,应对竞争对手,并争取利润最大化[①]。

根据价值网络理论,就算传统影视公司也做网剧,公司内部就会长期并存两个截然不同的结构成本、两种不同的观念文化,一个企业不可能相安无事地存在

---

① 克里斯坦斯坦.创新者的窘境[M].北京:中信出版社,2011.

两个价值体系。

传统电视台的"价值网络"是"固定在家"看电视的那些中老年观众,当它依赖于这样的价值网络时,它是创造不出符合主流互联网观众观看习惯的内容的。

现在互联网主流观众的消费行为已经变成了"随时随地"看视频。而视频网站大力推动自制剧的目的,是要把电视台的观众和广告客户都拉进互联网,让人和钱都远离电视。以后电视剧这个产业的主战场是在互联网。互联网视频公司会跟乐视电视盒小米手机一样,硬件免费(零利润),内容收费,最终还是会像运营商一样,签一个长期的付费会员,就可以免费得到一个智能电视机。

电视台跟图书报刊等传统媒体一样,逐渐被互联网边缘化。

案例 7 – 2:

从 Netflix 看未来网络自制发展方向

Netflix 是一家美国公司,在美国、加拿大提供互联网随选流媒体播放,定制DVD、蓝光光碟在线出租业务。Netflix 的《纸牌屋》令其声名鹊起,并成为带来业界革命的一部自制剧。截至 2013 年二季度末,Netflix 净利润达 2 900 万美元,是上年同期的 3 倍之多。而这成绩背后,自制剧功不可没。

互联网视频企业发展有几个主要模式:YouTube 模式(UGC)、Hulu 模式(正版免费)、Netflix 模式(自制剧/内容)。目前 YouTube 为收费订阅进展不顺利而烦心,Hulu 的"正版免费"模式也遇到了显而易见的瓶颈,而 Netflix 则在自制剧领域风头正健:在最近的 2013 年第 65 届艾美奖提名中,自制剧《纸牌屋》制作方 Netflix 获得 13 项提名。相对于美国传统电视台 HBO 的 108 项提名、CBS与 ABC 的 53 项提名,固然还是小巫见大巫,但突破意义明显——这是艾美奖历史上首次有视频网站以自制剧的形式入围。这为视频网站在自制剧领域大展身手增强了信心。

分析《纸牌屋》的成功,至少有如下三个原因:庞大的用户群体、强大的制作阵容和耐人寻味的供片策略。

作为 DVD 租赁起家的 Netflix 是站在视频服务行业最前线的公司,在全世界积累了 3 300 万订户(其中美国本土用户 2 700 万)和 822 万 DVD 订户,也拥有基于 60 多亿条的用户评级,在此基础上确定和预测大众口味趋势,并制作剧集投其所好,是顺理成章之事。

《纸牌屋》本身的制作与演出团队豪华到令人咋舌:导演是大卫·芬奇(曾执导电影《社交网络》),主演是 1999 年奥斯卡最佳男主角凯文·史派西(艾美奖、金球奖等奖项拿到手软),Netflix 为这部剧豪赌了 1 亿美元,平均下来,每集价位在 400 万美元左右,这个价位是美国电视台每集电视片制作成本的 2 倍以上。

与多数美国有线电视台的策略不同,Netflix 在《纸牌屋》首季拍摄完成之后,将 13 集片源全部上线,免去了观众追剧之苦之余,也让观看量始终保持高位。

相较于国内网络媒体大量植入广告的方式,Netflix 完全取消了订阅用户的强制广告,纯粹地依靠制作和选片争取用户群从而产生效益。

更重要的是 Netflix 对于之前的 2 900 万用户的观影习惯的分析,其细致程度令人惊叹。借助大数据的工具分析采集用户观影习惯,了解自身的核心竞争力所在以及网络视频的相对不足,在当下已非难事。

三、视频网站的自制战略

能否创造出具有品牌效应的优质自制内容,已成为视频网站未来继续保持快速增长的关键因素。精品级别的自制内容,不仅强化了视频媒体的差异化品牌形象,同时有利于增强用户黏性,获取商业价值层面更大的回报。

早期的网络自制剧带有实验性质,多是由段子组成,长则 10 来分钟,短则三五分钟甚至几十秒,瞄准的就是网络观众短平快的视频消费心理。而现如今,网络自制剧开始注重剧情以及故事的完整性、时间的充足性、主创人员的专业性了。

案例 7－3:

爱奇艺的《废柴兄弟》

该剧说的是在一个屋子办公,但做不同角色、做不同的事的人的故事,人物有分工,有交集,第一季结束后还留下了要拍第二季的悬念。

该剧由马东担任监制,赵本山御用编剧尹琪担任总编剧和总导演,开心麻花台柱王宁领衔主演。剧中不再是早期的单纯吸引眼球,有故事,有盼头,使得网络自制剧更为精彩,更加耐看。

就目前而言,视频网站仍是以广告作为盈利的主要模式,自制剧作为网站的独家资源,网站能否通过自制剧内容进行盈利是一个值得探讨的问题。大体而言,网络自制剧的策略如下:

(一)切合互联网观众收视习惯

烧钱买版权,这曾经是大多数视频网站的主要竞争策略,由此推动了版权价格的膨胀。当版权居高不下的价格成为视频网站甜蜜的负担时,制作成本小、准入门槛低,网民收视灵活的特征让视频网站敢于从花钱买剧的固有模式中跳脱出来。

《泡芙小姐》《屌丝男士》《我的前任是极品》等多部网络自制剧一经问世便受到网友的热烈追捧,成为视频网站差异化竞争的制胜法宝。搜狐视频先有《屌丝男士》系列累计突破3亿次播放量、覆盖用户群超过6 000万人的成功经验,后作《我的前任是极品》再创新高,第一季的单集播放数字超过1 000万次,全六集点击量累计破亿;优酷视频继滥觞之作《老男孩》后推出都市情感剧《泡芙小姐》,热播3年,总播放量超过2亿次……

一连串喜人的数字背后,反映出年轻男女对"快餐文化"的推崇。传统电视剧的拖沓冗余,已经无法适应都市生活的快节奏,这为网络自制剧的产生与成功提供了契机。

视频行业的竞争终于从以往的拼概念、拼流量、拼融资,进入了内容为王的时代。以"自产自销"的方式从平台提供者向内容制作者的身份转变,对视频网站而言,不仅降低了运营成本,更吸引网民碎片化的眼光。

(二)小成本、高质量是出路

网络自制剧虽能救市,但也饱受诟病。尽管主打娱乐性的自制节目、微电影作品中,并不乏高质量的原创好作品,但不可否认,目前国内视频网站自制剧以时尚、无厘头搞笑、办公室斗争、情感戏为主,基于投资少、回报快、门槛低的商业运作模式,一些制作逐渐走入了娱乐至上的误区。剧情苍白、漏洞百出、粗制滥造甚至主打暴力情色等低俗元素的网络自制剧并不少见。

面对口味挑剔、忠诚度低的网络视频受众,想要在短期内抓住观众视线,并在一定时期内保持观众的注意力,不亮出一些噱头观众难以买账。虽然这对于小成本制作的片商来说或为无奈之举,可是长期来看,打着司法监管的擦边球,挑战道德底线,这种模式并不利于网络自制剧的生存发展。

不可否认的是,网络自制剧目前处于探索阶段,还有很大的拓展空间。要发展差异化品牌,可从在横向与纵向两个维度上下功夫。

横向上,应当注重内容的原创性。类比各家推出的网络自制剧,"克隆式"抄袭比比皆是,真正原创内容少之又少,一定程度上抑制了观众的收视热情。若缺乏创新意识,一味生搬硬套必然不能长久。

纵向上,要与传统剧目有清晰的区分界限,应明确自身定位,把握自身优势,着重强化铺叙节奏、笑点频次与观众的互动性等。消费者与广告主是不会为一部烂剧埋单的。视频网站只有拿出创意,提供高水准的自制剧,才能保障可观的收视率,甚至向电视台反向输出。

案例 7‑4:

网络剧《太子妃升职记》被下架

该剧有乐视网年度古装大戏之称,由全部的新人出演,讲述了现代花花公子穿越古代摇身一变太子妃,经过一番周折,最后竟然爱上了太子! 该剧改编自同名的男穿越女,女儿身、男人心的题材小说。

编剧秦爽与团队人员创作之初,一直跟作者保持沟通和交流,只用了小说 10%到 15%的内容,剧情节奏基于剧本的主线结构和市场调研调整得更为轻快。桥段、设计、情节等各方面也为更利于影视化的呈现进行了改编。

由于播出档期已经定好,开机前道具等并没能充分准备。该剧中的拍摄风格与服装造型为迎合年轻人的口味引入了英伦元素,更多着眼于年轻受众群体,将年轻进行到底。作为第一部轻松明快又脑洞大开的另类古装剧,大胆启用了清一色 90 后优质新偶像出演,新生力量的鼎力加盟让该剧 360 度强势契合年轻受众群体,在各路穿越剧、宫廷剧火热的荧屏热战下,清新脱俗,别具一格,还原一个只属于年轻人诙谐幽默的后宫。在内容上独辟蹊径,不仅有着传统古装剧的"唯美"与"虐恋",情节轻松、劲爆,颠覆了传统古装剧风格。(台海网评)

该剧摸清了群众的需求,把仅有的资金用在观众看重的剧情、画面上,画面廉价却美好、面孔赏心悦目、故事构架乐趣横生,思路值得学习。(四川新闻网时

评)

　　该剧不仅在内地取得不俗的成绩,更是在中国台湾、韩国等国家和地区掀起一阵热潮,成为"现象级网剧"。张天爱凭借"可攻可受"、"可萝莉、可御姐"的表现在韩国、澳洲等地大受欢迎。台湾东森新闻、苹果日报等媒体也相继报道。获得赞誉声一片。(凤凰娱乐时评)

　　2016 年 1 月 20 日中午 12 时,《太子妃》在乐视网正式下架。被广电总局强制下线了,理由是有伤风化。

思考题:

　　1. 你认为移动媒体时代的"微剧"的特征有哪些?

　　2. 短社交"视频"特征及发展趋势是什么?

第八章

轻松愉悦的综艺节目

第一节　综艺节目内涵

综艺节目日渐成为人们放松、取悦心灵的一种流行节目,是运用各种声光、时空的转换、视觉造型等技艺,融合音乐、舞蹈、戏剧(戏曲)小品、曲艺、杂技、游戏、竞赛(猜)问答等艺术形式以期满足观众多方的艺术审美和消闲娱乐等需求的一种视频节目形态。

综艺节目包括视频综艺晚会、视频文艺节目、视频综艺栏目以及视频选秀节目(亦即真人秀节目)等。

中国的电视综艺节目的历史发展大概可以分为三个阶段:第一阶段(1998年前),以表演类为主的传统综艺节目阶段;第二阶段(1998 年至今),以游戏娱乐类为主的综艺节目阶段;而第三阶段(1999 年至今)①则是以益智类为主的综艺节目阶段。

① 张国涛.电视综艺节目研究述评[J].当代电视,2003(05):50-53.

第二节 综艺节目特点

一、内容丰富

综艺节目内容五花八门,丰富多彩,集音乐、歌舞、戏剧、曲艺、相声、杂技、绘画、游戏、笑话、故事等形式于一身,又融娱乐性、欣赏性、知识性、趣味性等特点于一体。

在综艺节目中,各式各样的艺术形式或以单独的形式,或以不同类型的组合形式出现。其内容的多样性是任何一种视频艺术形式无以匹敌的。

二、表达多样

综艺节目的形式多种多样,主要包括艺术形式、表现形式、主持形式和播放形式等。

艺术形式包括:舞蹈、歌曲、相声、小品、戏曲、双簧、快板、杂技、故事等。

表现形式包括:时空转换、内外结合、声画并茂。通过服装、化妆、道具、舞美、音响、灯光等多种艺术手段强化艺术效果。

主持形式包括:主持人所处方位(台上或台下)、主持行为(可报幕或可茶座式)、主持人数(一人或多人)、主持场所(室内或外景)、主持人着装风格等。

播放形式包括:可直播、录播、插播,或两台对播、多台联播等。

三、观众参与的广泛性

综艺节目的受众人数最多,人群分布广泛,雅俗共赏,老少咸宜。特别注重受众的参与,因为要参与,才能娱乐。

常见的互动方式包括:猜谜、游戏、热线电话、短信投票、微博、微信互动等。

第三节　综艺节目类别

一、晚会

晚会通常包括专题性晚会和综艺晚会。综艺晚会的观众层次无年龄差别、文化修养高低以及社会地位差异，是深受观众喜爱的一种艺术形式，是观众茶余饭后不可缺少的一道文化大餐。

案例 8 - 1：

"央视春晚"

央视的《春节联欢晚会》，简称为"央视春晚"，是中国中央电视台在每年农历除夕晚上，为庆祝农历新年举办的综艺性文艺晚会。

春晚在演出规模、演员阵容、播出时长和海内外观众收视率上，入选中国世界纪录协会世界收视率最高的综艺晚会、世界上播出时间最长的综艺晚会、世界上演员最多的综艺晚会，集众多大牌明星和各种娱乐表演样式于一身，为全国观众在除夕夜献上一份视听盛宴。

还有一种是专题性晚会，包括各种奖项的颁奖典礼、各重大节日的庆祝晚会等等。有时公众人物的脱口秀、真人秀也会制作成电视晚会的形式，在娱乐大众的同时也兼具新闻发布的功能。

案例 8 - 2：

双十一晚会

如果说春晚是最传统的综艺电视晚会的话，那么阿里巴巴集团与湖南卫视合办的双十一晚会应该就是最新潮的综艺电视晚会了。

2015 年 11 月 10 日，由天猫和湖南卫视联手巨资的"天猫 2015 双 11 狂欢夜"晚会于北京水立方上演，并同时在湖南卫视直播。

据晚会总策划应宏介绍，"天猫 2015 双 11 狂欢夜"堪称"最互联网的晚会"。晚会融综艺内容、明星游戏、移动购物于一体，消费者可以通过电视、网络、手机等平台,实现边看边玩边买,通过多场景互动,全球亿万双 11 粉丝都可以共同参与到这场狂欢中来。而这种多屏互动的创新尝试,重构了"消费＋娱乐"模式。

著名影视剧导演冯小刚担任了双十一晚会导演,他说当他知道一半的人都通过手机在网上消费,就明白这是一个了不得的事。双十一晚会是一个扎着丝带的潘多拉盒子,电商是发展的趋势,不可阻挡。

除了天猫办晚会,电商京东也于双十一期间携手《中国好声音》原班人马打造了京东 11.11 大型竞歌晚会,晚会于 11 月 10 日晚 8 点在 CCTV3、腾讯视频等视频网站同步播出。在晚会现场,通过微信摇一摇的方式向消费者送出红包,百大优质品牌也同步送出了限时福利大奖。

二、综艺游戏

所谓综艺游戏,是吸引观众广泛参与,有一定游戏规则为主导,综合众多艺术节目形式的娱乐节目,集综艺及游戏两大要素。

节目"好看"是综艺游戏节目不遗余力追求的目标,不仅在包装上讲求视觉冲击力,在节目内容、编排方式上更是五花八门,令人目不暇接。有人说看其他节目像是进了专卖店,只能接受到单一的节目样式,而观看综艺游戏就像是在逛超市,雅与俗、传统与现代、搞笑与煽情、纪实与表演都可以在同一节目中欣赏得到。

综艺游戏节目牢牢抓住人的游戏天性,将传播定位为"游戏娱乐,大众联欢",通过游戏给现场的嘉宾、观众以及视频前的人们带来欢乐,进而实现最大限度的大众化。

节目为人们提供了一个大众联欢的场所,"游戏面前,人人平等",不论你是游戏参与者还是观众,不论你的性别、年龄、收入、身份、阶层如何,只要你游戏娱乐的天性未泯,就可以在其中尽情地宣泄、释放。在充满竞争压力的现代社会,综艺游戏节目舒缓了人们的紧张情绪,起到了减压的作用。综艺游戏在娱乐节目中最常见,是创最高收视率的节目形态之一,通常被放在黄金时段。

案例 8 - 3:

《奔跑吧兄弟》

该节目是由浙江卫视节目中心和韩国 SBS 团队联合拍摄制作,双方采取混编团队的方法进行，最终呈现的效果，既有《Running Man》中的特色游戏，也成为中国版区别于原版的独特之处。

节目由 7 位搞笑性、艺能性极高的艺人为固定嘉宾班底，每期节目通过团队或个人形式进行游戏，通过脑力和体力的比拼获取金牌或提示继续闯关，最后决定胜者。输者将接受惩罚，胜者则有奖励。

《奔跑吧兄弟》的成功不只是因为游戏好玩。一方面节目更多地融入了当地文化元素，打造中国特色的"跑男"文化。西湖、敦煌、乌镇、武汉高校等各地的风土民情在节目中展现，在给观众们带来快乐的同时，也极大地展现了各个地方的民俗风情。

另一方面把握受众心理变化，加入社会热点元素。节目在内容设计和嘉宾参与方面，结合当前社会热点和舆情走向考虑，设计悬念性、趣味性和时代感兼备的游戏任务，尽量多选择一些舆论认同度和关注度较高的明星艺人加入。

第三方面是注重健康理念的传播，提升节目正能量。"娱乐"、"阳光"、"健康"是《奔跑吧兄弟》的三个关键词。在节目中，导演组有意识地强化或强调了明星和普通人通力合作，永不言弃的拼搏精神。

该节目后来还开展公益项目，更是传达了一种正能量。

三、选秀竞赛

选秀节目在各种标准的评选活动下，每一位符合条件的观众都可以参加，是收视率比较高的一档节目，也是平民的"秀出自我"的舞台，是金子，都可以在上面发光，可以说是"平民造星运动"。

首先，没有门槛，在人海中海选。为吸引更多的人参与，选秀主办单位可以不设参赛条件、不收报名费，打破了过去选秀节目精致叙事的陈旧模式，打造了毛毛虫蜕变成蝴蝶的新鲜模式，提高了节目的收视率与参与率。

其次，选秀竞赛节目提供了梦想舞台和个性展台。每个人内心角落里都有一心憧憬的梦想，只是受一些外界条件的限制迟迟不能实现。而选秀节目却在传递一种信念：梦想是伟大的力量，只要个人努力，就可以改变命运，可以获得成功。

最后，选秀竞赛节目在环节制作、表现形式上都不断推陈出新，不断刺激着观众的神经，吸引着观众的目光，比如残酷的淘汰机制，让选手的命运掌握在观众手中;选手的前途灿烂,会使参与者和观看者都得到精神上的激励,催人奋进;透明互动的游戏规则,极大地增强了观众的参与感。

节目特征:塑造平民偶像、观众广泛参与、评委权威、真人秀元素、模式化竞赛程序。

案例 8 – 4:

《中国好声音》

该节目是由浙江卫视联合星空传媒旗下灿星制作强力打造的大型励志专业音乐评论节目。其第一阶段的基本节目形态是四位导师收徒组队,学员出场展示歌唱实力,导师背对学员"盲听"歌喉,若认可,导师即可亮灯转身表示愿意收徒,如多位导师表示认可,则学员可从已转身的导师中选择自己心仪者加入其队伍,直至最终组队完成。

其中"盲选"概念的引入让声音成为选秀的唯一标准,赋予了节目新的内涵,成为打造节目影响力的基石。"盲听盲选"的环节设置以新颖的形式吸引观众注意力,同时又维护了节目的公正与权威性。

该节目最大价值创新在于,它将音乐性的判断与解读融入节目的全过程中。观众对于其他选秀节目"看热闹式"的听歌方式,在这里升级为对音乐的欣赏与评价。节目自始至终将关注的焦点放在歌唱者与歌曲的关系当中,从现场表演体会歌曲演唱的内涵,从歌手故事发掘歌曲演绎的外延。以"什么是好声音"为中心的表演、判断、评价、取舍、情感和故事构成了节目的全部内容。[①]

四、益智博彩

最早兴起于美国《谁想成为百万富翁?》(*Who Wants to be a Millionaire?*),其 1998 年开播后,迅速风靡,成为不同国别、不同人种电视观众的收视灵药。这一类型节目可再细分为两类。

一类是益智博彩类的,比如仿效英国《百万富翁》的《开心辞典》《超级英雄》等栏目;

一类是生存类的,比如模仿美国 CBS《幸存者》的《一笔 OUT 消》《走进香格

---

① 覃晴,谭天.《中国好声音》的传播特征与价值创新[J].新闻与写作,2012(10):36 – 39.

里拉《幸运大挑战》等栏目。这两类节目先后以不同方式进入中国,掀起了又一轮收视狂潮,这种轻松娱乐节目使人们得到了抚慰,焦虑得以缓解,甚至获得轻微的麻醉。

节目特征:竞争性。两人或多人之间的比赛,或单一参赛者面对规定问题的自我挑战。

比赛规则:悬念似的环节设置、高额奖金的刺激(用金钱带来刺激是这类节目一个不可少的特点)。

参与性:参赛选手从普通观众里选拔,观众完全可与自己等同起来。

案例 8 - 5:

《一站到底》

该档节目中,江苏卫视打破主持人与选手对抗的形式,创新地提出选手与选手的直接对抗,完全零门槛的报名条件,面广而不深的题目选择,以生活化、对抗性、激烈度为卖点,打造出一批平民知识英雄,赢得了收视、美誉双丰收。

《一站到底》除了是益智答题节目,更有了真人秀节目的味道。因此,选择怎样的选手尤其重要。选手的台上答题以及个性表现,直接影响到节目的收视。在挑选选手上,除了答题能力的测试,还要考虑选手的个性和形象,争取最好每个选手都有自己的故事、自己的风格。答题能力强,而表现力又好的选手是可遇不可求的。有时只能做调配,比如挑些分数不高但是表现力好的,再挑一些分数高但不怎么说话的。对选手的选择,可以说是毫无门槛、极度亲民的。

主持人定位也很巧妙,该节目成功地造就了李好、晓敏这一对夫妻档主持人,观众们称呼李好为"好哥",称晓敏是"好嫂",他们风格迥异,性格不同,但是却像阴与阳、冰与火,相互配成,也相互融合,凭借着夫妻之间的默契,牢牢地把握着节目的节奏和现场的氛围。

该节目除了在江苏卫视官方网站上有节目点播、直播之外,还专门设置了《一站到底》节目官网。同时还与土豆、搜狐、PPTV、爱奇艺、迅雷看看等视频网站进行合作,方便受众点播观看。伴随江苏卫视《一站到底》节目的成功,还推出了唯一官方授权"一站到底 PK 版"游戏。游戏借鉴了节目的对战模式,题库与节目的题库共通,可以让节目的观众、答题节目爱好者体验到益智答题的乐趣。①

五、脱口秀(Talk Show)

脱口秀(Talk Show),也称为谈话节目,是观众聚集在一起讨论主持人提出的话题的节目。最早出现在美国,由主持人、嘉宾和观众一起谈论各种社会、政治、情感、人生话题,不照本宣科,脱口而出,因而被港台的翻译家们形象地译作"脱口秀",意为"访谈节目"。

以"单口小段+喜剧环节+名人访谈"的固定表演模式,脱口秀有以人物为中心,也有围绕任务组织话题,根据话题选择谈话人。

节目表现形式:不仅有现场观众参与谈话,也有无现场观众的谈话节目;不仅有带嘉宾的谈话节目,也有不带嘉宾的谈话节目;不仅有在演播室现场录制的谈话节目,也有利用卫星通信技术让不同地域的嘉宾同时进行交流的谈话节目。

在美国等西方国家,电视谈话节目已成为电视节目的主体样式,占总量的60%~70%,其中娱乐谈话节目具有很高的收视率。通常在晚上11:00—1:00间播出,使忙碌了一天的人们得到放松。谈话内容多为成人话题,内容广泛、庞杂,主持人风趣、幽默,时常庸俗地开些玩笑,做些噱头提供观众以笑料。

案例8-6:

金星秀

《金星秀》是一档由现代著名舞蹈家金星担任主角的综艺节目,该节目分脱口秀和明星采访两部分,在脱口秀部分中,金星将结合自身的人生阅历对时下的一些热点话题进行解读与分析;明星访谈部分,金星将邀请各路明星嘉宾一起参与话题讨论,不同的人生观将碰撞出各种火花。

《金星秀》是一档截然不同的脱口秀,为了真正做到全民皆宜,灿星制作在节目模式上也做了大胆的升级尝试,将70分钟的节目划分为三个板块:脱口秀、有话问金姐和明星访谈,金星不仅会献上精彩的个人表演,还回答网友提问,与圈

---

① 周启明,刘勇.益智类答题节目平民化路径探析——以江苏卫视《一站到底》节目为例[J].上饶师范学院学报,2014(05):74-77.

中的明星好友聊天吐槽。

六、真人秀

真人秀通过举办某一类别的比赛活动,从多名参赛者中选取最终获胜者为目的,同时有着丰富的奖品,可以获得广泛的经济效益的节目。

也就是说,真人秀＝纪录片(纪实手法)＋电视剧(故事性),以公开"最原始人性"和"个人隐私",来满足观众的窥视欲。真人秀的核心在于"真人",绝非虚构,真有其人。真人秀这种节目类型把娱乐化推向了新的方向和高度。

"真"是它的特色。它是非虚构的,它的手段是纪实。非虚构就是一些普通人在一些普通状态下的生存状况,用纪实的手法去反映。如果没有"真"这一点保证,这就是一个戏剧性的节目,它没法跟剧情片去比。剧情片可以比它的结构更精巧,节奏控制得更好。

"人"是它的核心、根本。该档节目里面的人、人性、人格没有突现出来,就不会有感染力。

"秀"是指虚构和游戏。如果说人是它的核心,真是它的特色,秀就是它的手段,所有的真实必须通过虚拟的规则来完成。如果规则没有掌握好,前面的人性、人格出不来,它的真实空间就得不到展现。

真人秀节目内容具备一定的冲突性,由人为设定前提,富有刺激性和娱乐性;残酷的淘汰规则,像一场惊心动魄、情节曲折的连续剧;拍摄手法具纪实性;"真人"形成真实感,而"秀"是对纪录片的一种反动和戏拟;参与者不能为所欲为——"镜头窥视下的表演",规则下的表现成为夸张或压抑的非常态生活景观。选手和观众都有极强参与性。

"真人秀"给参与者带来不容忽视的利益诱惑,如无数演艺和广告和约,以及成为明日之星的机会。观众超然的坐山观虎斗,给予投票的观众"我就是国王,我决定生死"的幻觉。

案例 8-7:

《一锤子买卖》(DEAL OR NO DEAL)

美国 NBC 播出。主持人为喜剧演员豪维·曼德尔(Howie Mandel)。

　　该档游戏类节目起源于荷兰,已经在 38 个国家播出,包括澳大利亚、英国和美国等。紧张的气氛、巨额的奖金和不可预料的结局牢牢吸引着观众的注意力。

　　游戏过程:26 位美女模特走上舞台,每人手里拿着一只手提箱,箱内装着从 1 美分到 100 万美元的数额不等的支票。电脑随机选择在场观众中的一位,这位幸运儿站在众人的中间,挑选其中一只作为自己的手提箱。他在主持人的引导下,依次打开其他的 25 只箱子。选手、主持人和"银行家"均不知道箱子里究竟藏着多少钱。随着手提箱一个个被开启,参赛者手里那只手提箱的金额也逐渐变得明朗。

　　《一锤子买卖》的环节设置非常简单、不断循环。环节一:选手选择一个箱子并揭晓其中的金额;环节二:银行家出一个价格购买选手的箱子;环节三:选手选择成交 Or 选手选择不成交;游戏结束。

案例 8-8:

《爸爸去哪儿》

　　《爸爸去哪儿》以明星父亲为卖点,以清新萌娃为看点,用一种全新的综艺节目形式吸引观众的"注意力",让综艺节目贴近日常生活,同时又能起到一定的教育作用,让综艺节目不再仅仅是"娱乐",而是"寓教于乐",让观众在看节目的同时,也能被潜移默化地培养一些正确的育儿理念。

　　《爸爸去哪儿》这档节目定位于亲子互动真人秀,同时节目拍摄地点不再是摄影棚内,也不是电视台综艺舞台上,而是走向户外,走向大自然,走向现实的社会生活中。限定父子和父女单独参加,"度过一次没有妈妈在身边的奇妙旅程"。明星父亲褪去荧屏前的光环,还原真实生活中的"父亲"身份,他们能否承担好照顾子女的责任? 明星子女首次曝光,他们跟普通人家的小朋友有什么区别,是否能适应户外的艰苦生活? 这些问题都是观众十分关心的问题,也是网友热烈讨论的话题①。

　　有这样一部电影,叫《楚门的世界》(*The Truman Show*)。Jim Carrey 在 1998 年主演,他饰演的 Truman 从呱呱落地开始,就成为播映最久、最受欢迎的

---

① 尹冰.浅析如何做好亲子互动真人秀电视节目——以湖南卫视《爸爸去哪儿》节目为例[J].中国报业,
2013(22).

纪录片肥皂剧主角。他居住的小镇是个庞大的摄影棚,他的亲朋好友和他每天碰到的人都是职业演员。他的一举一动、一言一行,分分秒秒都暴露在各处隐藏的摄像机镜头面前,随时在电视节目中播出。全球上亿观众都在关注着他的一举一动,而他自己却浑然不知。他毫无隐私可言,他的生活已不属于他自己,而属于所有人。经过30年众目睽睽下的生活,Truman终于感到有点不对劲。当他发现自己就像鱼缸中的鱼时,他决定要不惜代价地逃离。

这是对真人秀最好的诠释:纪实性、冲突性、游戏性。

七、小型综艺节目

传媒业有个二八法则——20%的产值在新闻,80%的产值在娱乐。小型综艺节目也应运而生。其长度通常在30分钟以内,没有大型演播室,成本低廉,通常由几个小板块拼盘而成。除了时事政治,娱乐和社会新闻及其中心人物,经典电视剧和综艺节目也经常被套用。

各个国家或地区的小型综艺节目均有不同的表现。在日本,小型综艺节目大多借鉴了美国的制作方式,融入了很多生活元素。比如说旅游类节目,JET日本台的《旅人日志》。通过新晋艺人在旅途中的趣事展示他们不为人知的另一面,很有人情味。如美食类节目,与美食竞技有关,比比谁更能吃辣,有《烹调超人》等;古玩类节目有《好运!宝物大鉴定》等;创意类节目有《超级变变变》,在人体本身做文章,通过想象力和身体的可塑性,变化出各种物品、场景甚至事件。

案例8-9:

《康熙来了》

台湾的谈话性小型综艺节,主持人是蔡康永和徐熙娣。

节目形式:八卦讨论、女明星卸妆、搜查包包、辩论、台湾美食介绍、网络明星、舞蹈大赛、交换礼物、明星专访、探访明星家等。

节目邀请台湾当红明星来到节目中,通过访谈让人了解艺人不为人知的一面,在知性与理性的对话中了解明星的幕后故事。

创新点:该节目给主持人相当大的发挥空间,这也保证了他们"怪"的特色能够充分发挥。完全即兴的提问和无底线无禁忌的话题让现场总是惊喜连连、爆笑迭出。遗憾的是,该档节目现已经完成其美妙的生命周期。

第四节　中国综艺节目

一、中国综艺节目进程

中国电视娱乐化进程包括四个阶段。第一阶段:"明星＋表演"的形式,代表节目包括《正大综艺》《综艺大观》等;第二阶段:"游戏娱乐"的形式,代表节目包括《快乐大本营》《欢乐总动员》等;第三阶段:"益智博彩"的形式,代表节目包括《幸运52》《开心辞典》等;第四阶段:即"真人秀",包括火热至极的《超级女声》《中国达人秀》等。

"电视是一种遗忘的机器",某程度上说,综艺节目与快速消费品无异,观众只是享受消费这个过程。尼尔·波兹曼在《娱乐至死》中警示世人"有两种方法可以让文化精神枯萎,一种是让文化成为一个监狱,另一种就是把文化变成一场娱乐至死的舞台。"综艺节目在缓减人们现实压力的同时,也削减了人们对严肃问题的思考,满足于一种全民狂欢的幻景[①]。

二、中国综艺节目策略

中国综艺节目从受众需求出发,主要依靠三种策略进行节目的制作与播出。首先是搞笑因素,以满足大众缓释压力的需要;其次是猎奇因素,以满足大众窥视欲的心理刺激;最后采用煽情手段来满足大众自我心理优势的需要。

搞笑的手段即娱乐化的表现。比如目前流行的综艺节目,《奔跑吧兄弟》《快乐大本营》《爸爸去哪儿》……基本上每个节目都是充满快乐的,搞笑的。大众具有猎奇的心理,节目制作方利用这一点,设置了《中国好声音》的盲选,《跟着贝爷去冒险》里的探索大自然。而煽情手段更是《中国达人秀》《中国梦想秀》等节目惯用的伎俩。以上三种手段已不一定单独使用,在目前大多数情况下是综合使用的。

---

① 江环."泛娱乐化"与"限娱令"——关于省级卫视娱乐节目发展的思考[J].才智,2011(34).

三、中国网络综艺火热

目前热播的网络综艺节目,涵盖约会交友真人秀、评论脱口秀、美妆时尚、医学健康、流行音乐、影视资讯等多类型,比如爱奇艺推出的《浪漫满车》《健康相对论》《以德服人》等16档自制节目,优酷推出的脱口秀《晓说》等。

"纯网综艺"的概念被提出,即表示互联网平台代表了新的价值观和传播手段,互联网自制节目已不再需要向传统电视平台购买,基于网络流媒体技术,以网络视频门户网站为依托平台的新型媒体方式开始产生。

案例 8 – 10:

《奇葩说》

《奇葩说》是由爱奇艺打造的说话达人秀。其第一季获得"网络天价"冠名,第二季招商金额突破了亿元,是一档"纯网综艺"。

《奇葩说》每期节目都会设有一个辩题,节目组通过百度知道、知乎、新浪微问数据后台,在民生、人文、情感、生活、商业等领域,选取网友关注最多的问题,发动网友参与调查投票。蔡康永和高晓松带领各自团队争夺"说话冠军",最后由现场观众投票支持哪一方的论点。

其特点:一是颠覆"奇葩",出众口才,彰显节目内容。二是颠覆"综艺圈",由最年轻团队打造(制作团队大多是由90后组成,导演组平均年龄仅24岁)。与老牌综艺制作团队相比,《奇葩说》导演团队更直接、更自我,也更有激情与创新力。参与节目的选手也大多为80后、90后。且现实中的热点话题——"这是不是一个看脸的社会"、"夫妻没有爱了要不要离婚"等都成为《奇葩说》选手热烈辩论的命题。三是颠覆"网络制作",《奇葩说》投资过亿元,完全打破了以往"小本钱、小制作"网络综艺模式。在导师选择上,《爱奇艺》更是下足了功夫做到"高大上"。第一季导师团由马东、高晓松、蔡康永组成,第二季导师团由马东、金星、蔡康永和一个不定期的嘉宾构成。各个都是文艺界的大咖。

凭借在第一季的亮眼表现,《奇葩说2》成功吸金,"有范"APP、伊利谷粒多、雅哈咖啡、M&M's巧克力豆以及东风标致五大品牌强势入驻,超过亿元的总投放额创同类节目记录。

《奇葩说2》延续了第一季的风格,马东依然用超高的水准口播形式将"奇葩式"的广告植入发挥得淋漓尽致。这要求合作品牌有明确的诉求点,且越聚焦越好,忌讳发散。对美邦新上线的APP"有范"来说,这个词是"有范",对M&M'S豆来说这个词是"逗比",对伊利谷粒多燕麦牛奶来说,这个词就是"扛饿"。节目中,"正能量教主"艾力尤其突出,一直在喝谷粒多,几乎没停过。鼓掌的时候喝,听别人撕的时候喝,自己撕完更是喝。这段"不解情缘"甚至一度成为网友们调侃的热点——到底是有多饿。

爱奇艺特别运用大数据,把用户在百度上搜寻什么、在爱奇艺看过什么都搜集起来,分析用户的潜在行为,将适当的广告商品推荐给对的人,并透过数据分析反馈给广告主,告诉广告主应该提供什么内容让消费者更能接受。

《奇葩说2》增加了屏幕动画特效,创新的动画特效受到了观众的高度喜爱。另外,无论是"有范"、"谷粒多"还是"东风标致"均使用了情景植入的方式,如小品主角名为"范范"或是"范儿"、选手在节目中饮用"谷粒多"。

《奇葩说2》的赞助商纷纷选择了多样的植入形式。例如在东风标致投入的两种赞助中,14%的消费者记住了节目中植入的东风标致汽车片段。而大S乘坐东风标致出场的观众记忆度则相对较高,达19%。品牌主们可尝试创建适合自己的场景,让节目与人产生更直接的联系,具有故事性的植入更能提升记忆点[1]。

思考题:

1. 你认为国内选秀类节目哪些有观众缘? 它们吸引人们的要素有哪些? 你觉得如何改进?

2. 观看美国版"the apprentice"节目,说出主持人特朗普风格以及该档高收视率节目的看点。

---

[1] 学生唐寒立、鲁梦羽作业:《网络自制狂潮》,2015年秋季。

第九章

品牌的魅力

第一节　什么是品牌

美国市场营销协会定义委员会曾给品牌下了一个定义:品牌是指打算用来识别一个(或一群)卖主的货物或劳务的名称、术语、记号、象征、设计或其组合①。如今,品牌的概念已经被拓展到更广域的范围,不仅是用来区别一个(或一群)卖主或其竞争者,还是一种可以给拥有者带来溢价、产生增值的无形的资产,这源自于消费者心智中形成的关于其载体的印象。

品牌承载着一部分人对其产品以及服务的认可,是品牌商与顾客购买行为相互磨合衍生出的产物,是人们对一个企业及其产品、售后服务、文化价值的一种评价和认知,是一种信任。

当人们想到某一品牌时,总会和时尚、文化、价值联想到一起,企业在创品牌时不断地创造时尚,培育文化,不断从低附加值转向高附加值升级,向产品开发优势、产品质量优势、文化创新优势的高层次转变。当品牌文化被市场认可并接受后,品牌才产生其市场价值。

品牌的塑造,品牌拥有者对品牌进行的设计、宣传、维护的行为和努力,包括品牌所有接触点——用户、渠道、合作伙伴,甚至竞争品牌,这些都离不开媒体的创意。品牌,是媒体创意经济又一个关键概念。

---

① 刘刚.电视节目的品牌打造[J].记者摇篮,2005(04).

首先,品牌一定要有一个标识作为载体,这个标识,需要媒体不断构建;其次,仅仅有标识是不够的,就像人要有躯体,更要有灵魂一样,品牌必须通过媒体内容产品,不断去触发受众心理活动,只有那些能触发受众心理活动的标识,才能称之为品牌。否则,仅是商标而已。

第二节　媒体自身品牌建设

21世纪最重要的商业特征就是品牌经济,这一特征在媒体创意经济之中也不例外。信息社会条件下,人们处于一个海量资讯狂轰滥炸的社会中,传统媒体还要面对从原有媒体市场到新技术媒体的重重竞争局面。如何让媒体内容产品脱颖而出? 如何让消费者自身内容产品、传播渠道? 品牌,应当是这种消费情境下最有效率的识别手段。

媒体企业通过设立品牌建立受众对媒体内容的知晓度、记忆度、忠诚度。媒体要树立自己的品牌形象,首先要做好品牌规划,处理好自身品牌的定位问题,根据其要素提出品牌建设目标,并且制定目标的实现措施。

媒体能走多远往往与合理的价值观紧密关联,对于媒体这个特殊的行业来说,明确其社会责任意识尤其重要,然后根据市场和其自身发展的变化,不断进行品牌的自我维护和提升,方能达到新的高度。

大体而言,迅速树立媒体企业品牌的重要影响因素如下。

一、名栏目

名栏目是媒体固定时间、内容,有相对独立的信息单元,在受众心目中有一定知晓度、记忆度、重复使用的栏目,是媒体组织竞争激烈市场环境里安身立命的保证。

名栏目按照一定内容(如新闻、知识、文艺)编排布局,有固定的名称、固定的刊出时间(即起止时间固定)、固定的栏目宗旨,通过不同翻样创新内容吸引人们的视线,给人们带来知识和享受,产生欢乐和兴趣。

媒体组织不断开发媒体栏目品牌资源,培育名栏目,形成自身的品牌强势。

案例 9 - 1：

湖南卫视的娱乐栏目

湖南卫视作为栏目竞争力最强、品牌栏目最多、主持人影响力最大的省级卫星电视，在中国各卫视中的影响力与知名度非常广泛。这源于它精准独特的品牌定位战略。

2002 年湖南卫视确定频道定位为"以娱乐、资讯为主的综合频道"。2003 年初，湖南卫视又提出了"锁定娱乐，兼顾资讯；锁定年轻，兼顾其他；锁定全国，兼顾湖南"的品牌定位策略。

2004 年 6 月，湖南卫视正式提出"打造中国最具活力的电视娱乐品牌"，秉持"快乐中国"的核心理念，最终形成湖南卫视的整体频道品牌——最具活力的中国电视娱乐频道。

"快乐中国"是湖南卫视的品牌核心理念，有了这个内核，湖南卫视的品牌运营和扩张就有了坚实的、统一的基础。从娱乐功能来说，湖南卫视主要为全国观众提供快乐、愉悦的体验，在这一品牌内核的统帅下，湖南卫视陆续推出《谁是英雄》民间竞技娱乐节目，推出《国球大典》创新体育娱乐节目，推出《超级女声》大众娱乐节目和《音乐不断歌友会》音乐娱乐节目，从不同内容、不同层面深入诠释"快乐中国"这一频道理念。作为中国第一档聚焦青少年成长的情感故事节目的《8090》在湖南卫视开播后，不仅让湖南卫视的"年轻"定位更专业更原创，也使湖南卫视的品牌形象清晰丰富，深入人心，充满张力。

（1）湖南卫视确定自己的战略定位是"娱乐电视"，其中最为关键的、灵魂性的，就是湖南卫视的价值创新战略，通过创新提升附加值。

（2）利用自身媒体平台的整合营销，不断推出新节目、新产品。例如，在推广"快女"上，《快乐大本营》《天天向上》等娱乐节目上时不时还会播报一些最新进程或幕后故事，通过这些办法，湖南卫视达到了资源的最大限度利用和开发。

（3）广设交流平台实现媒体与受众交流的互动营销。在湖南卫视的互动营销中，短信投票、微博、微信互动是最先被启用并迅速获得多方面收益的方式之一，它将媒体和受众紧密地结合，实现双方之间的良性互动。

（4）主持人明星化。对湖南卫视的快乐品牌而言，乐观、热情、富有创造力的主持人则是频道的最佳选择。如何炅、汪涵、杨乐乐等明星主持人，他们所带给湖南卫视的"明星效应"也成为湖南卫视经营中的一大亮点,这也是湖南卫视品牌打造的重要因素之一。

(5) 不断创新。从《快乐大本营》《我是歌手》以及《天天向上》等有影响力的节目中可以看到,对新的栏目、新的内容、新的表现形式、新的主持人,湖南卫视表现出一种近乎痴迷的态度。

从以上几个方面可以看出,湖南卫视始终在不断发展自己的优势栏目,不仅增加自己栏目的文化底蕴,使之更加有艺术性,而且也真正实现了湖南卫视"全国收视,全国覆盖,全国品牌,全国影响"的目标。

从湖南卫视的案例中我们可以找到品牌形象提升需要注意的一些特性:

品牌定位——差异性;

品牌形象——统一性;

创作内容——创新性;

品牌互动——借力;

媒介延伸——有效性。

案例 9 - 2:

旅游卫视

品牌定位:"时尚改变生活、行走改变世界、绿色创造未来!"

旅游卫视强调宏观上的专业旅游频道特征与微观上综合满足观众娱乐需要。以旅游资讯为主线,时尚、娱乐并重。旅游卫视位于美丽的海南海口,为海南省唯一的省级卫星频道,在全国拥有很高收视率。

以旅游休闲为主要内容,以多样化、专业化的旅游节目,与其他卫星频道展开差异化竞争,成长为独具特色、最具影响力的卫星频道之一,全天 24 小时播出。旅游卫视频道主推以行走、时尚、访谈、高尔夫、公益活动为特色的节目架构,为观众烹饪独具风味的视听大餐,为客户搭建优质精准的传播舞台。该频道引进保利华艺等社会资金,剥离广告、娱乐等业务运营领域,海南广播电视台牢牢把握节目终审权。

旅游卫视的主要节目有:美丽俏佳人、海南新闻、海洋预报、卫视高尔夫、第一时尚、玩转地球、旅游看今天、旅游新观察、城市惠生活(周末有"周末大惠")、有多远走多远、行者、我爱每一天、创意生活、畅游北京、漫游日本、大驾光临、世界游、爱＋才会赢、国学堂、小球大世界等。

旅游卫视的品牌建设亮点：①准确的频道定位；②独特的栏目包装；③品牌形象的深化；④品牌内涵的延伸。

二、媒体名家

媒体名家一定意义上是媒体的代言人和名片，其独特的个人魅力与思想力度，给受众记忆深刻，影响深远。

从名记者，到名编、名主持，乃至媒体的经营者名总裁，他们是集体智慧的表现，有"飘萍一支笔，胜过十万军"的感召力。

案例 9－3：

白岩松

作为著名的中央电视台主持人、中央电视台新闻评论员、专题评论员，他的主持机敏、语言犀利，节目深刻而不呆板，活泼而不媚俗。藏在一副眼镜后的小而明亮的眼睛告诉我们：他思想更深邃，更沉稳。

由于其独特的语言风格和个人号召力，他主持的节目《焦点访谈》《新闻周刊》《新闻1＋1》《新闻会客厅》都受到了极大的好评，他用他的眼泪、激动、愤怒、深情为我们串起了一系列刻骨铭心的记忆。受众接受了他的主持方式，也就会被他主持的节目所吸引。

案例 9－4：

柴静

作为一名记者兼主持人，她用冷静客观的目光去看待事物，但同时又有一颗炽热的扶持弱者的心；气质优雅，但是又始终奋斗在新闻发生的第一线；她用柔和、坚持、不退让塑造了自我的品牌，她说："我会把记者当做一种生存的方式，你不是一个聚光灯亮起来的时候才是记者。它每一时刻都在发生，在你吃饭的时候，跟人交往的时候，恋爱的时候，痛苦的时候，都在发生。采访只不过是一种懂得,你在什么地方听,在什么地方皱眉,什么地方的时候眼神专注,其实就够了。"①

　　一个记者会直接影响到访谈的走向、节目的深度和产品的效果,而柴静就是这样一个能够影响大局的人,她主持的《面对面》《看见》等节目都给观众们留下了深刻的印象。

案例 9–5:

Get Away——安龙

　　《车游天下》(GET AWAY)是上海外语频道推出的一档人气双语全球旅游节目。作为 SMG 唯一一档自制的旅游节目,以其鲜明的大都市风格与创新的特质吸引了一批固定的收视群体:

　　(1) 悬念性设置开头。制造出喜剧、悬疑等不同效果,用"第一眼"抓住观众的注意力。

　　(2) 重体验,强调互动。节目力求外籍主持人安龙亲身参与每个项目,如蹦极、潜水和制作菜肴,用体验的方式带给观众最直观的视觉享受。外籍主持人安龙来自澳大利亚黄金海岸,他活泼的个性,幽默并且流利的中文使得节目更加生动有趣,偶尔还会蹦出几句出人意料的上海话,其主持风格深受上海观众的喜爱。

　　(3) 娱乐性,用情节推动节目。一部《车游天下》更像是一部小电影而不是风光片,没有平铺直叙,只有持续不断的"包袱"和跌宕起伏的情节。

第三节　互联网品牌建设

　　移动互联网时代,移动互联和社交媒体为品牌塑造提供了新的可能,从而催生了全新的品牌树立和管理理念。

---

① 柴静.看见[M].桂林:广西师范大学出版社,2013(01):26.

一、品牌建设与互联网

（一）互联网聚合品牌内容

如今，信息传播迅捷，品牌建设必须经济高效。改善品牌营销的传统方法无非有两种：一是创建更多的品牌推广项目，用产品多样化来吸引目标对象；二是增加各品牌推广之间的协调，统筹推广活动的整体效果。这两种方法在媒体传播手段日益多样的今天，都存在着易分散、缺乏延续性的弱点。

这样，互联网在品牌建设中的作用，逐渐凸现出来。很多企业已经借助互联网的超强内容整合能力，来加强自己的品牌建设。

将网络看成是一个整合者，而非将网络看成只有等待点击的广告，便增强了品牌内容建设新通道。随着互联网的普及，网络成为品牌与消费者之间的非常有效的新沟通方式，与传统媒体相比，其内容直接使沟通的深度和力度大增。

（二）互联网有效整合品牌传播渠道

互联网不仅能增加单个品牌营销内容的广度和深度，还可以增加现有的和潜在的客户。互联网还可以作为一种市场测试，帮助市场人员判断是否应该加强或减弱在媒体领域的品牌推广计划。

互联网整合传统媒体文字、图片、声像等元素，凭借信息、娱乐或提供其他附加内容，网络便于支持和加强品牌差异性的各种服务或功能。

在互联网这个统一平台上，可以整合多个品牌的内容建设计划。在这个平台上，这些计划可以共同出现，并且具有持续性。

二、互联网品牌建设六大黄金法则

（一）把品牌变成可记忆、易于传播的符号

传统媒体的品牌塑造，很大程度上都是在产品基础上所形成的，而互联网上的产品基本上是无形的，是消费者看不见摸不着的一种服务。因此，对于互联网企业，必须创造一个非常强烈的品牌记忆符号，才能让消费者形成实在的感知。

"互联消费者"因移动互联网和智能手机的普及而出现，与消费者的沟通从有限时间内的有限渠道（比如消费者看电视时所关注的那些电视频道），转变为每时每刻都有可能把品牌的信息以精准的方式传达到消费者。另外，社交媒体正在改变品牌体验。社交媒体提供了企业同消费者沟通的直接平台，对消费者

的极大"赋权",让信息更加透明,让消费者的消费体验能够成为"品牌内涵"的一部分,影响其他消费者对品牌的印象。如智能手机不但成为沟通的终端,也成为服务的终端,"移动购物"已经不再是科幻情节,购买前的沟通和比较、购物行动(乃至交易),以及购物后的分享等整个购物环节正在融合到一台智能手机上,针对这一"无限扩展"的消费者购买和沟通渠道,品牌符号的简洁尤为关键。

品牌名称简明平实、易读写,方便人们口头相传,不仅对于建立品牌联想是十分有价值的,而且品牌名称亲切熟悉、富有含义,会使消费者容易记住并很随意地传播出去。

案例 9 - 6:

GOOGLE 品牌形象

其强烈的品牌记忆符号就是每逢特别节日,其网站的 LOGO 就会变身,变成节日卡通形象,节日 LOGO 已经成为 GOOGLE 品牌文化重要部分。

(二) 把产品体验生动化、娱乐化

强化互联网网民对互联网产品的产品体验:如百度推广其搜索引擎时,就杜撰了一个"小度"和"白依依"的爱情故事,并且让网友自发续写其故事,让网民在续写中感知其产品。

淘宝网采用大片营销方式深度推广,将大片的明星道具全部搬到淘宝网上拍卖,使得淘宝产品在与大片的深度互动中得到很好的体验。还有像"褚橙"一样的营销模式,以网络明星为背书,以粉丝为基础,以社交媒体为主要的品牌创造方式,以生活媒体为主线的品牌内涵,创造一个全新的品牌。

(三) 学会讲故事

品牌要发展还必须能把自己的模式转化为风险投资者容易理解的一个故事或者是一个梦。

百度上市时为什么会股价飙升到 150 美元一股,整整超越发行价六倍,并且成为美国股市 IPO 首日股价上扬最高的十大案例之一,就是因为百度在上市路演讲了一个"中国的 GOOGLE"的故事。

(四) 要学会借势,不能借势就自己造势

所谓借势,即时刻注意跟踪社会上的文化热点、娱乐热点、体育热点,激起市

场和社会的多元化反应。最懂得借势和造势的非阿里巴巴旗下的淘宝网莫属，淘宝网只是一个在非典期间冒出来的游戏之作，却逐渐搭起了电子商务的生态圈。

淘宝网将视线转移到"娱乐营销"，通过与各种热门大片的合作，从《韩城攻略》到《天下无贼》到《头文字 D》，淘宝网赚足了人气赚足了风头，同时也着着实实地吸引了很多用户到淘宝网开店。

（五）创造需求比寻找心理区隔更加重要

互联网通过某种信息模式的重组，给消费者一个全新的体验，而不是诉求上的所谓不同。不是在简单地取悦或者满足消费者的心理，而是在创造需求。

GOOGLE 之所以能够成为世界上市值最高的互联网公司，就是因为 GOOGLE 一直以来都把创造客户需求放在首位，通过对自身搜索技术和搜索产品的创意和升级，不断地推陈出新。

（六）忘记大众传播，让网民主动传播

"个人传媒时代"的诞生，受众对大众传播的免疫力逐日增长，依靠网民们的口口相传，成为互联网企业塑造品牌的重要手段。

比如百度，一直以来，都是以"口碑传播"作为其传播的主要原则。媒体品牌是一种能够为媒体消费者和媒体企业提供附加值的资产建设内容。

智能手机的普及和社交媒体的发展，为品牌建设者和消费者搭建了一座及时沟通和互动的桥梁，如企业微信公众号，使品牌建设和品牌传播从传统的单项传播的模式变成了双向互动的模式，消费者以归属感和主人翁的意识来培养品牌忠诚度和品牌认知度。"内容为王，主题至上"的微信运营模式成了很多企业公众号的品牌推广策略。

案例 9-7：

中粮集团的微信服务号

在它的欢迎信息中会告诉你，"中粮集团是世界 500 强企业，是国内领先的农产品、食品领域多元化产品和服务供应商，致力于打造从田间到餐桌的全产业链粮油食品企业，建设全服务链的城市综合体"。这段话不仅展现了中粮集团的实力，同时传递了其所在的业务领域，强调了中粮的定位——全产业链粮油食品

企业。

之后,中粮会在公众号上强调其"利用不断再生的自然资源为人类提供营养健康的食品、高品质的生活空间及生活服务,贡献于民众生活的富足和社会的繁荣稳定"。如此的宣言,阐述的即是中粮的品牌主张和倡导的品牌理念。

为了凸显中粮的社会责任,中粮在公众号自定义菜单"走进中粮"下专门有一个社会责任二级菜单。点击进入,可以看到中粮在社会责任方面的主张和具体工作。

如果仔细研究中粮的微信和其发布信息的其他平台,可发现中粮的品牌传播井然有序。在其官网、百度百科、其他介绍集团信息的渠道均可看到几乎相同的内容。这就体现了整合营销传播的精髓,speak with one voice(用同一个声音说话)。

案例 9-8:

亚马逊的品牌建设

亚马逊的创始人杰夫·贝索斯在创立公司的过程中,花费了几个月的时间寻找一个可以象征公司规模与力量的名称,最终选择了 Amazon. com。

"Amazon"即亚马逊,"亚马逊"可以使人联想到亚马逊河,地球上流域最广的河流,孕育了世界上最为丰富的动植物种类。在其中又蕴涵了公司的价值取向,即提供非常丰富的选择以及行业领导者的地位。

".com"即网络。".com"的扩展名称显示出公司是以网络为平台,从而有别于传统零售商,此外这一名称又是亚马逊公司的网站地址,便于消费者记忆。这个名称的选择具有战略意义,在与媒体的接触中亚马逊公司经常刻意地传播公司名称的含义。

广告语或口号的正确选择也成功帮助亚马逊快速建立起自己的品牌形象。在建立初期,亚马逊采用了"地球上最大的书店"这一震撼性的广告语,成功地吸引了公众的视线,在推广业务、提高知名度方面起了不小作用。

其后,亚马逊公司又针对消费者对在线购物所存在的疑虑,推出"让在线购物更有趣"的口号,突出亚马逊出众的服务和在线购物省时、省力、省钱的特性。随着电子商务的不断发展,竞争日趋激烈,亚马逊又以"天天低价品质保证"为口号,向消费者宣传其在价格和品质保证方面的优势①。

贝佐斯的品牌理念有以下几点:

(1) 网上购物,品牌最重要;

(2) 取能表示公司长短期战略目标的名称;

(3) 便捷而满意的服务,培养顾客忠诚度;

(4) 有效媒体刊登宣传广告;

(5) 和大大小小能吸引网友网站合作。

通过品牌建设,使传媒企业获得暂时的认同感,并使传媒企业在激烈的商战中获得受众长期的关注。

第四节　媒体塑造其他企业品牌

一、社会化媒体(social media)品牌策略

品牌定位和品牌文化一旦确立,就必须持之以恒地执行下去。在企业进行品牌推广的时候,以前传统媒体广告是最强有力的宣传方式,而在 web2.0 盛行的今天,光靠传统媒体广告轰炸式的传播已经很难收到效果,借助各种社会化媒体,有效发挥品牌口碑传播效应,是顺势而为的策略。

建立在 Web2.0 基础上的社会化媒体,既区别于传统媒体,也区别于Web1.0时代的网络媒体。社会化媒体是人们沟通方式最根本的变化,随之也带来了品牌传播观念的重要转变。

传统营销要素中的 4P,即开发出一个产品(product)、确定价格(price)、投放市场(place)并进行推广(promote)。而社会化媒体品牌传播则更注重 4C 理念,即内容(content)、语境(context)、联系(connection)和社群(community)。也就在一个激发对话的语境中,整合和发布具有关联性、吸引人们关注和讨论的内容(其中当然也包括用户自创内容),用户通过阅读、评论和分享内容来与自己喜欢的人、产品和品牌建立联系,并进而形成围绕着品牌的网络社群。可以说语境是背景、内容是核心、联系是目的,社群是当前三者恰到好处地结合后必然产

---

① 李穆南.亚马逊的品牌建设之道[J].中国市场,2011(39):40.

生的结果。

社会化媒体中,传播手法从整合到聚合,传播内容从宣讲到倾听与对话,传播对象从容器人到社会人。社会化媒体带给企业和品牌前所未有的传播机遇,可以和消费者进行人性化的、个性化的亲密接触,并在互动的过程中,将品牌信息以间接的、令人感到惬意的方式传递出去。在社会化媒体中进行品牌传播,最关键的就是将品牌的耳朵打开去聆听,将品牌的心打开去感受,并持之以恒。

案例 9-9:

宝洁(P&G)的社会化媒体营销策略

根据 P&G 的"Touch and Improve Consumer's Lives"策略,和消费者的互动将越来越重要,而社会化媒体提供了很多科技上的方便。

一直以来,P&G 的核心思想都是围绕着"Purpose, Values and Principles",P&G 相信企业的目的是为消费者提供良好的产品,从而改善和提升人们的生活质素,只要能协助消费者解决生活中的难题,他们自然而然地会购买产品、认同品牌的价值,为 P&G 的业务增长提供动力(也即 Purpose)。

如今的消费者,由以前的单一选择 TV,到现在的 online,甚至 mobile。对于 P&G 而言是好事。

第一,可以 reach more consumers(接触更多消费者),因为网民比起电视机的观众多好多倍。

第二,可以 reach more deeply(深度接触消费者),因为 TV 广告一般只有 30 秒,但是消费者消耗在网上的时间远远超过 30 秒。宝洁和消费者接触的时间多很多,更有机会了解消费者的需求。因此,P&G 会投入更多资源到 online marketing 上,将品牌传播关注到不同种类的社会化媒体。

以前 P&G 考虑的是如何将 TV 的广告信息有效地带到各大卖场,如何利用产品包装和卖场的 POPs 和消费者沟通,刺激消费。现在,需要考虑如何将不同的信息(产品/广告等)有效地带到网上,带到各类社会化媒体上。

例如通过新产品发布、通过有影响力的博客,甚至通过消费者自己的传播。宝洁关注到 UGC (user generated content)的模式,Pampers(帮宝适)在中国做了一个活动,让消费者上载他们 sleeping baby 的照片。P&G 将之包装成为一个公关活动,得到很好的回响和曝光率。同时,Pampers 在中国的销售也从这项活动中大大受惠。

Mobile 是数字营销的核心。P&G 的研究方向在于如何将 shopping、buying 和 learning 的经验整合到移动终端上。宝洁观察到有很多消费者在购物的同时,也利用手机(或其他 mobile devices)找寻产品数据、分享数据等。因此,P&G 开发了很多以品牌为主,但为消费者提供和品牌/产品 benefits 有关的 Apps,例如,可以让父母记录自己孩子成长的"My Baby Registry by Pampers" App(相关产品:Pampers 纸尿裤/尿片);可以让消费者了解附近洗手间状况的相关产品(Charmin 卫生纸、厕纸)。通过这些 App 找寻机会和消费者互动,了解消费者的需求。

在社会化媒体上,P&G 关注到社群效应,概括为:"We don't create the community, we add value to existing communities"。宝洁知道,一些不同兴趣的社群本来就存在,P&G 需要做的是如何为这些社群增值。Beinggirl.com 是一个社群网站,让少女们分享她们在长大时遇到的问题。网群里有专家为她们提供意见,也有很多相关的信息供她们参考等。P&G 在经营这个网站,能从用户的对话和分享中得到不少有用的消费者洞察(consumer insights)。另外,基于"Connect + Develop"而言,这些社会对话(social conversations)给了 P&G 很多有用的点子。

二、不同媒体中品牌投放特点

不同媒体具有其独特传播品质,在塑造其他企业品牌形象方面也各有千秋。

(1) 广播:广播的特点使信息和传播程序简化,适合发布时效性极强的品牌广告。用广播媒体投放广告进行品牌建设和传播,费用低、灵活。可以根据市场行情的剧变来调整传播策略。而且声音这一传播介质,给人以人情味和无限的想象空间。

(2) 电视:集合声音、图像、视频于一体的传播媒体,仍然是各大企业品牌大战的主战场。电视有利于人们对品牌有一个全方位的身临其境的现场感,使消费者对品牌的想象更丰富,从而容易构建品牌认知度和忠诚度。

但是,电视媒体的制作成本相对较高,不过倒是可以给消费者以一种企业强大的潜意识认知,对于品牌本身来说是一种肯定。

（3）电影：这里所说的电影对品牌建设而言分为两种，一种是电影中出现的品牌插入广告，第二种是微电影营销。两种方式对品牌建设的作用都是各大企业品牌传播的惯常手段。

P&G 的洗发水系列微电影取得了很大的成功，将宝洁的品牌文化和品牌理念通过消费者所喜爱的方式表达、传播。同时，也通过情感表达与消费者的情感共鸣，不断培养品牌忠诚度。

（4）其他媒体：报刊、图书等传统媒体品牌传播其实就是一个人的独白，而消费者每天面对几千条甚至更多的广告品牌信息，信息互动尤为重要。

三、不同媒体中品牌投放趋势

企业品牌建设需要根据自身情况，制定相应的媒体投放计划，而在整合营销完善的情况下，根据当地的媒体状况、投放目的需求、广告预算做出基本划分选择和媒体监控很为必要。毕竟，每个媒体都有自身的优势，但总体而言，网络和社会化媒体信源更广、吸引的受众更多，其优势不断凸显，传统媒体的优势逐渐减弱，企业或多或少地减少了在传统媒体平台上的品牌投放，将重心移送到各类新兴媒体平台上。大体而言，企业品牌投放趋势表现如下：

（1）电视：大量电视使用者上了年纪、受教育较少、收入较低。因此在电视上投放广告已经没有往日那般受到品牌的重视。

（2）电影：一般来说，电影的受众以年轻人居多，而且大多都受到过良好的教育。在电影上投放广告能让受众更好地接受，再加上配合电影情节做灵活的宣传，能让电影观众们更好地吸纳品牌广告内容。

（3）广播：广播频道众多，在投放品牌广告时，企业尤其要注意不同频道的差异性。兴起的交通一族是不可忽视的群体。

（4）期刊：印刷媒体有许多种类，而最具代表性，也是企业投放品牌广告最多的就是杂志。不同的杂志拥有不同的受众，要根据差异性人群找到自己的目标群体进行品牌推广。

（5）报纸：虽然近年来看报纸的人数有所下降，报业萎缩，但是其受众面比较广，基本上涵盖了所有大众人口中受到较好教育的人。

四、企业品牌的微信平台营销

（一）微信庞大的活跃用户群

4G时代,随着智能手机的普及和移动社交的发展,网民媒体的接触时间将被移动社交"绑架",微信彻底衍变成一种在线的生活方式。

越来越多的企业开始布局微信,期望有效地开展微信品牌营销。

（二）微信中品牌表达的灵活性

企业品牌表达要发挥创意的力量,利用各种有效发声点在市场上形成品牌声浪,有声浪就有话语权。在微信平台,不只是通过投放广告、公关传播、销售传播、人际传播,各种微信信息流均能够对品牌的塑造起着推波助澜作用。

案例 9－10:

黄太吉

从第一家10多平方米的小店做起,主营煎饼小食的黄太吉开店10个月,被风投估价4 000万元,这与其从诞生第一天就开始的微信品牌创建之旅不无关系。

根据有关媒体报道,在创立后的12个月,黄太吉已经在微信拥有近10万的粉丝,黄太吉的创始人赫畅熟知互联网的游戏规则,随着不断造势,黄太吉煎饼已经成为网络上被热议的创业企业。

案例 9－11:

"雷布斯"缔造"小米"

小米的成功是互联网思维的典型代表,先利用互联网聚集大量粉丝,再利用高配置、高性价比的产品进行宣传,采用互联网销售模式,配以专业的客服,粉丝效应聚合,造就了现在的小米。

从上面的例子不难看出,移动互联网时代下的移动互联和各类社会化媒体为品牌塑造提供了新的工具和可能,也催生了全新的品牌树立和管理理论。正如微信发明人张小龙所说:再小的个体也有自己的品牌。作为一个重要的营销工具,微信的商业价值将会通过不同形式展示出来。

思考题：

1. 你印象中的麦当劳或肯德基的广告有哪些？

2. 不同媒体传播企业品牌的特点分别是什么？

3. 企业如何选择媒体投放品牌？

第十章

快乐的主题公园

第一节 什么是主题公园(theme park)

主题公园是一种具有创意性活动方式的现代旅游场所,根据特定的主题创意,以媒体虚拟形象再现,通过环境塑造以园林布局为载体来满足消费者的好奇心,是一种有主题情节贯穿整个游乐项目的休闲娱乐活动空间。

显然,主题公园是依靠创意来推动的旅游产品,其主题选择尤为重要,常有媒体中的主题再现,是媒体创意产业的关联延伸产品。世界上成功的主题公园,都是个性鲜明、各有千秋,给人以画中行走、流连忘返印象。艺术性和趣味性的创意内容是主题公园要旨。

设计主题公园的主题离不开创新思维,更需要不断推陈出新,花样翻新,持续带给游客新鲜感,方能生命周期延长,魅力常在。在进行主题创意与策划时,"游者的需求"首当其冲。

(一)主题景观的创意

主题公园大多是以景观形成的。一个主题公园设计有没有发展潜力,有没有生命力,其蕴涵的文化内涵起着非常重要的作用。因此,以经营旅游的方式多方位地展示文化,赋予主题公园以丰富的文化内涵,是景观追求的目的。

现代消费者游园追求的娱乐模式,不仅要有身体的感官互动体验,还要有心灵的碰撞、感悟,在构思建设一个主题公园之前,对其选址地文化内涵充分地考察、挖掘,对该地的历史、原有的旅游资源进行分析,主题公园景观产品才能得到完善、充实和更新,生命力不止。

（二）主题公园的起源

通常认为主题公园起源于荷兰,后来兴盛于美国。

荷兰的一对马都拉家族夫妇,为纪念在二次世界大战中牺牲的独生子,而兴建了一个微缩了荷兰 120 处风景名胜的公园。此公园开创了世界微缩景区的先河。1952 年,开业时随即轰动欧洲,成为主题公园的鼻祖。

（三）主题公园类型

根据主题游园体验类型,主题公园可分为五大类,分别是:情境模拟、游乐、观光、主题和风情体验、4D 体验。

（四）著名主题公园

主题公园是一种人造旅游资源,它着重于特别的构想,围绕着一个或几个主题创造一系列有特别的环境和气氛的项目吸引游客。

主题公园园内所有的建筑色彩、造型、植被、游乐项目等都为主题服务,共同构成游客容易辨认的特质和游园的线索。每个国家都有着不同类型的主题乐园,有的是以游乐型为主,有的是模拟型的为主,有的以风情体验为主,将不同的民族风俗和民族色彩展现在游客眼前。在主题乐园里,没有你想不到,只有你没有见过的。

案例 10 - 1:

世界各地创意主题公园

1. 回味安徒生童话——丹麦古老的蒂沃利公园

蒂沃利公园（Tivoli Gardens)位于丹麦首都哥本哈根闹市中心,占地 20 英亩,是丹麦著名的游乐园,有"童话之城"之称,每年 4 月 22 日至 9 月 19 日对外开放。

蒂沃利公园的建园者是作为记者兼出版商的乔治,他向当时丹麦国王克里斯蒂八世进言,表示"若人民耽于玩乐,便不会干涉政治",于是获准修建这座公园。公园于 1843 年 8 月 15 日起即开始接待当地居民和外来游客。最初公园只是群众集会、跳舞、看表演和听音乐的场所。后来几经改造,才逐渐形成一个老少皆宜的游乐场所。

2. 过山车的刺激——德国鲁其特的欧洲主题公园

公园无愧于用风景如画来形容,它坐落于湖边森林里,以一座中世纪风格的古堡为标志性建筑。

园区由 12 个以欧洲不同国家为主题的小公园组成,于是游客从微缩的法国,走进微缩的西班牙,继而在荷兰、德国、葡萄牙等国家间穿梭。

3. 体验欧陆怀旧式的休闲——澳门渔人码头

澳门渔人码头(Macau Fisherman's Wharf)是中国澳门首个主题公园和仿欧美渔人码头的购物中心。澳门渔人码头集娱乐、购物、饮食、酒店、游艇码头及会展设施于一体,结合不同建筑特色及中西文化,务求使游客突破地域界线,体验不同地区的感受。

4. 丹麦乐高公园——积木堆积的梦幻童话世界

举世闻名的乐高公园(Lego)位于丹麦日德兰半岛东岸的小镇比隆,占地面积 25 公顷。自 1968 年创建以来,每年都有上百万游客前来参观游览,是一个用 320 万块积木建成的"小人国",公园以其新颖独特的积木艺术吸引了世界各地的游客。

5. 瑞典里瑟本游乐园

里瑟本游乐园是瑞典最大的游乐园,位于瑞典哥德堡,自 1923 年成立以来,就没有沉闷的时候,这儿有世界上最陡峭的木质过山车,在游人旺盛的夏季,乐园里经常充斥胆大的人们做自由落体运动时的惊叫声。鬼屋里的鬼都是由真人扮演,经常出其不意地吓人。

6. 野生动物园的主题公园——韩国爱宝乐园

爱宝乐园位于京畿道龙仁市,占地面积 450 多万坪(约合 1 488 公顷),是一个包括动物园、游乐山、雪橇场、植物园等的大型主题公园。

爱宝乐园由三种主题公园——庆典世界(Festival World)、加勒比海湾、爱宝乐园速度之路(赛车场)组成。庆典世界内具有世界级规模的购物街、全球集市、美洲探险、神奇剧团、欧洲探险、赤道探险等各种游乐设施,均根据空间的特点精心布列。此外韩国最早开设的水上公园加勒比海湾每逢夏天就挤满了冲浪爱好者。速度之路是韩国最早的赛车训练场,赛车手们可以在此进行练习,游客们也可在此领略汽车文化。此外还有格兰洛斯高尔夫俱乐部、汽车博物馆、青年旅馆、运动公园、虎岩美术馆等。

第二节　迪士尼主题公园

全球闻名遐迩的迪士尼,全称为 The Walt Disney Company,取名自其创始人华特·迪士尼,是总部设在美国伯班克的大型跨国公司,主要业务包括娱乐节目制作、主题公园、玩具、图书、电子游戏和传媒网络。皮克斯动画工作室(PIXAR Animation Studio)、惊奇漫画公司(Marvel Entertainment Inc)、试金石电影公司(Touchstone Pictures)、米拉麦克斯(Miramax)电影公司、博伟影视公司(Buena Vista Home Entertainment)、好莱坞电影公司(Hollywood Pictures)、ESPN 体育、美国广播公司(ABC)都是其旗下的公司(品牌)。迪士尼于 2012 年 11 月收购了卢卡斯影业。

美国迪士尼集团是全球最大的娱乐传媒集团之一。作为创意企业,迪士尼在 80 余年的发展历程中始终以创意为先导,追求科技领先、优化服务内涵,逐步完善创意产业价值链。其独具特色的创意运用渗透到从产品开发到人力资源管理的各个领域,为创意企业的发展提供了借鉴模板。

一、媒体网络——渠道产品与内容产品

(一)广播电视

美国广播公司(英文全称:American Broadcasting Corporation,Inc),简称 ABC,是美国三大商业广播电视公司之一,经费来自广告广播。目前的最大股东是华特迪士尼公司,为迪士尼—ABC 电视集团的成员。

ABC 的频道有 ABC Entertainment 娱乐频道,ABC Daytime 日间节目则一般播出日间连续剧,ABC News 以新闻为主,ABC Sports 报道体育相关的新闻和节目,ABC Kids 是专为儿童开辟的频道。

此外美国广播公司还在全美十大高收视地区拥有地方电视台,这也都是迪士尼集团的。

(二)其他媒体产品

迪士尼还拥有印刷厂、提供手机娱乐服务,向网民提供娱乐和咨询服务。迪士尼推出了许多手机应用软件游戏,比如:《冰雪奇缘冰纷乐》《鳄鱼小顽皮爱洗澡》《爱丽丝梦游仙境》《唐老鸭历险记》《迪士尼:无限》等多款游戏。与互联网相

关的迪士尼的业务在 2004 年已经占据公司利润的 40%,成为迪士尼的"顶梁柱"。

二、主题公园与酒店

迪士尼拥有 6 个迪士尼主题公园以及 36 家度假酒店,分别位于美国佛罗里达州和南加州以及日本东京、法国巴黎和中国香港,下一座主题公园也已在上海开业。

迪士尼主题公园推出度假俱乐部的模式,对全球娱乐业和旅游业产生深远的影响,将主题公园与酒店相结合,完美突出了度假的概念与感觉。

迪士尼海上巡游项目与主题公园相得益彰。Disney Magic(迪士尼魔力号)是迪士尼海上巡游线(Disney Cruise Line)的第一艘游轮,作为一艘巨大的豪华游轮,它排水量 8.3 万吨,并拥有 875 个船舱,4 个饭店(Parrot Cay,Animator's Plate,Lumiere's 和 Palo)还有 1 个小卖部(Buffet called Topsider),2 个影院、3 个游泳池和很多休闲设施。

通常,在迪士尼游轮海上巡游度假产品中,游客只需要一次支付费用,上船以后所有的费用都包括在内。整个旅行计划中,会有一部分时间在船上度过(有些整天都在船上),而在游轮到达一些目的地(通常是风景秀丽的岛屿,包括迪士尼自有小岛 Castaway Cay 等)之后则会停靠,游客可以下船在目的地享受多种游乐项目,包括在海边游泳、潜水、在岛上参加冒险。在游轮上,游客可以享用免费的美食,除了游轮上少数特定的高级餐馆,所有参观都可以免费用餐,此外,游轮内部还有大型剧院,有特别的迪士尼舞台剧演出。除此之外,游轮还为不同年龄段的游客提供不同内容:针对儿童有大型游戏厅、游戏、活动中心可以畅玩,游轮上还设有儿童游泳池;针对年轻人有酒吧、舞厅可以蹦迪;针对成人有 Spa 休闲场所、按摩服务等。

迪士尼游轮项目完全与迪士尼主题公园无缝对接,让游人全程处于迪士尼营造的欢乐氛围。

在美国,所有的迪士尼乐园都是由 8 个主题园区构成:美国大街、冒险乐园、新奥尔良广场、万物家园、荒野地带、欢乐园、米奇童话城、未来世界,这八大主题园区就叫做"Magic Park"。

上海迪士尼乐园包含六个主题园区:米奇大街、奇想花园、探险岛、宝藏湾、明日世界、梦幻世界。六大主题园区充满郁郁葱葱的花园、身临其境的舞台表演、惊险刺激的游乐项目,其中还有许多前所未见的崭新体验。

三、动画、电影与主题公园

迪士尼电影公司是迄今为止唯一一家没有被交易过的好莱坞大公司。迪士尼总部设在美国,20世纪三四十年代依靠米老鼠起家,40年代,涉足真人电影领域,先后收购了独立电影界巨头米拉麦克斯、3D动画霸主皮克斯、动漫巨头漫威和卢卡斯影业之后,迪士尼更是巩固了自己作为顶级电影公司的地位。

迪士尼的动画电影制片是好莱坞十大电影制片商之一,在20世纪30年代迪士尼发行了《白雪公主和七个小矮人》,尽管动画片的拍摄成本非常高,但是迪士尼不惜花钱也要保证质量。此后,四五十年代,迪士尼还发行了《木偶奇遇记》《小飞象》《爱丽丝梦游仙境》等十几部动画电影。到21世纪,迪士尼发行的《星际宝贝》《公主日记》以及《冰雪奇缘》都获得了广大观众的喜爱。

除了动画电影,迪士尼也涉及真人电影制作。鼎鼎大名的《泰坦尼克号》以及《加勒比海盗》系列也都是迪士尼公司发行的电影。

而上述动画、电影里的形象、场景,当你走在迪士尼乐园内,都可以看得到、摸得着。迪士尼将电影、动画片里的虚幻世界,在主题公园里还原到现实世界——人们身上穿着可爱的迪士尼文化衫,背上可爱的迪士尼人物头像背包,头上戴着可爱的米奇帽。

在迪士尼主题公园卖场里,迪士尼的第四大核心领域——周边产品(玩偶商品、服饰及生活用品)均实现其欢乐价值。这些周边产品具有很强的娱乐性和可操纵性,并具备社会性的属性。人们穿着它不仅是穿着它,还是在表现一种迪士尼文化和价值。

四、迪士尼的规模经济与范围经济

规模经济和范围经济指的是媒体企业在不同市场经营涉及成本效率的问题。规模经济指生产同一种产品达到一定规模之后,平均成本降低;范围经济指横跨媒体市场的多种产品组合,以实现效益最大化。

迪士尼的规模经济体现在单个的电脑软件、书籍出版等的大规模生产和销售,专业的动画制作公司,从"创意内容"出发,逐步扩大到"产业基地",用现代工业化流水线生产的方式,大批量地制作动画片并把它们销往世界各地。迪士尼还为米老鼠、唐老鸭等卡通形象申请了专利,在法律的保护下进行特许经营开发,一直延伸到迪士尼主题公园。

迪士尼的范围经济是横跨媒体市场的多种产品组合,以实现效益最大化。在其主体公园经营中,迪士尼从单一产品到整合产业链,各种玩具、食品、礼品、文具等,无不以卡通图案的附加值带来丰厚的利润。

其主题公园文化旅游业更是范围经济的应用。它第一次把观众在电影里和卡通片里看到的虚拟世界变成了可游、可玩、可感的现实世界。

五、迪士尼主题公园的营销:全程娱乐化

娱乐营销模式以对人性的充分尊重激活市场潜能,娱乐元素改变了传统的营销模式。迪士尼主题公园的营销管理从始至终都体现着娱乐化的倾向。科技推动力、文化创造力、商业筹划力正成为迪士尼娱乐产业的三大动力机制。

(一)迪士尼主题公园的营销组合

迪士尼主题公园里的产品都拥有着十分高的质量,是卓越的产品,并且其产品的营销也非常有讲究。

比如,迪士尼主题公园的价格就非常灵动,有新产品价格定位、产品价格组合定位、产品价格弹性定位。

(二)娱乐促销

迪士尼主题公园的娱乐促销与其欢乐文化是离不开的,迪士尼主题公园永远跟着热点走,也能迅速抓住时尚元素。

其冰上汇演节目《丛林历险记》就运用了明星效应,达到了娱乐促销的目的,反过来也增进了人们对迪士尼主题公园的向往。

(三)迪士尼的欢乐文化

迪士尼主题公园是一个提供全程欢乐的场所,人们来这里就是为了享受欢乐。因此迪士尼首先提供欢乐,其次就是营造欢乐。不管是从主题公园内的环境和设计,还是游行的人物和音乐、故事,都是在营造欢乐的氛围。

迪士尼也很会掌握欢乐,通过乐园游戏的设置,准确把握游客需求动态,尽量延长游客在主题公园里的逗留时间,不断掌握乐园的吸引力、游客支付偏好,及时掌握游园满意度并动态调整。

迪士尼乐园的创新能力还表现在高超的管理技艺上,为不断提升欢乐,迪士尼制定5—10年中长期人力资源规划,统一服务处事原则、企业文化建设,要求一线员工所提供的服务必须超过游客的期望值,从而使迪士尼主题公园真正成为创造奇迹和梦幻的乐园。

迪士尼主题公园的服务体系,大到游乐实施,小到一个售卖亭,均得高效运行,通过各种手段,迪士尼从各个方面来完善欢乐[①]。

(四)结论:一次投入多次产出

迪士尼运用了镜子效应,也就是说先设计出一个动画形象,如果这个动画形象受到了欢迎,那么就再做各种游戏产品、主题公园和玩具等,这实际上是我们上文所提到的范围经济。

然而这些其实均是文化娱乐产品,迪士尼也就发挥了其规模经济的效应。

迪士尼富有想象力的娱乐体验经济是一种体验营销,即人性化的营销过程。强调经济资源、文化资源和艺术资源的整合与交融,使营销活动由生硬的、赤裸裸的金钱交易过程转变为温馨的、互动的人性化过程。

在迪士尼乐园,北欧的美人鱼、美洲的风中奇缘、中东的阿拉灯神灯、非洲的狮子、中国的花木兰、埃及与以色列的摩西的体验都可以寻得。迪士尼主题公园以服务为舞台、以商品为道具、以消费者为中心,"一切是动态的",会让人们忘记现实,进入另一个"真、善、美"的世界,创造能够使消费者参与、值得消费者回忆的游园活动。

第三节　中国主题影视城[②]

一、国内影视旅游兴起的原因

近年来,随着我国人民物质生活水平的提高,人们的精神文化追求也相应提高。传统意义上浮光掠影式的观光旅游已经不能满足旅游者深层次的需求,于是影视旅游这种新的旅游方式应运而生。其中作为代表的无锡影视城和横店影

①　董观志,李立志.盈利与成长——迪士尼的关键策略[M].北京:清华大学出版社,2006.

②　童清艳.中国影视旅游兴起、问题、前景[J].徽商旅游,2015(4):20-26.

视城,已经成为中国影视旅游的引领者。

作为传媒娱乐产业的影视剧不断向人们传达"媒体想象空间",为人们提供一个有美学和文化涵义的理想境地,让身处现代物欲生活巨网中的受众(audience)神往于那个媒体世界,而影视基地则为人们搭成前往那个领地的通道,于是,电影引致旅游(Movie Induce Tourism),其至电视剧、网络游戏也诱发人们迫切地去往那个能找到不一样自我的领地,暂且抛开现实的烦忧,完成现实"移情"与"忙里偷闲"。

"去其他真实和想象的空间,找到另一个世界的未知我,以及我的生活"是影视旅游兴起的主要动因,也是用户驱动下的传媒产业与旅游业关联发展的结果。而且,影视、网络等媒体文化不断渗入人们的生活,不断为人们提供了一个"可拷贝的世界",也是影视旅游发展的源源动力。

与此同时,影视、网络等产业经济利润对商家的诱惑,以及人们可支配的闲散资金,也使得这种为普通人拍明星照提供完整场地的影视旅游带来可行性。

综上,本书认为,国内影视旅游兴起的主要原因在于:影视等媒体已经成为人们生活的一部分,相对于传统的观光旅游而言,影视旅游一是具有别样空间吸引力;二是具备"移情"功能,让人们得以释放现实压力;三是满足人们"明星自我"的主体愿望。

二、国内影视基地亏损的主要原因

横店影视城在2012年实现了游客人数1 117万的突破。然而,整个影视旅游行业却不甚乐观。2012年四五月间,国内各大媒体以"千座影视城八成亏损"为题对国内影视城的过度投资重复建设进行了报道。目前,除了横店影视城一枝独秀之外,其余大多数影视城都处于亏损状态。北京大学文化产业研究院影视中心的调查数据则显示,目前,国内的影视基地,80%处于亏损,15%处于温饱,只有5%可以盈利。

沃尔夫早在《娱乐经济》书里说过一句话:"传媒力量优化生活,用传媒力量拨动顾客的心弦"。

那么,什么是"传媒的力量"? 我们来看看广为人知的华特·迪士尼(Walt Disney)的故事。这位全球最富幻想力的造梦大师在经历过军人、画家、制片人等行业锻炼后的某天,因为一个在火车上的梦,他突发了创造米奇老鼠的灵感,进而在他有生之年,将无穷的幻想与童心变为现实,后来这个卡通形象改名为米奇(Mickey Mouse)。而建造乐园的念头,则是他当上了爸爸之后的事,他要"建造一个一家人都可以感受到快乐的乐园"。1955 年,世界第一座迪士尼乐园在美国加州建立。至今,这个影视旅游的鼻祖之地,依然是世界上最快乐的地方,其创意性游园线索以及策划性活动方式使其堪称"神奇王国",连接三大洲,回头率高创,上海迪士尼乐园也已于 2016 年开园迎客。

所以,国内影视基地亏损的主要原因是什么就不言而喻了,即缺乏创造力、想象力,一是影视剧的力度,二是基地开发没能拨动游客的心弦。用行话说,就是制作粗糙,设计水平不高,文化内涵体现得不够,难以对旅游者产生吸引力,而影视城旅游开发的资金需求大、转换成本高的产业特征也是造成亏损的原因。

三、得天独厚地方旅游资源的影视产业开发

多年来中国一些优秀的旅游景点一直受到电影电视制造商的青睐。如安徽第一个影视基地——黄山秀里影视村,近年来吸引了大批本地的游客参观,带来较好的经济效益和社会效益。然而,秀里影视村在国内的知名度仍不高。在网上将"黄山秀里影视村"作为关键词检索,会看到"去秀里影视村的 N 大理由":理由一,安徽省首个影视基地;理由二,依托黟县优美的生态环境和自然景观;理由三,集徽州建筑之长,还原徽派寻常百姓生产生活场景。

试想,这些理由会诱发人们前往?第一个理由"以我为主",但安徽省首个影视基地的"首个"特点在哪?不清楚。那个首个依托的影视剧影响力如何?不清楚。第二个理由,为什么不多点黟县优美的生态环境和自然景观图?现代人爱读图,图片可以唤起人们内心美丽图画,心动,才能行动。第三个理由,为什么不介绍些徽派百姓生活别样点?旅游是与衣、食、住、行关联,这些可以成为人们生活方式的内容,为什么不多细细磨来?

所以,所谓的全媒体时代,当用户信息拥有多点通道、信息全球化时,一是考虑如何依托黄山及徽派文化的国际、国内声誉,强调"自然"理念,多挖掘一年四季变化下的景观能带给人们哪些令人神往的景象?如考虑牛郎织女的神话传说如何与科幻故事结合,打造什么样的名剧来提升景区;二是触媒(各类智能媒体,touch media)已成为当今人们媒体接触的主要通道之一,社会化媒体中的口碑传播涟漪效应更需打造。表达情感,转发意见成为"we media"用户主要动机,

这也是秀里影视村颠覆传统宣传的大空间。

四、影视主题公园的体验化设计

目前我国的大部分影视拍摄基地产品形式单一,缺乏生动的建筑道具,仅仅停留在单向度的演出,这些都大大降低了游客的积极性。很多景区没有形成与游客互动的环节,不能带给游客感官上的东西,因此引不起游客情感上的共鸣。在体验经济时代下,人们将更加注重产品给自己带来的独特的情感体验,亲自感受作品的氛围。那么,怎样提高游客的主动性与参与性?

笔者在美国哥伦比亚商学院研究传媒娱乐产业时,与《娱乐产业经济学》作者 Vogel 聊起美国西部环球影城,认同"身临其境"是体验化设计与提高游客参与度的关键词。

有一种类似过山车的游戏叫 Mummy(木乃伊归来),加上电影场景,很刺激,而火灾场景的拍摄、水世界电影现场拍摄场景,演绎的是英雄与海盗搏斗真枪荷弹片,枪会真响,炮也真会冒火,船会真的燃烧;观看 5D 电影、鬼屋、美好世界等等,游览车导游一路讲解如何构造电影场景,车里的电视会适时再现著名电影的镜头,其间,游览车会让游客亲身经历地震、洪水、空难场景,也让我惊讶电视剧《绝望主妇》中的美丽房屋、宁静小区,原来就是这里搭建的布景而已!

离开环球影城时,不由感慨老美竟将娱乐产业做到如此份上。影城部分作为游乐场地对外开放,既不影响正常拍摄,又可以满足人们对电影的好奇心,在这里找寻到任何主题公园难觅的兴奋与刺激,还真正培养了公民的"媒介素养",知道电影、电视剧究竟是怎样诞生的。

五、影视城让人们生活更美好

依托影视作品的知名度促进地方旅游经济的繁荣,为旅游地能带来积极的影响,但也不可避免地存在一些缺陷和弊端。如外景地由于电影或电视知名度大增之后,却没有足够的承受力来面对游客的快速增长,出现了生态破坏、环境恶劣等很多的问题,由此给旅游者带来的不好经历必定会影响旅游者对旅游目的地的印象,如电影《无极》中那片令人惊艳的高山杜鹃花海原景地,位于云南省迪庆藏族自治州香格里拉县深山里的"圣湖"——碧沽天池。对生态环境产生了不同程度的影响和破坏,也使影视旅游受到重大影响。那么,应该如何平衡影视旅游带来的商业利益和生态环境破坏？怎样实现影视城所在地的可持续发展？

笔者从美国波士顿北站，搭乘火车，沿途是绿树、草坪和玫瑰红点缀的建筑，约30分钟便来到萨勒姆镇，这里是美国著名作家、《红字》小说的作者纳达尼尔·霍桑曾经生活与写作的地方，一处安静、诱发人回忆的近海小镇。

萨勒姆镇还有一处吸引人的地方，就是中国徽州庭院。很多年前，中央电视CCTV9有过相关报道，据说，其一砖一瓦都是从徽州老院子拆下，完整运来这里，再原样复原。

幽静的庭院被安置在类似商业区（SHOPINGMALL）里，免费参观。

笔者一人前往，感到一切都是那么熟悉，就似曾经到过——

进了院门就是一口小石井，左手上木楼梯，到了二楼，有原先主人的卧室，里面的床、蚊帐、桌子等家什摆放整齐，墙上还贴着"文革"时代的宣传画；还有算账房。右手转下楼，一楼有厨房，里面是烧柴火的锅灶，有干辣椒、干大蒜之类的仿制品。看了一楼的几间房，感觉就是典型的中国农村庭院，只是那青砖灰瓦让人浮现许多美丽的徽州画面。

庭院里种有树，四周也有绿竹环绕，恍惚回到祖国，就是这原汁原味的中国乡村风貌，竟然漂洋过海，从遥远的太平洋彼岸，原封不动地搬到这里，令人感慨！

所以，影视旅游的商业利益如果与生态环境发生冲突，其本质也是违反文化传承的。影视，是培养"真、善、美"的集合地，培养全民文化观念，才谈得上可持续发展问题。

六、影视旅游的产业链

我国的影视旅游大多是集中在建设影视城上，这又与相关的文化现象有着密切的联系。近年来热播的《乔家大院》给当地的影视旅游带来了一定创收。但是，这种文化现象带来的持续效应并不长久，许多影视城内大量的人造景观、单一的观赏模式，很难使游客保持持续的兴趣，也难以满足他们对影视制作的好奇，旅游也陷入了一种尴尬的境地。在重视影视旅游的时效性的同时，应该如何开发影视旅游的产业链，使影视基地能够拥有长存之道？

即使是久负盛名的影视剧也有其市场周期，仅仅依靠某个单一的影视剧所发展起来的主题公园难免遭遇此时追捧、彼时沦落的境遇。

　　文化生产力的开发一方面需在强烈的流行行为中为人们提供娱乐性的消费,实现"流行共振",同时又需要在一种务实的文化精神里提取相应的知识,让人们在影视文化中得到感觉的刺激、一时的梦想和交流的机会。所以,影视主题公园的可持续性发展的原动力在于文化精神的传播,以及源此所形成的产业关联,是系统工程。

　　"一次投入多次产出"的镜子效应,是建立在全程娱乐管理基础上的。首先是所依托的影视剧的"渗透力"。影视剧靠的是剧情、导演、演员以及音乐、声光效果,这里面有哪些元素可以通过科技手段提升、再创造? 其次,影视城的仿建筑、各类设备,欢乐气氛如何营造? 再次,如何动态地把握游客需求与娱乐偏好? 如何使每个细节,如文化类表演、吃、住、行、游、购、娱,都可以为影城带来效益,并且形成一条严密的产业链? 概括来说,以影视剧为依托,以当地文化为背景,以旅游观光为目的,方能达成多产业共同发展的产业链。

　　简言之,科技推动力、文化创造力和商业筹划力是影视基地的长存之道,是获取规模经济的基础。

七、"后电影产品"的开发

　　现代影视业越来越注重"后电影产品"的开发,逐渐形成了有着完整产业链的工业体系。在中国影视旅游将近20年的发展历程中,人们也开始关注到影视城的同质化发展,产业核心竞争力不足之处以及影视旅游的文化内涵延伸不足。相比起来,好莱坞式的影视产业功能聚合中心将电影筹拍、后期制作、出品等影视专业功能聚合在一起,创造多元化的盈利模式。反观国内影视城虽多,却没有形成完整的产业链,也没有形成一个产业聚集基地。从而导致影视城的抗风险能力较弱,也极易形成同质竞争。对于国外的成功案例,中国未来的影视旅游发展可以有何借鉴?

　　美国西部,堪称娱乐圣地,环球影城、迪士尼乐园,还有大赌城拉斯维加斯会聚于此,这是个不分年龄段,所有人都可以找到快乐的地方,且不说在好莱坞大道上,你发现心仪已久大明星的手印,轻轻地将你的手放上,你的平凡之手竟然与之一般大小;更不消说在比弗利山庄感叹富人的独门独户,LV旗舰店看到你梦中一款;就是走在大街上,那随处可见的黄色高贵的天堂鸟花、棕榈树,就让你倍感特殊的浪漫情怀,心生娱乐。

这靠的是什么？强大的创造力，让不毛的西部和多震的沿海变成世界一流的娱乐天堂。美国好莱坞影视城是基于影视广场、摄影棚、影视游览区、娱乐中心的人文创造。

而自然景色、风土民情也同样吸引眼球。《指环王》放映后，新西兰所对应的经济价值达 4 100 万美元，这是将模拟景观融入自然环境中成功的典范。韩剧大多影视作品采用景色优美、具有民族特色的背景，其收视狂潮，使得济州岛、明洞、南山等地方常年招揽大量海外游客观光，还带动了美容业、零售业的发展。

中国未来影视旅游发展，从拍摄，到场景再现，到娱乐休闲，每个空间都应是文化的载体，是文化符号的传达，强大的创造力方能构成影视城的"想象共同体"。

思考题：

1. 迪士尼主题公园的营销模式是什么？

2. 这种营销模式基于的规模经济与范围经济的理论是怎样的？

第十一章

媒体市场创新

第一节　定价行为

媒体的定价行为比较复杂。媒体通常会涉及"多次销售"的问题，一方面，其提供的产品或服务可以多种形式直接面向受众；另一方面，受众的注意力也可为广告商所利用。因此媒体的定价包括提供给受众的"销售定价"和提供给广告商的"购买定价"两大类。

这两类定价的平衡点是媒体人难以抉择之处，所以就诞生了不同时段、时长、版面、收视率、覆盖率、阅读率等等复杂而灵动的价格，琳琅满目的定价"菜单"。

媒体的定价行为常会涉及掠夺性定价，指为了实现扩大市场份额、挤压对手所采取的降价策略。这里，既包括销售价格的降低，又包括购买价格的降低。在我国媒体发展历史上，曾经出现过的"南京报业大战"，其中几家报纸使用的就是掠夺性的销售定价，以低于成本的价格销售报纸，当占有一定的市场份额后，通过结成卡特尔的形式又提升价格，保障获利。上海文广集团下属的东方卫视就有集团的特许，可以动用掠夺性购买定价，在其他频道的广告价格基础上降低一定比例，以吸引广告商。

在掠夺性定价中，价格的下降一般都是暂时的，而且是由实力雄厚的大媒体企业发起的，一旦把竞争对手驱逐出市场之后，发起的媒体企业往往会再度把价格提升到可获经济利润的水平上。

在媒体产业日益规范的今天,掠夺性定价在传统媒体并不是经常发生的。因为作为"同一面党旗下"的各种媒体除了有各自的经济利益之外,还有着共同的社会利益,使它们能够依靠或是政策导向或是行政审批而走到一起。

对于视频网站来说,视频内容质量越高,对用户吸引力越大,用户访问量越大,越多的用户加入平台,从而对内容提供商广告收入贡献越大。这又为内容提供商提供更多资金进行内容创新,使内容提供商可以激励用户,降低前内容定价,吸引更多用户访问,这是一个良性循环。

电视等传统视频业务和IPTV、手机电视、网络视频等新兴视频业务的运营盈利模式也主要是向后收取广告费,目前电视台高价购买电视剧也主要是为了提高收视率,赚取更多广告收益,而让用户直接为视频付费的可能性很小。电视台进行视频内容的不断创新,主要目的是为了吸引更多用户观看,从而吸引企业投放广告,获取更多广告收入。

新兴视频业务的商业模式也以后向收取广告费为主。目前国内外包括以Hulu、优酷土豆、酷6等为代表的网络视频业务,以上海文广和中国电信合作的上海模式为代表的IPTV业务。

但是目前视频网站也呈现出了另外的局面,就是在掠夺性定价产生效果后,付费点播逐渐演变成了未来趋势。不过从实际情况来看,这一新兴事物目前仍处于"腹背受敌"的局面,要想突围并不容易。网络上的"免费午餐"仍是主流,盗版电影下载资源也很多,观众还未养成付费收视的习惯。

第二节　并购行为

并购泛指在市场机制作用下,企业为了获得其他企业的控制权而进行的产权交易活动。大体而言,企业并购有如下类型:

横向并购。又称水平并购,指处于同一产业、生产同一产品或处于同一加工工艺阶段的企业进行合并。

纵向并购。又称垂直并购,是指进行并购的企业之间存在着垂直方向(前向或后向)的联系,分别处于生产和流通过程中的不同阶段。

混合并购,又称复合并购,是指分属不同产业、生产工艺上没有关联关系、产品也完全不同的企业之间的并购。

企业并购是一把双刃剑,它所产生的效应既有积极的一面,又有消极的一面。就积极的方面看,并购是推动产业存量结构调整的重要手段,通过并购,生产要素得以向优势企业集中,社会资源配置得到优化。从消极的方面看,并购导致的市场集中如果超过一定的限度,就会产生垄断势力,并由此带来垄断的低效率和社会总福利的损失,因此国家都非常重视通过适当的产业组织政策来调节企业的兼并行为,使其保持在一个适度的水平上。

在我国,一个巨大的文化媒体市场空间慢慢形成,媒体行业并购事例增多,一些外资被允许入股国内媒体,世界媒体巨头以并购概念坦然入境,中国媒体业的发展内藏于看似平等市场主体之间的竞争之中,出现了经济学中所称的并购行为,即收购与合并[①]。

一、并购的类型

当代中国媒体业中的并购行为不能完全用一般的动因来解释,因为其背后必然还存在着同政府、市场以及人们普遍心理的博弈。鉴于媒体在中国各产业中的特殊地位,在分析其并购动因时,可从其外在表象将媒体业并购行为分为三类,第一类是媒体业并购非媒体业;第二类是媒体业并购媒体业;第三类是非媒体业并购媒体业,下面分别进行分析。

(一)媒体业并购非媒体业

并购是企业着眼于未来竞争的战略性行为,不应该只是出于目前经营或财务上的压力而进行的股票市场炒作的短期战术行为。此类并购行为大体属于:

1. 实现多元化经营

多元化战略是指企业通过在多个相关和不相关的领域中扩大规模,创造效益以实现增加回报、降低风险的目的。中国传媒业中如电广传媒(证券代码000917)在2003年10月以3.2亿元自有资金收购其控股大股东湖南广播电视产业中心所持有的深圳市荣涵投资有限公司96.97%的股权,成为荣涵投资的第一大股东。从一直以来的"广告、节目、网络"三大主业拓展到房地产业,在全国房产一片火热的背景下,这一行为无疑给公司带来了极大的收益。

---

① 童清艳,王卓铭.中国传媒并购行为动因及风险规避[J].新闻记者,2006(03).

2. 投机性的资本输出

中国的主体媒体在发展过程中受到市场(主要是地域)和法规两方面的影响,资产收益不断扩大而规模扩张却相当有限,两者不能配比。要解决这一矛盾,只有寻求其他资本输出途径。然而这些途径往往又同媒体业没有相关性,风险很大,投机性较强。中视股份在历史上就因为投机性资本输出造成了大幅亏损。

(二)媒体业并购媒体业

1. 协同作用

协同作用(synergy)是指两个公司兼并后,其实际价值得以增加。这种价值的增值来自于规模经济。从产业结构上讲,媒体产业属于智力密集型产业,市场规模的巨大使媒体产业能够较容易地实现规模经济。媒体产业的协同作用表现在三个方面:

首先,媒体产品的价值实现必须通过发布,而且制作和发布是可脱离、可重组的。这就使不同的发布渠道之间形成潜在的并购优效。在具体的实践中,企业往往"合纵连横",集合横向并购和纵向并购两种产业关联之优势。

如互联网泡沫未破之时,阳光卫视和新浪的"光水联姻"曾经一度成为美谈,给了人们关于规模经济的无限联想。阳光卫视靠着并购起家:买壳"良记"、入股澳门卫视旅游台、换股"新浪"、牵手"四通"、收购台湾"卫星娱乐"、"京文娱乐"和"成报传媒",与"北大青鸟"、"北大文化"、"联想集团"达成合作协议、联盟贝塔斯曼、合资青岛"澳柯玛"、出售股权于台湾东森电视台遇挫后又转手星美传媒……短短两年内,阳光卫视迅速扩张,但遗憾的是在不断并购中,其新增价值没有出现,以至于最终不得不与 SMI 公司达成交易,更名"泰德阳光"。如今,新媒体领域不断发生并购案例,由于不存在跨媒体发展的限制,因此追逐规模经济就成为各个企业理所当然的选择。

其次是财务方面,此方面原因比较复杂。国家出于对媒体业以"幼稚产业"加以保护和对待,对于增值税和所得税都有一定的优惠税率。合理避税的动因也驱使着一些并购的形成。

再次,迅速提升媒体所特有的感召力。精神产品的感召力的构成有很多因素,诸如内容质量、表现方式、人员素质、覆盖规模等等。

最后,媒体跨国公司改变以往非控股全资,非资产合资和许可生产方式,大规模采取协议并购和合资企业内通过股权转让或增资扩股稀释中方股权的方式并购进入中国媒体市场。国内很多媒体企业客观上有并购的需求,但由于人为垄断、政府干预和行政区划的分割,这种需求根本得不到满足,这时候,跨国媒体来做就很合适。这同样也对国内媒体企业提出新的并购趋势,国内媒体企业相对国际媒体集团而言,规模小,市场占有率低,所以溢价能力不强,卖不了好价钱。但几个小媒体企业并购在一起就大不一样了,一方面有利于媒体企业进一步发展,另一方面,即使将来由于战略变革需要将企业部分经营环节出售,价格也会比几个小企业分别出售高得多。因为一个小企业市场占有率可能只有20%,而并购后的企业可能达到60%的占有率,国外的买家就会非常重视。

2. 获取专门资产

这常用在公司的产品或市场扩展非常快,而专门知识相对缺乏或者开发成本过高的时候。如以 QQ 闻名的腾讯公司收购了著名的电子邮件客户端软件 Fox mail,原因就在于 QQ 的邮箱业务不尽如人意,而腾讯有意发展免费邮箱,使之成为其娱乐型门户网站的重要卖点之一。

（三）非媒体业并购媒体业

外部资本并购媒体,除了出于一般的多元化、追求增值、避税等动因以外,还有具有中国特色的特有动因。这是同中国媒体业长期依赖政策造成垄断,以至于成为稀缺资源所分不开的。

一般认为,媒体产业是高投资、高利润产业,然而通常被忽略的是:媒体产业专业化程度高、投资回报周期长、规模效应明显。公司管理者一般都有所谓"时间偏好"的非理性概念。这意味着在并购活动中双方都更倾向于短期利益的获取。[①] 而媒体产业的种种特点决定了它不可能满足这种时间偏好。因此,外部资本,特别是民间资本若看不到媒体产业的生产规律和盈利模式,而只是出于炒作概念、盲目自信或者追求高回报的目的,必然是种非理性的行为。例如吉利集团在传媒业上的失利,以及"像生产打火机一样生产汽车"的"汽车狂人"李书福试图像造汽车一样打造媒体,结果可想而知。

外部资本进军媒体也有较为成功的案例,如上海复星集团投资《21 世纪经济报》;山东三联集团投资《经济观察报》等。理解媒体产业的运作模式是关键。

---

① 陈硕.并购动因的行为经济学分析[J].中国物价,2004(06).

北大青鸟在资本市场上素有"猛禽"之称,通过资本运作和旗下"北大文化"、"青鸟华光"等子公司,直接或间接控制了《京华时报》《中国青年报》、上海的《青年报》、海南"旅游卫视"等一系列媒体,其市场震撼力已经不是一个地区、一份报纸所能比的。

案例 11-1:

阿里巴巴收购媒体动作频频

从 2013 年开始,阿里在媒体行业的收购就没有中断过。

(1) 2013 年 4 月,阿里投资了《商业评论》杂志;

(2) 2013 年 4 月,阿里收购了新浪微博的优先股和普通股,占其约 18% 的股份;

(3) 2014 年 3 月,阿里投资 8.04 亿美元巨资,成为文化中国的最大股东,而该公司持有著名都市报《京华时报》的经营权;

(4) 2014 年 4 月,马云等对华数传媒投资 10.5 亿美元;

(5) 2014 年 4 月,马云旗下的云峰基金为优酷土豆注资 12.2 亿美元;

(6) 2014 年 6 月,阿里旗下的云鑫投资了知名新媒体虎嗅网;

(7) 2014 年 11 月,阿里和腾讯联合向华谊兄弟电影公司投资 36 亿元;

(8) 2015 年 3 月,阿里投资 24 亿元入股光线传媒并成为其第二大股东;

(9) 2015 年 5 月,阿里投资了北青社区报;

(10) 2015 年 6 月,阿里投资 12 亿元,成为第一财经传媒的第二大股东。

阿里为什么要在媒体领域投入这么多的资金?难道仅仅是因为"有钱任性"吗?显然不是,阿里的目的,还是探索更多的大数据商业模式。如今的阿里,拥有国内最全面和完善的电商交易大数据,最强大的大数据分析团队,一旦这些大数据与媒体有针对性的精品内容结合起来,便有望发挥出更大的商业价值。

从目前美国的情况来看,互联网公司收购传统媒体之后,似乎还没有产生足够强烈的化学反应,传统媒体在经营上的窘境似乎也并没有得到太多的改善。究其原因,还是在于互联网公司和传统媒体有着完全不同的企业文化,融合起来困难重重。十几年前,美国在线对时代华纳的那次惊天大收购,最后只不过落得一地鸡毛。

在这两种不同文化的众多冲突中，有一个非常大的冲突，就是对内容的不同理解。无论是国内还是海外的知名传统媒体，在被资本方收购之后，往往都会对内容进行重大调整，从而引发采编团队的大量离职。而随着采编团队的大量离职，该媒体的影响力也会有不同程度的下降。这里最典型的一个例子，就是传媒大亨默多克接管《华尔街日报》之后的变化。

二、中国媒体并购行为中的"短路"现象

当代中国媒体业并购行为毕竟处于新兴态势，其并购动因复杂，并购操作也百态众生，难免出现这样或那样的"短路"现象。其大体分析如下。

（一）并购深度不够，大体处于投机行为

许多公司并购是为了修饰财务报表，为"借壳上市"的融资目的，或是出于低价收购再转卖的投机目的，企业并购缺乏长期战略意图。而与之相对应的是国际传媒则无不着眼于长远，有的甚至是牺牲企业一阶段利益、局部市场和辅助行业来完成并购，并将目标企业完全融合进来。如新闻集团自1993年收购卫视以来，卫视在华语整体市场尚未盈利，但是数以万计的家庭在收看电视，这是谁也不愿意放弃的巨大宝藏①。

（二）并购市场风险难免

（1）信息失误风险。一些关键性的信息，如交易主体无资格；产权交易客体不明确等等。

（2）财务风险。企业有无足够的财务资源或资金融通能力，采用何种方式向并购企业支付，并购后的企业可否能保持目标资本结构等等。

（3）人力资源风险。目标企业富余职工、劳动力熟练程度，接受新技术能力，以及并购后关键员工是否会离职，均是影响生产成本的因素。

（4）直接市场风险。目标企业原供销渠道的范围和保留的可能性会影响目标企业的预期盈利。

（5）一体化的风险。不同的企业一旦合为一体，功能重叠及文化理念差异而产生的人员冲突，在一定的磨合期内，若得不到有效解决，问题则会导致失败的危机。

---

① 高振强.全球著名媒体经典案例剖析[M].北京：中国国际广播出版社，2003.

(6) 法律风险。作为并购方,企业在并购中因违反法律被追究责任,所造成的经济损失和社会影响是难以估算的。

三、媒体企业规避策略

有种说法,恐龙的灭亡是因为它的身体同大脑相比变得越来越大了,其神经通路的传导作用越来越迟钝。媒体企业也一样,是否具备快速反应和灵活应变能力,决定着它的生死存亡。媒体企业通过各种方式并购,形成新的机构,同样存在着类似恐龙生存方面的威胁。如何去有效规避呢?

(一) 并购前信息收集与分析的力度极其重要

在收购之前,并购方一定要到目标企业深入调研,了解其经营获利状况,并从外部掌握相关诉讼、争议的真相,详细分析可能导致风险的资料,了解其企业文化的差异性,对目标企业的发展历史、经营宗旨、创业者的个性特征进行分析。

(二) 调查市场并做出法律安排

借助中介服务机构力量,聘请有关专家对相关市场进行调查,提供管理咨询并做出法律安排。这样能对目标企业因经营不当,急于脱手的情况有充分的应对。

案例 11 - 2:

2000 年 3 月,阳光文化媒体集团有限公司主席杨澜创办阳光卫视。同年 8 月,阳光卫视开播。2003 年 6 月 20 日,当时由杨澜控股的阳光文化("泰德阳光",HK.0307)发出公告,披露了一宗与 SMI 公司达成的交易:由内地民营企业家覃辉全资拥有的 SMI 公司,以 8 000 万元人民币的代价,分别收购阳光旗下阳光卫视和阳光文化网络 70% 的股权,阳光文化同时为 SMI 制作 36 个月的电视节目。

2005 年 4 月,由于覃辉没有完全支付当初收购阳光卫视时的相关价款,泰德阳光已起诉覃辉独资持有的 SMI 公司。显然,这是一起典型的媒体收购之争。据相关媒体报道,吴征表示,当时之所以选择出让给覃辉,是因为覃的一系列承诺打动了他。这些承诺包括一条重要的内容:在受让股权后的 5 年内,SMI 保证阳光卫视每年的广告销售额不少于 3 000 万元;于股权转让 3 年内,阳光卫视累计纯利润不少于 3 000 万元。按照吴征的说法,覃辉显然没有实现上述承诺。同时,约定的 8 000 万元转让款,覃辉也仅支付了 5 100 万元。按照合同约定,这 8 000 万元中,有 3 000 万元是上述两家公司的股权转让款;另有 5 000 万元是阳光文化为阳光卫视在 3 年中提供 350 个小时专题节目的对价。

上述两大纠纷,使得泰德阳光在 2005 年 4 月 22 日将 SMI 诉至法庭。很快,SMI 对泰德阳光提出反诉。律师认为,"阳光卫视的股权转让合同应是有效的。因为 70% 的股权已经完成了转让,同时相应的转让价款也已交付完毕。这一合同义务双方都履行了。"

律师同时认为,覃辉存在两种违约可能:一是承诺阳光卫视每年的广告销售额不少于 3 000 万元;于股权转让 3 年内,阳光卫视累计纯利润不少于 3 000 万元。由于泰德阳光目前持有阳光卫视 30% 的股权,覃辉违反上述承诺的做法显然侵犯了泰德阳光的善意期待权。"至于具体应该如何处理这一纠纷,应该看当时的合同约定。"二是,覃辉可能违约的另外一种情况就是,泰德阳光按照合同约定为 SMI 制作 36 个月的电视节目。而且,合同中对这些节目没有约定内容、质量等,或者约定了,但泰德阳光提供的节目都满足了这些条件。

此时,覃辉若再不支付合同约定的节目相关费用,则属于违约。这时,泰德阳光可以要求覃辉的 SMI 公司支付节目的费用,但也不能要求合同无效,恢复原状。

律师认为,假如当初的合同无效,则泰德阳光可能归还覃辉已经支付的 5 100 万元,再要求归还相应股权;而合同如果有效,则泰德阳光可要求 SMI 公司继续履行合同,并承担合同约定的违约责任。除非合同本身有恢复原状的条款,否则吴征以覃辉违约为由,要求"拿回阳光卫视",成功的概率是很小的[①]。

(三) 充分关注媒体文化的融合

并购企业应关注被收购方各层面员工的创造性与责任心,增强团队精神培训。例如,节奏较快、较年轻的美国在线的文化与时代华纳的文化相差很多,美国在线与时代华纳合并之后,一些原先由时代华纳员工担任的重要职位立刻被指定由美国在线员工担任。这样一来,公司内部气氛立刻显得不团结,时代华纳员工有被操纵的感觉。这种文化冲突导致"那些把不同媒体结合在一起的人没

---

① (岳敬飞/上海报道),资料来源于中华传媒网,2005 年 6 月 15 日。

有能够将他们的设想变为现实。"①

（四）穿越价值观与价值之间的壁垒

媒体企业不是机器，它是由人员、关系、学习过程组成。媒体价值观是影响和左右媒体发展的关键因素，这已经在管理学界和企业界达成共识。而媒体凝聚力是媒体成员之间的合力和媒体对成员的吸引力，这一切均以媒体成员共同的思想、认识、信仰、态度、情感为基础。媒体价值观的功能就在于促进这种共同的心理状态，提高企业的凝聚力水平②。

（五）提高媒体竞争力

提高媒体竞争力是实现利润最大化的根本手段，因而是媒体并购的直接目标。这分别取决于媒体整合策略、创新策略及适度的外部催化策略。在技术、管理、结构、制度与经营模式上共同创新。

（六）政府制度上宏观规范

综上所述，媒体并购的根本动因是追求利润最大化。只有在并购双方的动因和目标一致时，媒体并购才有可能实现③。

诚然，在并购之前，每家企业都有自己的预期，就看这家媒体的期望值是什么，能够达到期望值就是成功的并购。有时候会出现一种有趣的情况，就是在外面人看来，某一例并购是失败的，但事实上局内人认为并购是成功的。比如有的跨国公司实施某一并购的目的很可能就是为了掌握销售渠道，并不在乎短期内的亏损。在局外人的评判中，并购后出现亏损是并购失败，但在这家公司眼里，掌握销售渠道的预期达到，那么并购就是成功的。"鞋合不合脚只有自己知道，判断并购成败也是这个道理"④。

能达到期望值的并购就是成功的并购。媒体并购，同样存在着这样的道理。

当一个行业的巨头们都需要抱在一起取暖或者转向新增长点的时候，大规模的并购浪潮就会产生。

---

① Alan B.Albarran,Robin K.Gormly："策略回应还是策略错误？——美国在线时代华纳（AOL Time Warner）和维旺迪（Vivendi Universal）的分析报告。"2004 年。

② 张旖旎.企业价值观与企业凝聚力关系研究[D].重庆：重庆大学出版社,2009.

③ 张峰.企业并购战略的策略和出发点[J].安徽师范大学学报,2004(1).

④ 相关资料来源中华传媒网等.

案例 11-3：

从澳大利亚小镇到默多克传媒帝国

从澳大利亚小镇到英国再到美国，最终走向全球，在新闻集团的势力慢慢从非主流地区向主流地区渗透的同时，其旗下的媒体资产也不断多元化，新闻集团靠的就是不断兼并、收购。

新闻集团媒体帝国，是从澳大利亚一份发行量不到 10 万份的《阿德莱德新闻报》(*Adelaide News*)发展而来，并不断在本土兼并收购其他媒体。在接手该报后的第 10 个年头，默多克于 1964 年创立了当地第一份全国性报纸《澳大利亚人》(*The Australian*)。新闻集团开始向主流地区阵地转移。第一站是传统的报业大国英国。新闻集团首先在 1969 年收购了《世界新闻》(*News of the World*)和《太阳报》(*The Sun*)，随后以 1 200 万英镑的价格拿下了《泰晤士报》和《星期日泰晤士报》。

新闻集团开始扎根主流市场。以英国为跳板，新闻集团积极扩展美国市场：1976 年购买了《纽约邮报》；1985 年将 20 世纪福克斯电影的母公司 T 和 7 家美国电视台收入旗下，默多克本人更在同年加入美国籍，化解了美国当局对外国人拥有本土电视台的限制；1988 年，新闻集团又把《电视指南》的母公司三角出版社揽入怀中。

新闻集团的年报将互联网业务称为其第三代资产。从 2005 年开始，错失互联网业发展先机的默多克终于坐不住了，斥资 12 亿美元收购 MySpace 的母公司 Intermix 以及 IGN 娱乐公司，开始"由传统媒体巨头向数字媒体巨擘转变"。新闻集团收购了"相桶"(Photobucket)和战略数据公司(Strategic Data Corp.)。前者占有图片网站 30％的市场，后者则主要对用户数据进行整理，并分析消费者偏好，以方便精准投放广告。

跨国媒体集团是否越大越好？ 2003 年，新闻集团、维亚康姆、时代华纳、迪士尼(The Walt Disney Company)与属于通用电气资产的 NBC 环球一起成为了五大媒体巨头。然而，合并对媒体集团而言真的是一剂万灵丹吗？美国在线与时代华纳联姻"至今仍未完全走出并购失败的阴影"，整个欧美国家的媒体发展史就是一部媒体并购重组的历史，并购重组是媒体企业发展的主要手段之一。

第三节　卡特尔行为

根据卡持尔理论,寡头利润取决于卡持尔成员间相互信任的程度。成员间越能达成信任,并保证不通过降价来挖取对方的客户,它们就越能成功地制定一个高出竞争性价格水平的价格。

在寡头市场上,尤其在非合作的条件下,每个媒体的利润都有赖于同一行业中其他媒体的反应活动。如果将这种相互反应的活动内生化,那么,每个媒体都不会独立地而是将会联合地进行产量和价格决策。这种合作的好处就是每个媒体都能得到比非合作策略更多的利润,从而使得联合利润达到最大化。

虽然有可能如此,但每个媒体也可能随时通过削价增加其销售量而提高自己的利润水平。这种欺骗动机的存在使串谋(卡特尔)具有天然的不稳定性。

"串谋"(collusion)一词源自于现代产业经济学,指各个厂商通过签订价格协议的方式谋求共同利润极大化。一个市场能否形成串谋并使之得到有效的维持,取决于:①卖者的数量。串谋较多地发生在卖方数量较少的垄断行业,而在卖方较多,分布较广的竞争性行业,串谋协议往往难以达成。因为卖方数量越多,协调所有串谋方的成本就越高,且出现违约者的可能性越大。②产品异质性。产品越是同质,管理固定价格的串谋协议就越容易。事实上,对完全同质的产品来说,竞争的唯一途径就是改变价格。这时以联合利润最大化为目标的寡头间协调就变得较为容易了,因为这时的变量只有价格。

经济领域里厂商之间的串谋形式多样,既有公开的串谋卡特尔(Cartel),也可以订立私下的价格协议,同时,政府对某些特定行业进行管制也会造成厂商之间的被动串谋,即特许经营与价格管制。

卡特尔行为使得媒体在优化资源配置的同时,形成媒体的进入壁垒。然而,媒体的价格串谋一旦达成,无形中为媒体业新的进入者设置了一道进入壁垒,同时也会制约媒体内部的竞争。

第四节　博弈行为

通常认为,企业①是在技术和市场约束下追求利润最大化,企业是所谓的"经济人",具有经济理性,但是,媒体是特殊的文化信息产业,同时还担负着为受众解疑、娱乐、引导等社会整合功能,它是具备一定情感的"经济人"。媒体产业与生俱来存在着这两种功能之间的博弈。这里仅从"经济人"角度来看其市场行为,当然,决不回避其随时存在的感性之"颤抖手"(trembling)的因素。

所谓的博弈论(Game theory),是研究相互依赖、相互影响的决策主体的理性决策行为,以及这些决策的均衡结果的理论。一些相互依赖、相互影响的决策行为及其结果的组合称为博弈。

一个博弈一般由以下几个要素组成,包括:参与者、行动、信息、策略、得益、结果、均衡等。通常将博弈分为合作性博弈与非合作性博弈两大类②。

在一种既有合作又有竞争冲突的情形下,媒体集团的同类媒体之间,不同质媒体之间、异地域媒体之间不断进行着这样和那样的争夺受众市场、提高传播效果的博弈,这是一种在两个或多个集团参与追求自身传媒利益但无人能预测结果的竞争。例如,在上海,东方电视台与上海电视台如何设置晚间半小时新闻联播时间段以获取各自最大收视率的问题就是一场博弈。

博弈学中有一个经典的"囚徒的困境"问题,是指,当两个人因犯罪而被捕,警察把他们分别关在不同的牢房并提出以下条件:"如果你坦白而你的同伙不坦白,你将被关押两年而他将被关押 12 年。"每个人都知道,他们都坦白的话,每个人都将被关押 10 年(因为与警察合作,所以不是 12 年)。如果两人都不坦白,每个人只会被关押 3 年,因为指控他们的证据并不充分。

在这里,双方最优的选择是选择坦白。这是局中人的最优选择,但是应看到,这比两个人都不坦白要差。如果两人都相信对方不会坦白,或者他们之间能交流,每人就只会服 3 年而非 10 年的刑期。

在媒体卡特尔里,谁背离合同,谁就能得到更多的利润。媒体卡特尔是企业

---

① 这里的"企业"即所谓的"产业"概念,表达方式差异而已。
② 张维迎.博弈论与信息经济学[M].上海:上海三联书店、上海人民出版社,1996.

间的相互依赖关系所至的,通过结盟来避免竞争。若干个媒体为达到稳固的垄断市场地位而结成联盟。这样的组织就是卡特尔。正如囚徒困境中所展示的,追求利润的公司均会以打破约定来获取最大利益。而实际上,彼此之间的互相信任才能得到更多的利益,但现实中,各方往往是不相信对方会遵守协议。

如果媒体与媒体之间只是合作一次,一方打破和约,而其余方遵守和约,或许该方可以获利,但事实上,他们必须不断地和市场消费者打交道,这是一种不断进行下去的博弈。媒体的博弈也是如此。例如,我们将现在的中央电视台按照表面形式理解为一个商业机构,通过提供新闻、娱乐等节目来吸引观众,以广告收入来赚取利润。那么明显其覆盖全国的收视范围是一种人为的政策垄断,首先对广告主而言就不能实现效用最大化。

独此一家的供给不可能形成具备市场信号功能的价格,"理性人"前提和微观经济学原理供需曲线决定均衡价格就根本无从谈起,所以广告主只能依靠经验、认知的范式来不可靠地抉择,不幸的是失败者再无可能重来一遍,于是非重复性的博弈就决定了每年的举牌企业们其实都不过是前赴后继的"投机"飞蛾,也决定了中央电视台和 GDP 等经济指标无相关性的年年暴涨的广告收入是一种典型的"非理性繁荣"。

在博弈中,每一个局中人下一回合所采取的对策是局中人上一回合所采取策略的回应,是一种"针锋相对"式,即"我为另一个人服务,并不是出于好心;因为我知道他将回报我的服务。这种可能是建立在其他人相同的预期和维持我与其他人之间良好关系的基础之上的。所以,当我为他服务后,他将获得我的行动给他带来的好处,这也会促使他做他分内之事,正像预测他拒绝的结果一样。"[1]因而如果当局中人有一家发生欺诈,如降价,其他成员也会采取降价,以处罚他[2]。

所以,市场上的媒体寡头们需充分认识到他们自己的利润水平必须依赖于他们对手的决定和行为以及他们自己的决定和行为,应该选择"策略行动是通过影响他人对其如何行动的预期来影响他人采取有利于自身的选择行动。"[3]因而他们应选择合作性竞争。

---

① 弗里德曼.博弈论在经济学中的应用[M].牛津:牛津出版社,1986:70.

② R. Porter. A Study of Cartel Stability[J]. Bell Journal of Economics, Autumn, 1983.

③ 谢林.冲突策略[M].牛津:牛津出版社,1960.

　　但是媒体往往采取多种策略行动,有些行动对其对手不会产生任何威胁,但有些策略其他媒体仍会采取不合作态度,甚至有些策略会对他媒体产生威胁。

　　因此,媒体在采取行动时,应考虑到对手可能会采取的威胁性的报复行动以及这些报复行为发生得快、慢和有效性会怎样。为此,媒体为防止对手采取威胁性的行为,媒体应使其对手们相信如果他们采取威胁性行动,将会受到快速、有效的反击。

　　这种策略行动重要的一环便是承诺,即能使他的对手相信他们采取行动,便会遭到反击,这样对手才不会采取行动。各类报业、杂志和广播电视集团的成立,均表示在他背景支持下的媒体会有多年来积累下来的雄厚资金、信息网络采编和经营等力量。当然,媒体的公信力是最好的信誉承诺。

　　中国媒体现属于寡头垄断市场结构条件下,应该比竞争性企业的利润高。因为,目前媒体集团化趋势使得进入媒体的门槛越来越高,这对于想进入的许多民营及其他社会资金来说,除政策上的风险以外,又少了诸如现有媒体可采取低价经营以及具有先动优势等便利。

　　有经济学家也认为这同寡头垄断媒体的高效率相关①。媒体一方面阻止外来入侵者,另一方面又不断改进经营与管理模式、传播报道方式②。现有的媒体集团在是否扩大经营规模,增加发行量、覆盖率,创办新台、新报纸或杂志,考虑到先占策略。在一些价格竞争之外,许多媒体集团还会选择非价格竞争手段,如在赢利点上深挖,或是不断改进传播手段和内容等。再者,对于媒体而言,自我品牌建立成本相对其他产业低得多,因而准确的受众定位、风格设定,将自己与其他媒体的特色区分开更为重要③。

① J. Bain,"Relation of Profit Rate to Industry Concentration:American Manufacturing 1936—1940" Quarterly Journal of Economics,August 1951;H. Demsetz,"Industry Structure,Market Rivalry,and Public Policy",Journal of Law and Economics,April 1973;L. Weiss,"The Concentration-Profits Relationship and Antitrust",in H. Goldschmid,H. M. Mann,and J. F. Weston,Industrial Concentration:The New Learning(Boston:Little,Brown,1974;and J. K woka,"The Effect of Market Share Distribution on Industry Performance",Review of Economics and Statistics,February 1979.
② 本节内容参见埃德温·曼斯菲尔德.应用微观经济学[M].北京:经济科学出版社,1999:459-489.
③ 童清艳.当代中国博弈行为分析[J].新闻记者,2003(10).

案例 11 - 4：

电商争夺战

2013 年 8 月,淘宝网发布公告称,将全面屏蔽指向其他平台的外链二维码图片,尽管没有明言目标,但明显是指向微信等移动应用程序的电商平台。围绕移动电子商务,阿里巴巴旗下的淘宝与腾讯旗下的微信之间的明争暗斗再次"升级"。

两大巨头并非初次"交火"。2013 年 8 月 1 日,阿里巴巴在 5.86 亿美元入股新浪微博后,宣布新浪微博与淘宝账户互通,微博用户可直接登录淘宝平台完成交易、支付等功能,同时针对卖家推出"微博淘宝版"。而就在此前不到 24 小时,阿里巴巴屏蔽微信淘宝营销应用数据接口,暂停面向微信的第三方应用服务。腾讯随后"礼尚往来",同样大张旗鼓地"清理"微信营销账号,其中大多是发布淘宝广告的公共账号。

作为移动互联网最重量级的超级入口,微信在移动互联网中的地位已几近不可动摇。淘宝与微信之战,不仅是对未来的争夺,也有对现实意义的考量。两大巨头之间的博弈已不可避免。

但直接采取屏蔽、封杀方式是否得当?

思考题：

1. 为什么移动媒体中常采用免费的策略?

2. 你认为媒体市场行为还可挖掘哪些创新之处?

第十二章

媒体创意人才

第一节　媒体人贵在创意

媒体人,从事创意产业,有所谓链上人才和链下人才之说。链上人才主要包括采编、制片人、编剧、导演、演员以及相关管理人员(社长、台长、媒体总裁等);链下人才包括发行、广告等贸易人员,以及具体制作和技术人员等。

媒体创意人才有独特的创意魅力,具有一定的媒体专业知识、专门技能,一直进行创造性文化传承,区别于一般人才的最主要的特点就是"创意",要求具有发现创意的眼光和不断创意的能力;有审美辨别力和创意价值鉴别力;有冒险创新精神和创意控制力;文化政策运用力和文化资源人脉力[①],是人力资源中能力和素质较高的智慧密集型劳动者。

人才是任何组织中最大的财富,媒体也不例外。媒体独特的功能使其对人才的需求与其他行业不一样。

媒体人才的主要要求包括:敏感的政治意识,在中国做媒体这一点首当其冲;其次要有很强的市场判断能力,只有这样才会为媒体创意产业带来最大利益;还要有高超的创意以及策划能力,而不是简单的"原材料+制作"思维。

---

① 　向勇.创意领导力:创意经理人胜任力研究[M].北京:北京大学出版社,2010.

第二节　领导创新力

一、领导的定义

泰罗说,领导是影响人们自愿努力以达到群体目标所采取的行动。

斯托格迪尔说,领导是对组织内群体或个人施加影响的活动过程。

孔兹说,领导是一门促使其部下充满信心、满怀热情来完成任务的艺术。

泰瑞说,领导是影响人们自动为达到群体目标而努力的一种行为。

关于领导的不同说法,包括:领导中心说,强调领导个人的人格魅力;互动说,即领导与被领导之间的辩证关系;结构说,即领导是组织结构中的特殊角色;目标说,领导实现符合群体的目标。

不同的领导有不同的领导风格,大致包括以下几种:社交者(表现型,像孔雀);指挥者(支配型,像老虎);思考者(分析型,像猫头鹰);协调者(和蔼型,像无尾熊)[1]。

二、判断你的领导力

(1) 你知道你上司的上司是谁吗? 你能帮助你的上司做些什么使他在上司面前"好做人,做好人"?

(2) 想方设法为你上司提供最新的信息和数据,包括杂志文章、行业分析报告,你所知道的书籍或课程,表明你不仅乐于自我学习,也愿意帮你的上司关注一些主要的信息。

(3) 你对公司其他部门所面临的挑战知道多少? 对那些与你的部门有相似挑战的部门尽可能多地去了解相关情况。

(4) 你能列出每个业务部门的主要客户吗? 哪些与你的部门是重叠的? 你可以怎样利用资源使你们的营销活动最优化?

(5) 其他部门的运作情况如何? 你能否通过资源共享来帮助其他比较落后的部门?

---

[1]　苏东水.管理学[M].北京:东方出版社,2013.

（6）列一张公司里其他部门与你关系良好的人员名单,在今后的一年半载,你会把名单加多少?

（7）公司里是否有其他一些主要的部门你至今仍无接触过? 你会如何改进?

领导力(Leadership)是在管辖的范围内充分地利用人力和客观条件,保证以最小的成本办成所需的事,提高整个团体的办事效率的一种能力。[①] 领导力的关键因素是领导者与一般员工区别在于:会提问。

有人遇见问题经常问自己:为什么我老是这么倒霉? 为什么这些问题老是发生在我身上? 为什么老是要我来处理这些麻烦事? 为什么我就是无法解决这些问题? 为什么他们要这样对待我?

三、领导提问的艺术

对待问题的态度是评判一个人是否具备领导力的关键因素之一,那么如何进行提问,怎么样提问,才能不断提升自我领导力?

领导一般在遇到问题时都会向自己提问以下几个问题:

（1）处理这个问题对我有什么帮助?

（2）我能从这个问题中学到什么?

（3）这个问题中存在哪些可能的机会和转机?

（4）有哪些有效的方法来解决这个问题?

（5）我如何能有效地解决这个问题?

（6）我如何享受解决这个问题的过程带给我的乐趣?

四、领导优化资源配置能力

当没有调度资源的时候,优化资源、整合资源、配置资源就成了非常重要的一种本事。这个世界从来不缺少资源,缺少的是对资源优化调度配置、整合的能力。

在经济学中,资源有狭义和广义之分。狭义资源是指自然资源;广义资源是指经济资源或生产要素,包括自然资源、劳动力和资本等。可以说,资源是指社

---

① 严正,胡晓琼.快速成长型企业的组织建设与领导力发展[J].新资本,2008(03).

会经济活动中人力、物力和财力的总和,是社会经济发展的基本物质条件。在任何社会,人的需求作为一种欲望都是无止境的,而用来满足人们需求的资源却是有限的,因此,资源具有稀缺性。

资源配置是指资源的稀缺性决定了任何一个社会都必须通过一定的方式,把有限的资源合理分配到社会的各个领域中去,以实现资源的最佳利用,即用最少的资源耗费,生产出最适用的商品和劳务,获取最佳的效益。

只要有足够的能耐,有强大的资源配置能力,那就是一个优秀的管理者,进而成为一名优秀的领导。

五、领导力思维

比较常见的领导力开发方法包括 CEO 领导力提升、EMBA 项目等。领导力与组织发展密不可分,因此常常将领导力和组织发展放在一起。

组织发展常以管理应用为实践、以组织实验为依托,塑造管理者的领导魅力。需重新审视管理者的误区,突破管理瓶颈,改善管理氛围;培养管理工作中让别人说"是"的能力——让否定、拒绝、抵抗、放弃变成认同、接纳、支持、执行。最后,将以上应用于领导、管理、沟通、团队、策划、营销等诸多领域。

领导力需要不断地修炼,从媒体技术技能,到管理技能,提升自己的悟性和洞察力的同时,你的创始力变得越来越重要,领导力也越来越强。

想要成为一名成功者,在着手做事之前要问问自己:你想有什么成就?你想做哪些改变?在这种状况中你感受最强烈的是什么?你这么做是为了谁或是为了什么?这样做如何与你目前的工作次序相符?对于行动的过程你有没有任何冲突?你有没有觉得你的行动过程有什么不妥?你在此事上获得的成功对你来说意味着什么?你为什么想那样做?你真正想要什么?认真思考这些问题之后再着手行动,并逐步走向成功。

思想决定行为,行为决定习惯,习惯决定性格,性格决定命运。做自己感兴趣的事,做自己热爱的事,只有这样才有可能踏上成功之路。《瑞丽》杂志执行主编曾说:"带着一群美丽的女孩,做美丽的工作,是我最开心的事。"

塑造领导力有八个步骤:

第一步,为部下设定合理的工作目标。

第二步,帮助部下制定实施计划。

第三步,辅导部下掌握工作技能。

第四步,制定高效科学的工作流程。

第五步,定期检查督导部下的工作进展。

第六步,实施公平合理的绩效评估。

第七步,指导部下撰写工作报告。

第八步,按季度为上级提供个人工作述职报告。

形成领导力要学会用老板的眼光看企业。在老板看来,管理很简单,就是两件事:一是扩大业务范围,增加业务收入;另一件事就是降低管理成本,控制运作费用,收入减去成本,减去费用,就是利润。所以归根到底老板是看利润的,利润要从管理中来。

此外,从被领导中学习领导。在领导人看来,领导也很简单,就是两件事:一是用人,内圈用德,外圈用才,用人所长,容人所短;二是激励,解人之难、记人之功,通过正面激励,引导下属往前跑,通过负面惩罚,推动下属往前走。要知道,任何领导都是从做下属开始的,谁都不可能一步登天当领导。

在每个人的成长过程中,你会经历大大小小许多领导层面,只要你用心学习你的上司,不管是好领导,还是坏领导,你都可以从正反两方面学到经验和教训,这对你将来当好领导是十分珍贵的经历。

第三节　媒体领导人物

案例 12-1:

华人文化投资咨询有限公司董事长黎瑞刚

一、黎瑞刚与上海文广新闻传媒集团(SMG)

黎瑞刚 1969 年生,1994 年毕业于复旦大学新闻系,获新闻学硕士学位。后供职于上海电视台,从事新闻和纪录片的编导工作,创办《新闻观察》栏目并任制片人,同年被评为首届上海文化新人。

在中国媒体,黎瑞刚的履历颇为特别。1998 年至 2001 年,任上海广播电视局总编室副主任,并调往市政府工作。2001 年夏至 2002 年 4 月,在美国哥伦比亚大学担任访问学者,研究传媒管理和经营。2002 年,33 岁的他从美国访问学习回国后不久,担任上海文广新闻传媒集团总裁,2011 年调任上海市政府副秘书长、市委办公厅主任。一年之后的 2012 年 7 月,他又切换跑道,出任上海文广新闻传媒集团的母公司上海文化广播影视集团党委副书记、总裁。

2014 年 11 月 22 日,黎瑞刚站在上海国际会议中心,这里是百视通、东方明珠合并一事的投资者交流会。他给投资者们描绘了一幅蓝图:一家集合"内容、渠道、服务"于一身的千亿文化传媒帝国。当百视通新媒体和东方明珠宣布的合并,他被媒体冠以"体制内的创新者"。

上海文广新闻传媒集团(SMG)被中国传媒产业年会评选为"中国最有投资价值的传媒机构"。SMG 旗下媒体品牌的电视频道有:东方卫视、新闻综合频道、第一财经频道、生活时尚频道、电视剧频道、体育频道、纪实频道、新闻娱乐频道、文艺频道、音乐频道、戏剧频道、东方少儿频道(哈哈电视)、炫动卡通频道;广播有:上广新闻频率、上广交通频率、新娱乐调频、上广戏剧频率、东广新闻、都市 792、动感 101、经典 947、第一财经、LOVE RADIO 、上海体育;报刊有:第一财经日报(合办)、每周广播电视、上海电视、竞报(合办)、哈哈画报、OK! (通过控股入主);新媒体(包括手机电视):上海东方龙移动信息有限公司;数字付费电视:上海文广互动电视有限公司 (30 套);宽频网站:上海东方宽频传播有限公司等。

SMG 在黎瑞刚上任后,取得了系列突破性发展:

(1) 矩阵式管理。将管理部门分为两种,一种是传统的职能部门,另一种是为完成某一项专门任务而由各职能部门派人联合组成的专门小组,并指定专门负责人领导,任务完成后,该小组成员就各回原部门。

在横向上,有办公室、总编室等传统职能部门,同时还新增了对外事务部、资产管理部等。

在纵向上,SMG 还成立了以同一内容为特征的事业部,如综艺部、音乐部、大型活动部以及新闻中心和体育中心等。

(2) 完成系列品牌运营。如对东方卫视、第一财经、CHANNEL YOUNG 等频道的改版运营。

(3) 国际化合作之路。如东方 CJ 家庭购物频道;SMG 与 CNBC 亚太结成战略合作伙伴,SMG 与环球唱片成立的合资公司上海上腾娱乐有限公司(SUM Entertainment),在东方卫视共同推出了《我型我秀》电视选秀节目。

（4）开拓新媒体业务。如东方宽频网络电视、数字付费频道、"东方龙"手机电视，并获得国内第一张 IPTV 牌照。

二、黎瑞刚的创新领导力

2012 年，在黎瑞刚的打造下，上海 200 亿元"东方梦中心"诞生，这是一个包含了剧场影院群落、文化创意产业、会展观光景点、餐饮商业设施等在内的大型都市文化集聚区，占地 23 公顷。它不是主题公园，而是要打造世界级的动画创意产业基地，汇聚的是企业，是文化创意设施。中心完全对游客免费开放，打造成独具魅力的"西岸文化走廊"。美国梦工厂 CEO 卡森伯格透露，东方梦中心同时也涉足版权发行、衍生消费品、网络游戏、音乐剧等的现场娱乐领域，形成以动画为核心的完整的家庭娱乐产业链。

分析黎瑞刚的领导素质，他总有非同凡响之所想、所为，大体而言其个人特征包括：

（1）知识结构：偏爱人文社科、兴趣多样；科班出身，专业功底扎实；熟悉媒体，本来就是媒体人；赴美研修传媒运营管理，收获颇丰。

（2）个性速写：坚韧、独立、自强，业务水平高、颇具才华；具有叛逆思维，勇于开拓，思想活跃；低调、勤勉工作、富有激情和责任感。

（3）领导风格：大刀阔斧的革新派，同时也是目标型实干家，并建立起适度权威。

作为一个体制内企业家，黎瑞刚现任华人文化投资咨询有限公司董事长，正在成为一个资本运作高手。他说华人文化投资基金（CMC）投资三个方向，一是媒体和娱乐，偏重内容，比如灿星、梦工厂合作动画等；二是互联网与移动，偏重平台；三是生活方式。CMC 在国内已投资十几家公司，包括联众游戏、财新传媒、寺库（奢侈品电商）、格瓦拉（在线购票网站）、盛力世家、IPCN（版权引进）、乐华娱乐（代表作《致青春》）等。

"我们的打法跟一般基金不一样"，他解释说，"有的基金可以投上百个项目，有几个成功就可以了，我们是每个项目都希望它成功。"早些时候，他想投资小马奔腾，但后来放弃了①。

他还出海海外。华人文化控股集团（CMC Holdings）领投 4 亿美元入股曼

---

① 体制内创新者黎瑞刚想用硅谷方式打造东方好莱坞[J].商业周刊,2014-12-02.

城俱乐部,收购曼城俱乐部母公司城市足球集团(City Football Group)13％的股份,黎瑞刚成为城市足球集团董事会七名成员之一。东方卫视综艺节目《加油! 好男儿》和《中国达人秀》全部出自他手,其主创是黎瑞刚用十年时间精心"孵化"的团队。而黎瑞刚的第一笔投资打造出的《中国好声音》更是火遍大江南北,颠覆了以往电视综艺节目的粗制滥造和低成本,创造出了收视率"破五"和广告破10亿元的奇迹。

SMG 成功塑造了"百视通 IPTV"、"东方卫视"、"第一财经"和"OCJ 东方购物"等媒体品牌,作为在全国首家完成广播电视制播分离改革,与此同时,集团收入也在他就任期间从 18 亿元增至近 170 亿元。2011 年 8 月,黎瑞刚调离上海文广系统,任中共上海市委副秘书长、上海市委办公厅主任。但仅一年后,黎瑞刚就离开体制,专注于 CMC 的运作。

黎瑞刚抓住时代赋予的机遇,勤奋好学,擅于思考、勤于思考,不断进步;最后爱这个国家、爱这个民族、爱自己的职业,对自己所做的事情充满热爱。

黎瑞刚曾为《年轻的战场》填词:

今天我终于站上这年轻的战场　请你给我一束爱的光芒

今天我终于走向胜利的远方　我要把这世界为你点亮

我的梦想在每一个醒来的早晨敲打我的心房

告诉自己成功的道路还很漫长

我的梦想在每次把握机会表达自我主张

展现给你年轻但一样宽阔的胸膛

我的梦想在每一个失败时刻迎来祝福的目光

懂得幸福就是彼此依靠的肩膀

我的梦想在每一次付出汗水创造生命绽放

告诉世界我们这一代自信的力量

所有历经风雨的温柔与坚强　所有青春无悔烦恼与成长

所有奔向未来的理想与张扬　所有冲破捆绑的热爱与癫狂

今天我终于站在这年轻的战场 请你为我骄傲地鼓掌

请你给我一束爱的光芒

今天我将要走向胜利的远方

我要让这世界为我激荡

我要把这世界为你点亮

案例 12－2：

凤凰卫视创始人刘长乐

一、刘长乐其人

刘长乐，凤凰卫视创始人，1951 年出生于上海，祖籍山东省，现任全国政协常委，凤凰卫视控股有限公司董事局主席、行政总裁。

刘长乐 2012 年以 33 亿元财富位居"胡润中国内地财富榜"第 518 位，2011 年以 44 亿元财富位居胡润中国内地财富榜第 397 位。1980 年，刘长乐毕业于北京广播学院，随后进入中央人民广播。他还是香港城市大学荣誉文学博士，中国传媒大学博士生导师。

刘长乐在国内及海外的投资项目包括广播、石油、基建、物业发展、贸易及文化事业。1996 年 3 月 31 日，刘长乐创立凤凰卫视有限公司，并自此成为凤凰集团的董事会主席兼行政总裁，一直至今。刘长乐对传媒事业的热忱和成就获得海内外各界广泛好评。

刘长乐创办的凤凰卫视于 2000 年 6 月 30 日在香港联合交易所创业板挂牌上市，易名为凤凰卫视控股有限公司，以"拉近全球华人距离"为宗旨，全力为全球华人提供高质量的华语电视节目。庞大的全球市场加上成功的扩展策略，令凤凰卫视得以发展为多频道的平台，旗下的凤凰卫视中文台、凤凰卫视电影台、凤凰卫视资讯台、凤凰卫视欧洲台及凤凰卫视美洲台和凤凰卫视香港台，覆盖亚太、欧美、北非 90 余个国家和地区，在香港也进入了有线电视和 NowTV 宽频网，成为公认的在全球最有影响力的华语媒体之一。此外凤凰卫视还拥有凤凰周刊和凤凰网，使集团成为一家在国际社会享有盛誉的多媒体跨国机构。

二、刘长乐的创新领导力

刘长乐在解释凤凰卫视成功的原因时这样说道："凤凰卫视在中国内地的成功，起决胜作用的不仅是资本，更重要的是可以被内地观众接受的电视产品和文化。"

首先，开辟政经新闻市场，坚持专业主义。刘长乐以其对内地市场的理解，认为在发展中国家，人们更需要新闻而不是肥皂剧，提出"凤凰卫视应该在政治新闻需求方面开拓市场",针对精英受众,国际新闻大做和台湾新闻多做是凤凰的两大卖点。专业主义代表着一种风范指标,比如道德的引导、文化的追求、文明素质的提升,这方面对专业电视人影响非常大。

其次,熟悉法律,走差异化之路。熟悉法律,在政策与市场之间寻找平衡。媒体也是一种商业,要适应市场就须熟知市场规则,用好政策,把节目做到最好,以突破观众的视点禁区。产品差异化是指某一企业生产的产品,在质量、性能上明显优于同类产品的生产厂家,从而形成独自的市场。

第三,谨慎对待娱乐节目。凤凰欧洲台对精英路线的坚持是最彻底的,凤凰中文台的"贯彻"并不彻底,中文台既有严肃类的纪录片,也有相当八卦的娱乐节目。凤凰从台湾电视媒体引进了一些知名娱乐节目。

刘长乐是一名务实的管理者和事业家。

刘长乐拥有丰富的人际关系和公关能力。"他是一个有梦想的人,更是一个能够圆梦的人。公关就是他实现梦想的手段。"从某种角度来说,市场,而非"背景"或"关系",才是最根本的一个催化剂。

他节约资源,尽力扩张品牌。新闻素材,既可以制成"时事直通车",也可以在"凤凰早班车"中播出,可以在网站上让网民分享,还可以放在《凤凰周刊》,或者干脆直接出一本书。

刘长乐善于把握预算和吸引广告。经济行为执行之前的预计的花销和收入计划都是预算的一部分。一位凤凰人说,"刘老板要的是结果,但绝不会给你更多的预算。"凤凰卫视广告收入中的70%~80%来自于内地的广告客户。

刘长乐善于用人,深具人格魅力,发展"规模经济",提供高薪并配售股权奖励。凤凰20%的人来自于中国内地,70%左右来自香港,10%来自台湾地区和国际上其他国家和地区,运作机制和管理办法经过了5年的磨合与调整。

他还关注公共慈善事业,认为"媒体更应传播慈善理念,发挥媒体作用,把慈善这样一种崇高的道德意识推行开来,在整个社会营造出一个乐善好施的氛围"。并成立"凤凰慈善关爱基金"。

对凤凰的未来,刘长乐充满了信心。在接受《人物》杂志的访问时,刘长乐如此归纳凤凰涅槃的方向:

第一个目标,"拉近全世界华人的距离";第二个目标,"在全世界的媒体中间为华语争取空间";第三个目标,"覆盖全世界";第四个目标,凤凰可以做成多语种的频道,最起码要增加英语和粤语两个频道。

案例 12‐3:

QQ 帮主——马化腾

一、马化腾其人

1984 年随父母迁居深圳的马化腾,1993 年毕业于深圳大学计算机专业,随后进入了润迅公司,开始做软件工程师,专注于寻呼机软件的开发,被提升到开发部主管。1994 年马化腾在做软件工程师的同时,开始进入股市炒股,10 万元的股票炒到 70 万元,经过此后一系列的股市操作,完成了原始积累。1995 年,其与同伴一同开发"股霸卡"赚到了一大笔资金,同时开始接触互联网,自己投资 5 万元在家中架设了惠多网深圳站,出任站长,并结识了丁磊。1996 年,马化腾开始思考独立创业。

1998 年马化腾与大学同学一同创办腾讯,开始研发无线网络寻呼系统。三个月以后,马化腾研发出如今红透中国的 IM 软件——QQ 的前身 OICQ。1999 年 OICQ 的用户人数已经超过 500 万,但由于没有运营商愿意接手,马化腾无法承担高额的运营费用,决定将 OICQ 出售,于 1999 年 10 月获得 110 万美元的投资。2000 年 8 月,腾讯与中国移动合作,开始扭亏为盈,当年就实现了 1000 万元人民币的纯利润。此后,腾讯相继推出广告业务、移动 QQ 业务及付费 QQ 会员制等多种业务。2001 年 3 月,由于 ICQ 的版权官司,OICQ 软件正式改名 QQ。2004 年 6 月,腾讯正式在香港上市。

2003 年马化腾挖来了网易及 TOM 前内容总监孙忠怀,推出门户 qq.com,同时也推出游戏平台,主攻以棋牌类为主的休闲游戏。2004 年 QQ 游戏的最高同时在线人数达到了 100 多万,超过联众成为最大的休闲游戏门户。2005 年 3 月,腾讯控股正式宣布收购 Foxmail 软件。2005 年 9 月,腾讯推出 C2C 电子商务平台"拍拍"网和搜索门户"搜搜",2006 年 5 月 居中国互联网之冠。

二、马化腾的领导艺术

到底是马化腾推动腾讯前进,还是腾讯的发展在推动着马化腾的成长?

熟悉马化腾说他是个崇尚共享、自由精神的人,不单纯强调"我"的价值,他知道团队的意义。

马化腾拥有务实低调、克制耐心的个性魅力;在合伙创业中,他与伙伴各展所长,各管一摊,在困境中寻求机遇,坚韧实干;在盘活扩张过程中马化腾借鉴创新,理性做大;在人力管理方面他进行绩效考核,激活组织并在业务管理中强调部门协作,增强沟通。

马化腾是时刻警醒的战略保守派、专注细节的完美主义信徒。务实、低调、克制、耐心这些词语是多年来媒体和业界同行一致贴在他身上的标签。一位长发的年轻人,身着喇叭牛仔裤,戴一副墨镜。在公司里,女员工喜欢叫马化腾"小马哥",男员工多叫他英文名"Pony",是小马驹的意思。

当年相邀 4 位伙伴共同创业,由马化腾出主要的启动资金。有人想加钱、占更大的股份,马化腾说不行。马化腾自愿把所占的股份降到一半以下(47.5%),而同时,他自己又一定要出主要的资金,占大股。马化腾和四个伙伴约定各展所长,分别管理技术、业务、行政和信息部门。

三、马化腾市场策略

(一) 困境求生

腾讯公司成立 3 个月后,小企鹅"嘀嘀"的叫声开始响彻中国的大江南北。然而,对 OICQ 的大量下载和暴增的用户量让公司难以支撑。马化腾想到的是卖掉 OICQ 套现。"将目光放在了海外风投的身上。OICQ 的庞大用户数和运营模式相当具有吸引力。"

(二) 盘活扩张

模仿别人的会员制——移动 QQ;"玩也是一种生产力"——人民币兑换 Q 币;借鉴别国经验——对抗 MSN;上市——公司和个人走向新阶段;扩张业务范围——qq.com;游戏平台;邮箱;品牌租赁——QQ 产品。

马化腾的扩张理念是:"产品研发(过硬)＋借鉴创新(理性)＋机会把握(适当)";优秀的人力管理,腾讯进行了一系列大规模的架构调整。原微软 MSN 部门高级项目经理熊明华加盟腾讯,与张志东共同担任联合 CTO。3 个月后,腾讯任命公司原首席战略投资官刘炽平为公司总裁,同时吸纳一群业内资深技术和管理人员担任副总裁。原有的几位中层提升为部门的副总。此外,还有其他一些中层的调整变更,一些经理被提升为部门经理。5% 末位淘汰制度也从 2004 年开始执行。此外,腾讯实行季度奖金年后发放的"年薪制"。

腾讯的业务包括无线、电子商务、游戏、搜索等等,每个业务领域都有各自的行业规律与产业链。腾讯不断增设的新部门细分四个业务系统——无线业务、互联网业务、互娱业务、网络媒体业务。

　　除去完美主义本色及对工作的偏执，马化腾极尽精明：在网络业内最容易被跟风的一些问题上，他总能保持反大众智慧的思考。

　　2014年7月2日，微信证实将推出新的公众账号体系"企业号"，凡注册并通过认证的"企业号"，可以将员工个人微信号导入，即可在微信上完成打卡、报销、会议、汇报等企业内部沟通和管理工作。有媒体称马化腾"下手"真快！微信商业化，马化腾在下一盘很大的棋。

案例-4：李彦宏

一、李彦宏其人

　　李彦宏1991年毕业于北京大学信息管理专业，随后赴美国布法罗纽约州立大学完成计算机科学硕士学位。在美国的8年间，李彦宏先后担任了道琼斯公司高级顾问、《华尔街日报》网络版实时金融信息系统设计者、INFOSEEK资深工程师。

　　李彦宏最先创建了ESP技术，并将它成功地应用于INFOSEEK/GO.COM的搜索引擎中。GO.COM的图像搜索引擎是他的另一项具有应用价值的技术创新。1996年，他首先解决了将基于网页质量的排序与基于相关性排序结合的问题，并因此获得了美国专利；1998年，李彦宏根据在硅谷工作以及生活的经验，在大陆出版了《硅谷商战》一书。1999年底，李彦宏携风险投资回国与好友徐勇先生共同创建百度网络技术有限公司。一年后，百度成为全球最大的中文搜索引擎技术公司；2001年被评选为"中国十大创业新锐"之一；2006年12月10日，李彦宏当选美国《商业周刊》2006年全球"最佳商业领袖"。2010年11月18日，作为百度CEO的李彦宏上榜《财富》年度商业人物。2012年3月8日，李彦宏列2012福布斯全球亿万富豪榜第86位。

　　他是一步一个脚印的渐进实用的理想主义者，或者理想的实用主义者，缜密的自我设计里有对环境的敏感和参照，亦步亦趋里不忘自信自我；而且，在每个阶段，都有充分自觉的目的性，有播种有收获。

二、李彦宏的创新领导力

　　李彦宏首先有着专注的固执，不服输的态度，"越是大家不看好的事，我越是要做成"，"我自己喜欢做什么要比别人怎么看我更重要"。对信息检索技术行业长达 19 年的专注，百度业务近乎于单一的专注——专注源于对自己和所在领域的了解和自信，更是一种"睿智"的领导风范。

其次是睿智的固执，目标明确，市场定位准确，头脑冷静、不跟风、不抢超；听大多数的意见，和少数人商量，自己做决定；向前看两年，不要过早地追求盈利。百度商业模式转型成功源于坚持，这种睿智的固执，始于专注，发于远见，更有在诱惑面前沉得住气和在重大压力下坚持已见的勇气。

再次是务实的固执："这个项目多久可以完成?"，"六个月"，"四个月行么? 给你加 50% 的报酬"，"对不起，我做不到。"这种务实和稳重从创业开始一直伴随在李彦宏经营百度的全过程之中。

李彦宏以义得利，财富共享。

首先是利源于义——李彦宏和"百度"的民族情怀。众里寻他千百度，蓦然回首，那人却在、灯火阑珊处。王国维的《人间词话》里成大学问大事业者，人生必经历三境。百度公司的名称由此而来。百度强调创造中文之美，专注中文搜索，而不是中文版的 Google。

其次是收获源于给予，"你给社会创造了这个价值，你就会获得这个社会更好的认可，其他的东西是随之而来的，不用自己花太多的时间去想。"

第三是从收获财富到分享财富，创始人占股约 22.9%，把股权分给更多的员工。员工与老板利益、地位共享的平衡感，提倡"简单、可依赖"的百度精神，赢得员工高度信任。

从李彦宏身上可以看到一种美国硅谷派的创业及管理风格，从创业选址到技术创业型的专注，从刚柔并济的管理方式再到中西合璧的企业文化，永远保持创业激情。

在他的身上，中国传统文化美德犹存，稳健谦和的性格，儒贾侠商的继承与发扬，负责知足的态度，引领着他一步步走向成功。一个理工背景出身，对中国传统文化有着广播兴趣，稳健、务实、腼腆的创业者，在所谓"无商不奸"的今天，仍坚持着信义与利益并存、取财与分享同在的为商风格。

第四节　网络游戏创意人才

　　网络游戏日益红火,不断卷入各类玩家,改变着人们的生活方式,成为人们表达与抒发情感的又一通道。网络游戏已经逐渐成为人们日常生活中重要的娱乐休闲方式,在游戏产业高速发展状态下,相应的合适人才却很匮乏。

　　分析该市场用户,中国手机游戏的主要用户还是集中在收入 8 000 元以下的青年族群中。其中,18～39 岁的用户占到了 81%,25～29 岁的用户分布最为密集,占到了 35%。这类用户的碎片化时间较多,智能手机使用比例高,手机社交程度高,对手机游戏的接受程度和依赖程度都相对较高①。

　　手机游戏是中国消费者为数不多的休闲方式之一,用户对其功能的需求和偏好主要体现在两个方面:一个是游戏模式能够迎合用户的"碎片化的时间";一个是游戏要具有一定的社交功能。一方面,手机游戏的模式正好迎合了其主要消费群体时间碎片化的特征;而手机游戏的社交功能满足了当代消费者线上交流的功能,逐渐成为手机游戏中不可或缺的一部分。在手机游戏付费玩家中,冲动型消费成为主导。用户游戏在线时间相对较长,登陆比较频繁,用户黏性较强。其中,青少年游戏在线时长增长最明显。中国手机游戏用户对益智类、棋牌类游戏最为青睐。游戏风格方面,武侠和历史题材最受消费者拥护。

　　近年来国内手机游戏企业进入了高速发展期,庞大的市场需求以及国家陆续出台的各类扶植政策,促使着手机游戏行业突飞猛进。与此同时,手机游戏产业正呈现出人才紧缺的现象。而高校对手机游戏的职业培训几乎没有,对于想投身于游戏行业的学生,只能通过参加专业的游戏培训机构来增加入职游戏业的机会。

　　那么,游戏人才需要哪些特质?

一、哲学修养

　　网络游戏一定程度上能满足青少年实现自我的需求和浪漫主义、超越本性

---

① 张倩,童清艳.2013 年中国手机游戏发展报告[A].//新媒体蓝皮书 2014 年[M].北京:社会科学文献出版社,2015:25 - 36.

的追求。许多网络游戏里蕴含着中西方哲学思想,有老庄的超越生死、是非善恶、逍遥时空,其对生与死、有限人生的理解,许多都已经成为玩家的思想来源。一些游戏涉及诸如陶潜隐居山水、李白游历天下,唤起玩家回归自然、抒发个性的冲动;亚里士多德、柏拉图的"公民"观,让玩家在游戏中不断实现自我理想,暂时逃脱窒息、繁忙的现实。许多玩家在游戏中打发闲暇时光,排解生活压力,寻找符合自己的理想生活方式。

案例 12 - 5:

《大话西游 3》游戏里的哲学小寓言:爱情与面包

观音问媚灵狐:

"你要爱情还是要面包?"

"爱情。"

一千年后,媚灵狐被送上斩妖台。

观音问红蔷:

"你要爱情还是要面包?"

"面包。"

一年后,红蔷成为最红的歌伎,易水寒死了。

观音问牵小牛:

"你要爱情还是面包?"

这次,由于前驱之鉴,小牛说:

"一半爱情一半面包。"

十年后,小牛和一个并不爱的男人开了一间并不赚钱的盐坊。

事故体现的哲理:

(1) 别人给你东西一定有代价的;

(2) 爱情、面包难以兼得,奢望的话,可是却会一无所有;

(3) 切勿贪小便宜。

二、视觉美感

网游以图片的形式叙述一个个网络游戏的小故事。为了吸引玩家的眼球,画面逼真、视觉冲击力强的画面设计必不可少,"天使面孔,魔鬼身材"、"神话传说、魔兽世界"等等,对创作人才而言,不仅需要具备一种在获取图像信息时把部分信息从背景中提炼出来的思维能力,还得能够运用已拥有的知识、经历等表达对被视对象的主观看法,并有效借助线条、色彩、构图等视觉元素充分传达出来。

因而,游戏创作人才的视觉美感直接关系到游戏作品的吸引力,成为抢占玩家入手的关键要素之一。只有近乎完美的视觉素养,才可以缔造视觉神话。

案例 12‒6:

3D 全景武侠手游巨制——《东方不败》以画面等视觉因素推广

《东方不败》基于先进引擎,力求在画面上为玩家们营造出艺术般的优质视觉感受。追求高度画面质感,不管是光源照射、阴影透视、障碍物视觉阻隔,还是各种天气效果表现上,都力求符合真实物理表现及视觉感受。强大的 3D 技术,不仅在整体画面上具有冲击力,更在细节上精益求精。每个角色,都拥有法线、扩散、反射、光泽、环境遮蔽、表皮等渲染贴图。"每一件装备、每一个饰品都要拥有极致的表现力",这是《东方不败》美术总监的制作理念。

制作装备时,《东方不败》美术制作组更力求将"武侠"中独有的服装特点突出表现。从服装质感、衣袂随风摆动的形态,到战斗时随着移动速度加大而展现出不同形态。不管是金属,还是布衣,玩家角色会因穿上不同的服装,而展现出完全不同的气质魅力。

五大门派特色装备欣赏:

云涛(华山)

蓝色的亚麻男子长衫,刺绣精美,配以蓝底白缀的云涛护腕和云涛裤,可以抵挡普通的刀刃。鞋履绣着白云轻便舒适。发髻则束上泛着金色光泽的金云冠,翩翩少年,玉树临风。

雷火(日月)

红黑相间的长袍,舒适合身。能工巧匠精心缝制的面罩和月牙形皮革腰带,潇洒意气尽显。上等皮革制成的雷火履,日行千里不坏。

潜行(唐门)

低调的潜行套装穿上后可有效隐藏身形。黑色轻软便鞋,便于悄声无息地靠近敌人。腰标是长啸状的虎头,威风凛凛;头顶有长长的刺牙,闪着寒光,十分尖锐。

霜染(恒山)

"烟凝远岫列寒翠,霜染疏林堕碎红。"霜染套装,勾勒出女子纤细的腰身。半月形檀木发冠,加以秋瑾花点缀,朴素淡雅。

轻纱(五毒)

薄如蝉翼的上褂和纱裙,轻盈得如同渺渺轻烟。由百鸟翎羽制成的发冠,色彩斑斓。纹有双蛇起舞状的菱形靴子,穿着可踩游蛇而行。

三、故事高手

游戏创作必须把握玩家的心态。许多玩家,或不屑于现实生活的你争我斗、名利追逐、平淡乏味,或眯起眼睛将游戏作为一种精神寄托,逃避现实空间。这些玩家,借助于游戏对生活、对理想境界的虚拟刻画,化身游戏中的人物,在游戏里与各类人等穿梭斗智斗勇,在各类情境中忙活穿越,获取成就感。因而,游戏编剧高超的说故事能力尤为重要。

而且,与电影一样,好的剧情是提高玩家忠诚度的利器,丰富饱满的故事情节能充分提高玩家的游戏参与度与满意度,因而,精彩的对白、诱惑力高的角色以及动人心魄的剧情都是抓住玩家的法宝,是游戏在最短时间抓住玩家魅力所在。这就要求游戏创作设计人才具备流畅的故事叙述能力,方能使玩家沉浸于似梦如幻的故事情节,游走在虚拟的魔幻世界。

四、音乐创新

音乐是种神奇的元素,不同风格的游戏场景需要设计与其相应的背景音乐,不同的音乐所带来的意境可以使玩家忘了所有,甚至只在乎音乐本身的享受,因为音乐带出了人性本质里的善良,对爱与被爱的向往,对社会的理解,对人与人之间最真诚的感觉,音乐使玩家在探索未知游戏世界时,沉浸在一种"幻觉"体验之中。

如带有中国古典韵味的音乐,让玩家在虚拟神话、武侠情节里飘然如仙;欧洲经典音乐则让玩家体味悲壮、优雅,探寻生命的价值与意义。

游戏是一款集哲学、美学、音乐、文学等多元素的高科技作品,目前,新加坡、德国、日本、韩国等国家游戏人才主要来源于高校学历教育,在我国,社会培训机构机制灵活,课程按需调整,师资来源不一,甚至有的就是游戏高手。另外一些游戏企业内训,根据自身游戏企业发展做针对性培养也是一种有限的培养方式①。

思考题:

1. 中国出版、影视界是否需要经纪人?

2. 为什么中国会缺乏创造性、缺少世界级的创造?

3. 领导力小测试:生存试验

一架直升机雪山遇险,生存下来的人必须利用飞机里的 12 件物品渡过难关,请按照物品的重要性进行排序——

信号枪　滑雪装置　斧头　镇静剂　烹饪锅　雪鞋　手电筒　绳索　鱼线渔钩　小刀　打火机　来福枪

1) 个人排序

2) 小组讨论后排序

启发:

个人意见与团体决策的关系

说服与沟通

团体动力

依靠自己,还是依赖他人

4. 讨论古人的用人之道:

明末清初,有一户人家先后生了 5 个儿子,老大质朴,老二聪明,老三目盲,老四驼背(130°弯腰),老五拐脚。

当家人眼看 5 个儿子一天天长大,自己一天天衰老,不由地犯愁起来,5 个儿子 3 个残废了,安排他们干什么好呢?

5. 你怎样解释"王"和"赢"? 两字结构与管理的意义?

提示:

---

① 胡美香.游戏人才教育培养现状观察及发展趋势分析[J].创意媒体,2015(1):231-238.

能知天时、地利、人和者为王

"赢"："亡"指危机意识；"口"指善于宣传自己；"月"指每月进行绩效评估；"贝"指金钱意识；"凡"指将伟大的目标融入平凡的工作中。

第十三章

媒体管理创新

媒体组织存续至少应该有下列类型的资源：①人力资源；②金融资源；③物质资源；④信息资源；⑤关系资源，涉及面广。而媒体管理者、媒体的组织结构是贯穿上述五大资源的要素。本章以此为切入点，通过探讨媒体管理者、媒体的组织结构在整个媒体系统中的通用表现，探讨媒体管理创新规律。

第一节　媒体管理者

传统的观点认为，管理者是运用职位、权力，对人进行指挥和驾驭的人。这种概念强调的是组织中的正式职位和职权，强调必须拥有下属，并非组织中的每一个人都是管理者。媒体的管理者需要有自身独特的角色，主要通过心智模式与能力结构来体现自身的角色定位。

一、心智模式

心智是深藏于人们心里的思维，旧有的心智模式常常挥之不去。管理者的心智模式指的是媒体管理人员对外界固有的模式化认知和惯性思维。它常隐藏在人们的心中不易被察觉与检视。心智模式往往影响到媒体管理者做出怎样的决策。即使有时最初的决策是十分优秀的，但由于心智模式的存在，这一决策可能会因管理者主观上认为它过于超前或风险过大而得不到执行。

哈佛大学的阿吉瑞斯，从事心智模式与组织学习的研究三十余年，他认为：虽然人们的行为未必总是与他们所拥护的理论（他们所说的）一致，但他们的行为必定与其所使用的理论(他们的心智模式)一致。心智模式不仅决定我们如何认知周遭世界,并影响我们如何采取行动。

管理学大师彼得·圣吉在其著作《五项修炼》中总结了阿吉瑞斯、贝克特等人的研究,对管理者的心智模式进行了深入的剖析。他认为,"心智模式"必须受到管理者的重视①。

彼得认为:

第一,要避免僵化而顽固的思维,"在管理的过程中,许多好的构想往往未有机会付诸实施;而许多具体而微的见解也常常无法切入运作中的政策;也许组织中有过小规模的尝试成果,每个人都非常满意,但始终无法全面地将此成果继续推展。"

这是因为管理者固有的认知事实上阻碍了许多好的想法。在媒体市场剧烈竞争的现代,好的想法来之不易,特别在媒体这个充满创意的产业。好的想法一般来说都是比较新鲜,面向未知的将来而没有任何相类似的经验可以借鉴。因此在具体的管理过程中,管理者往往会习惯性地回到他们旧的思维模式。

第二,心智模式影响我们认知的方式,在管理上同样的重要。

19世纪40年代,人们相信在一个地区只能有一家通信公司,这样才能提供有效率的服务。一直到20世纪80年代人们仍然认为,让超过一条电话线来覆盖一条街是没有意义的。电话服务被认为是一个"天生的垄断者"。大众传媒延续着这样的路线发展,许多国家因此就实行了媒体公有制,例如加拿大、中国等。在改革开放初期,公有制的思维还在影响着我国媒体行业许多的管理者,有相当大的一部分人对媒体产业化充满恐惧。然而,到了现代,人们已经开始讨论中国新兴媒体颠覆传统媒体的问题。不难发现,人们已经跳出了旧的"心智模式",接受了各类社会化媒体的概念,并且开始付诸行动。

第三,建立健全的心智模式有利于建立学习型的组织。最早发现心智模式对于组织学习具有潜在力量的大型公司,或许是壳牌石油公司。壳牌石油的企划群设计出一套名为"情境企划"(scenario planning)的新技术——一种整理未来可能变化趋势的方法。他们将未来可能突然转变的状况,拟定成几种情境,然后将这些情境告诉所有的管理者。经过相当一段时间的反复演练,壳牌石油的

---

① 彼得·圣吉.第五项修炼[M].上海:上海三联书店,2001.

管理者开始解冻原有的心智模式,而培养出新的心智模式。

第四,"开放"(openness)与"实质贡献"(merit)这两项价值观是发展管理心智模式的重要方式。"开放"被视为可克服会议中人们不愿把真正想法说出来的毛病。"实质贡献"是指在做决策时,要以组织的最高效益为依归,这是对于官僚体系中邀功作秀、追求升迁和求名位风气的解毒剂。

毫无疑问,在管理模式上追求形成健全的心智模式,强调"开放"和"实质贡献"的价值观,在媒体产业中同样适用。结合媒体特殊的情况来分析,会让组织者或者媒体团队的领导者形成更强的企业竞争力。

二、媒体管理者的心智模式

作为媒体的经营管理层,其所拥有的心智模式还应包括以下几个方面:

(1) 严谨的思维。作为媒体的领袖型人物,高瞻远瞩的眼光、考察问题的独特之处,都需要思维的周密细致。这是由媒体业独特的创造性与现实性决定的。

(2) 健全的心理。作为信息时代的媒体人物,需要有"MQ"意识,即"心理商数"意识。要保持良好的心理状态,适时适度地调节好自己的心态与情绪,特别是要主动接受生活的挑战。这是由媒体行业牵动社会各路神经的特殊性决定的。

心理学家阿尔波特归纳出的 6 条衡量心理机能成熟与否的标准,可以作为参考。

这 6 条标准是:

① 自我扩展的能力,即可以积极地参加各种活动。

② 与他人关系融洽,具备对别人表示同情、亲密或爱的能力,对任何别人都能表现出温暖、理解和亲近,容忍别人的不足与缺陷。

③ 有安全感,自信,不受消极情绪支配,能耐受挫折、恐惧和不安全的情绪冲击。

④ 具有现实的知觉,能够准确、客观地知觉现实,接受现实。

⑤ 自我意识良好,能准确把握自己的现实自我与理想自我,并能调整其相互关系,也知道自己心目中的自己与别人眼中的自己之间的差异。

⑥ 有一致的人生哲学,有奋斗目标和人生哲学。

在这 6 条中,媒体经理人具备的越多,心理则越健康,反之则心理存在疾病的可能性越大[①]。

（3）完善的知识结构。作为媒体人物，需要认识和处理的问题复杂而又多变，且涉及各领域，任务的综合性和多样性，要求知识的多样化。

（4）优秀的道德品质。媒体人物除对上级负责，对同事负责，更要对社会负责，要有恰当的道德判断和足够的道德勇气，有强烈的社会责任感和历史使命感。

（5）正直的人格魅力。媒体领军者的人格力量，在社会中的威望和影响力，这是靠媒体人物在企业内外的交往言行中表现出来的。同时，领导者人格魅力也是团队合力形成的关键[②]。

三、媒体管理者的能力结构

管理者的能力根本上是以有效性来衡量的。只有通过系统的、勤勉的工作才会使才能发挥出效益。

《纽约客》(*The New Yorker*)杂志某期刊载了一幅漫画。画中一间办公室的门上写着"爱泊肥皂公司：分经理史密斯"，墙上只有一个字："想"。画中的经理大人，双脚高搁在办公桌上，不断向天花板吐烟团。办公室外有两个较年长的人走过，一人对另一人说："我们怎么能肯定史密斯先生是在想我们的肥皂呢？"，的确，想的工作量是无法测量的，但想出来的成果却是可见的。因此，媒体管理者的能力最终以有效性来衡量。

媒体管理者的工作有效与其自身的能力结构密切相关。其能力结构包括一些基础素质与知识。具体体现为：①身体——健康、体力旺盛、敏捷；②智力——理解和学习的能力，判断力强、精力充沛、头脑灵活；③道德——有毅力，坚强，勇于负责任，有首创精神，忠诚，有自知之明、自尊；④一般文化——具有不限于从事职能范围的各方面知识；⑤专业知识——技术，或商业、财务、管理等专业职能知识；⑥经验——从业务实践中获得的知识，这是人们自己从行动中汲取教训的记忆。

一些主要特质大体表现为：

---

① 潘元俊.职业经理人如何面对心理问题.世界经理人主页，2006年10月26日.

② 张涛.职业经理人的八项能力.北京普尔摩企管顾问有限公司，2006年10月5日.

（1）专注于大事。主要是在宏观上把握大局，高屋建瓴，按优先理论，把主要精力投入到最重要的事件上。

（2）学会推销。能够推销出媒体产品和品牌。不管是对自己的员工还是广告客户，要能够使其接受自己的媒体产品或理念。

（3）具备一定的财务知识。不仅要能读懂财务报告，还要能从盈利角度提出和思考问题。

（4）具有策略思考能力。必须有能力看出自身在业界或大环境中最适合自己的位置。

（5）能够应变。领导人不能害怕承认自身的致命伤甚至是失败，以便于做战略与计划的调整。

（6）必须懂得沟通技巧。要懂得授权，懂得带领团队，找出团队成员的共同点，容许分歧的存在，能及时化解冲突；具有把愿景变成结果的一贯的能力。激励他人的能力，此外，不戴假面具的领导最能吸引员工。

（7）有很好的执行力。要达成目标，就必须设定符合现实的目标，分派职责给员工，并且提供给他们达成这些目标的支持和资源，并留有必要时进行弹性调整的空间①。

媒体产业的管理者肩负着维系社会稳定的第四力量，权力的失衡若是用在有害的地方，对社会的损失尤其巨大。品质问题是现在媒体行业一直不断重申的事情。因为媒体行业本身具有特殊性，它是话语权的代表，能够引导舆论，影响人民的价值观，对国民声誉、国民素质发展均有不可估量的影响。

总体而言，能力结构就是能力包括些什么因素，也即由什么成分构成。能力是具有复杂结构的心理特征的总和。研究能力的构成因素，对于合理地确定研究能力问题的原则，以及科学地拟定能力培养的计划，都是很有必要的。

第二节　媒体组织结构

一个组织，除了有形的物质要素外，在各构成部分之间，实际上还存在着一些相对稳定的关系，即纵向的等级关系及其沟通关系，横向的分工协作关系及其

---

① 苏东水.管理学[M].上海:东方出版中心,2001:277-295.

沟通关系。这种关系构成了无形的构造——组织结构,它涉及组织的管理幅度的确定、组织层次的划分、组织机构的设置、各单位之间的联系沟通方式等问题。

　　所谓的组织结构(organizational structure)是指,对于工作任务如何进行分工、分组和协调合作[①]。就本质而言,组织结构是反映组织成员之间的分工协作关系。常见的组织结构的类型有:直线制、职能制、直线职能制、事业部制、超事业部制、矩阵制结构等。(见图 13-1 至图 13-6)

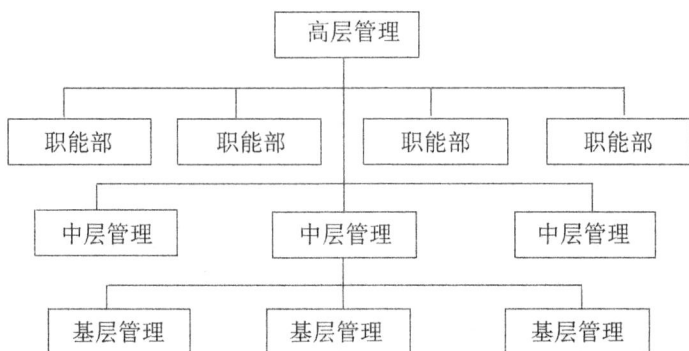

图 13-1　直线制组织结构

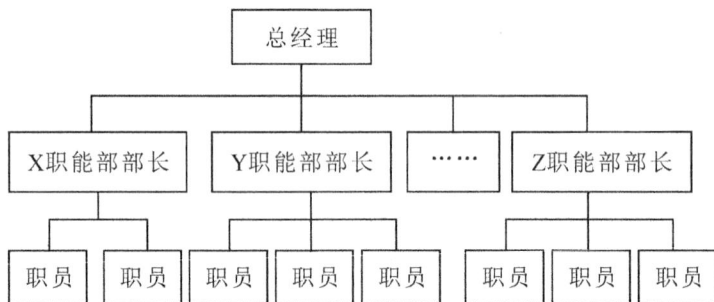

图 13-2　职能制组织结构

---

① 斯蒂芬・P.罗宾斯.组织行为学[M].北京:中国人民大学出版社,2000:423.

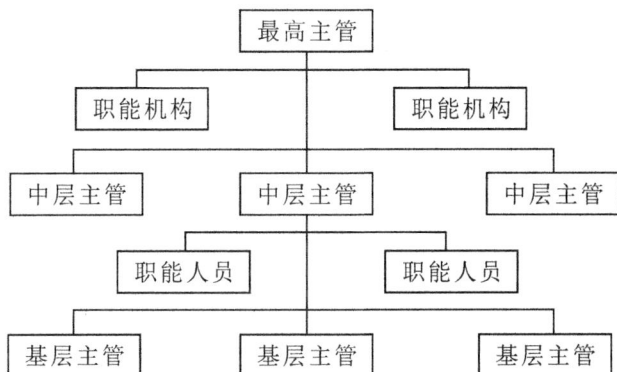

图 13-3　直线职能制组织结构

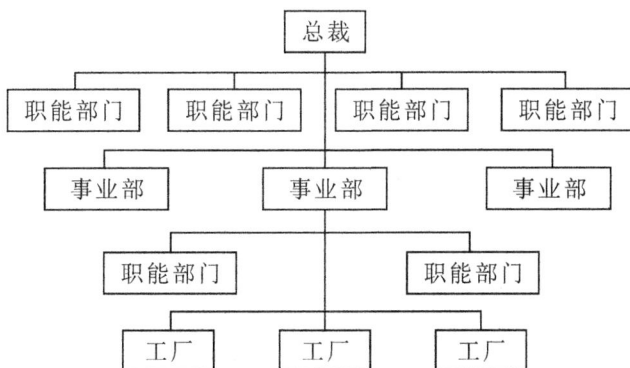

图 13-4　事业部制组织结构

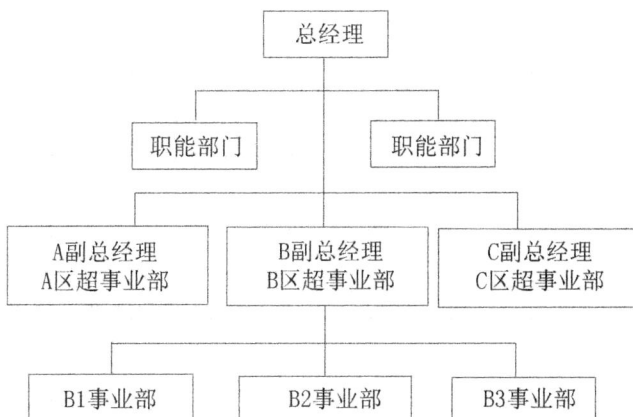

图 13-5　超事业部制组织结构

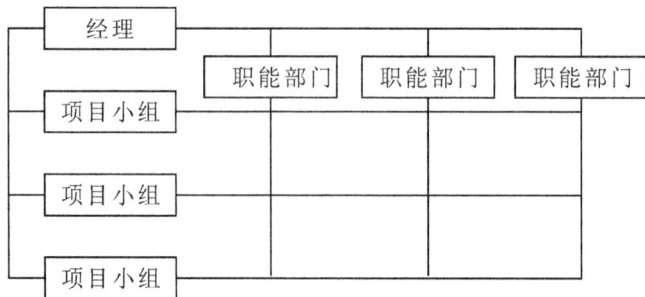

图 13-6 矩阵制组织结构

如果要问哪种组织结构最好？这的确是个很难回答的问题。因为就如同金刚石和石墨同样由碳原子构成,一个无坚不摧,一个柔弱无骨,结构不同使然①一样,每一种合理的组织结构,相对于一定的条件来说,都有其优越性,而当条件发生变化时,它就会逐渐丧失其合理性。每一种类型的组织结构都有其优点和缺点,都有一定的适用范围,世界上没有也不可能存在适用于一切情况的十全十美的组织结构。但是,相对于某一组织特定的条件来说,必定有一种更有利于提高管理效率的,因而也是最佳的组织结构。

一、媒体组织结构的原则

媒体组织结构是执行媒体发展战略的核心力量,是媒体稳固发展、开拓市场、打造竞争力的基础。建立高效、简化的组织结构有以下几个原则:

(1) 围绕提高企业应变能力、价值增值能力进行企业流程再造,划小核算单位,使组织制度非层级化、组织规模小型化;

(2) 组织结构扁平化,尽量减少中间管理层次,加强企业内部部门间横向的联系和合作;

(3) 围绕企业面向市场的营销目标,构建、调整企业供应链,建立产品上、中、下游的协商合作乃至战略联盟。

在实际的运作中,我们会切实感受到合理有效的组织结构对媒体的重要性,管理层级过多,部门壁垒森严,造成了目前我国媒体行业效率低下、资源重置和浪费,迫切需要优化内部组织结构,来大大解放媒体的生产力。

----

① 参见芮明杰.管理学[M].北京:高等教育出版社,2001:88-109.

二、媒体的三大职能部门

根据职能的不同,一般将媒体组织结构分成三个部门,分别是采编、营销和管理部门。采编部门是信息产品的直接生产部门。生产的流程大致为,采集信息、筛选信息和播出信息。因此,采编部门相应地设置记者、编辑、技术人员等职务。在采编部门这一平台上,汇集了新闻信息产品生产链的重要环节,如信息采集、采编网络建设、流程设置、传递方式等。采编平台,是媒体对信息产品进行规模化、系统化生产的基本手段,是现代媒体运营的核心内容。

采编部门的内在工作环节相应地将部门划分成几个子系统。这些子系统构成了该部门的内在架构。信息时代媒体采编平台的内在架构应当包括:统分有序的巨量稿件路径系统、先进通信信息技术所支持的采编流程、高素质的采编队伍和完善的组织机制,其核心能力主要体现在对信息产品的整合力上。

如今的受众对于信息的获取早就不满足一种媒体,他们需要听觉和视觉的多重享受,对信息全面的分析和判断,最终得出自己的观点、结论。所以作为新时代的媒体采编从业人员,应该借助更多元的工具,尽可能将所有重要信息传递给每位受众,通过建立稿件的数据管理库多平台传播,增强信息的可接受性,让受众可以产生继续关注的热情,从而增加他们的信息接受度。

由此我们可以看出,建立现代化的稿库式发稿机制意味着,面对海量信息,需要有一个针对各种用户,多层次地对信息进行规模化整理、存储、发布的平台。这对于采编平台的高效率运行具有举足轻重的作用。一是完善采编平台内容运行机制,使得写稿、供稿、发布如流水线一样批量和高速进行。同时,丰富而便利的库存造成信息加工的交叉效果,即媒体人能够花较少的时间,将媒体产品进行音频、视频、文字等多方面的技术上的整合,包括历史素材、科学知识、前人成果等多方面内容上的整合,有利于催生高质量的信息产品。二是最终形成客户导向的市场机制,全新的发稿机制也建立了客户信息库,提供客户的阅读习惯、反馈意见、知识结构等信息,使为客户提供个性化服务成为可能。总之,一整套高效率的稿库式发稿机制是采编部门组织构架的核心。

相对采编平台,营销平台更多地与市场接触。在定期的选题论证会上,采编部门提出选题设想,营销部门就会提出一系列的问题,如受众是谁、在哪里,我们能否到达、怎么到达,我们是否有足够的资金进行销售活动等等。只有这些问题得到圆满地解决,选题方案才能得以通过。

媒体的产品具有双重性。媒体卖的不仅是信息,还将读者作为资源卖给广告商。因此,营销行为相应地分成发行和销售。具体来讲,营销平台担负的责任包括,一是战略上增强竞争力,如宣传、促销、建设发行渠道、寻找联盟等;二是要扩展专业优势,如媒体专业运营、广告专业销售、客户专业服务等;三是要建立品牌优势,做好品牌传播、品牌沟通、品牌提升等工作;另外,非常重要的一点是要针对客户广告营销的趋势和需求,在体育营销、娱乐营销、活动营销、互动营销、目标受众锁定以及数据库营销等新兴领域迅速跟进。

管理部门负责组织内部协调。有效的管理能使得企业高效率运转。在媒体内部,需要有一个部门进行组织内部工作的协调。媒体机构越大,协调的管理显得更为重要。

三、中国传媒产业组织结构重塑①

中国媒体管理是一个十分复杂的问题,触及中国社会政治生活的各点、线与面。可以说,中国所处政治、经济、文化以及社会传统等点、线、面,共同组合成为传媒生态圈的外部环境,而中国媒体本身的内部组织结构则在这一生态圈中栖息。

(一)中国媒体现行组织结构分析

新中国成立到党的十一届三中全会,延续 30 年的媒体组织结构为:

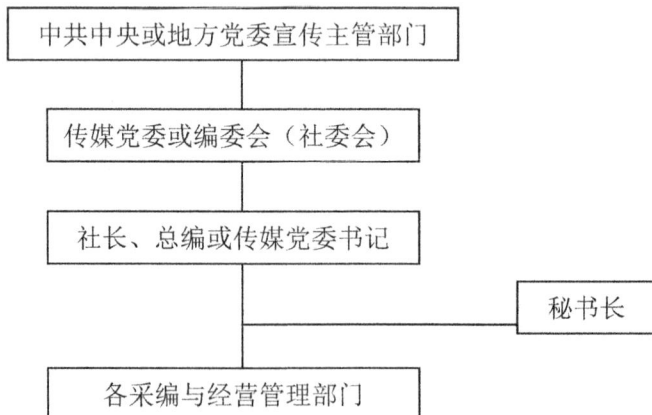

图 13-7 新中国成立后、十一届三中全会前的媒体组织结构

---

① 童清艳.战略下的中国传媒产业组织结构的重塑[J].当代财经,2003(12).

上述媒体组织架构清楚地表明,媒体处于中国共产党的绝对领导之下,由党委或编委会(社委会)集体领导,社长、总编则实行党委领导下的社长负责制或总编负责体制下的法人代表制,由他们负责指挥领导采编、经营与管理各业务部门的工作,秘书长起助理与协调社长、总编作用。

随着市场经济的发展,中国经济体制、政治体制和业内改革力度的加强,各媒体逐渐将经营部分与采编操作相剥离,根据自身的运行方式采取相应的局部突破,出现一些合资和股份制的媒体,大体有下列组织结构:

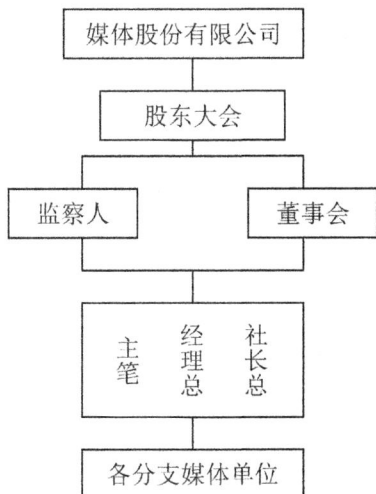

图 13 - 8　合资和股份制的媒体组织结构

中国现行的媒体体制框架下,媒体的所有权与经营权没有完全分离,难以实行编辑独立与经营独立,在统一宣传党的指导思想与路线、方针、政策时,可以集中财力、人力,迅速形成强有力的舆论引导环境。但在产业思路下,造成的问题却是总编辑与总经理之间在各行其职时矛盾重重,整个管理流通环节上不舒畅,管理效率低下。

随着媒体产业的发展、媒体集团化与经营细分特色化水平的提高,中国媒体的组织结构大体呈现如下特点:

(1) 媒体的组织结构表现出多样化的趋势。有全球性的媒体机构,有各类广播影视集团、报业集团、出版集团与发行集团,还有一些规模小的行业性媒体机构。它们的组织结构之间各有其独特性。

（2）随着媒体社会化程度的提高，媒体表现出坚定的制作与播出分离，平面媒体采写与发行、广告经营剥离的特点。这种产业化的趋势使得广告业、媒体节目（栏目）制作等能"创收"，有赢利的部门迅速发展，这强烈地冲击着原有媒体的组织结构形式，使得原有注重宣传、社会整合功能的媒体简化原有组织机构，由以宣传为中心轴铺设组织结构，向以资本运营为中心轴发展的裂变。

媒体产业化经营使得其组织结构发生的转变，可从媒体发达的美国媒体组织结构上分析可知：

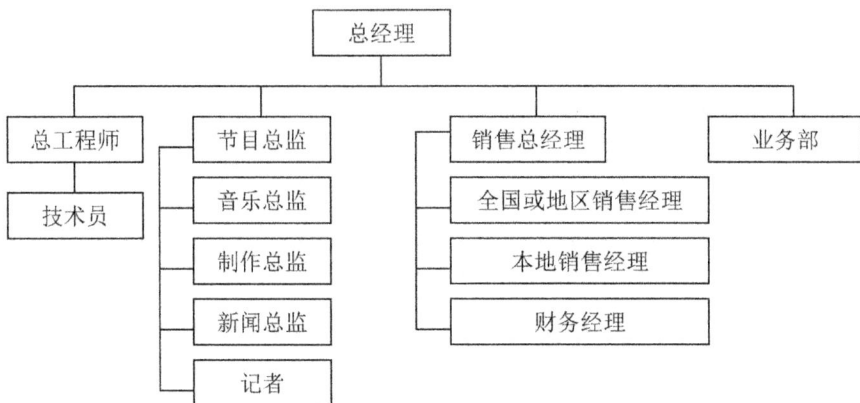

图 13 - 9 代表性美国广播电视组织结构

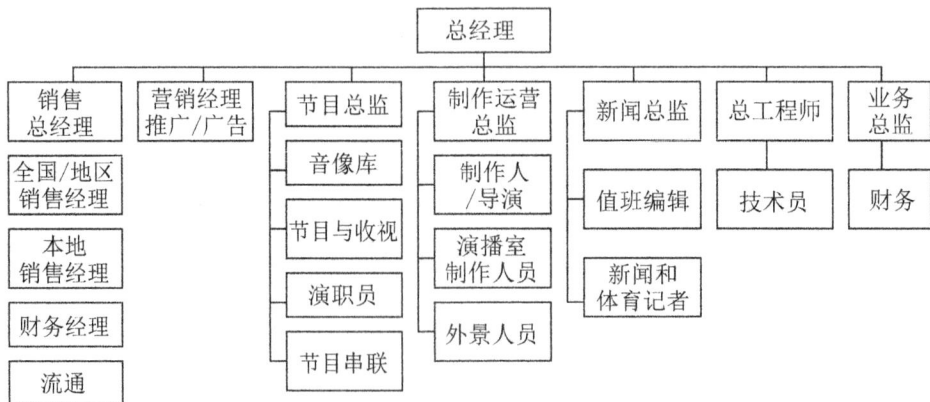

图 13 - 10 代表性美国电视台组织结构①

---

① J.A. Brown, W .l. Quaal: "Radio-Television-Cable Management", (3ʳᵈ Ed) Boston: Mc-Craw-Hill, 1998, p72 - 73.

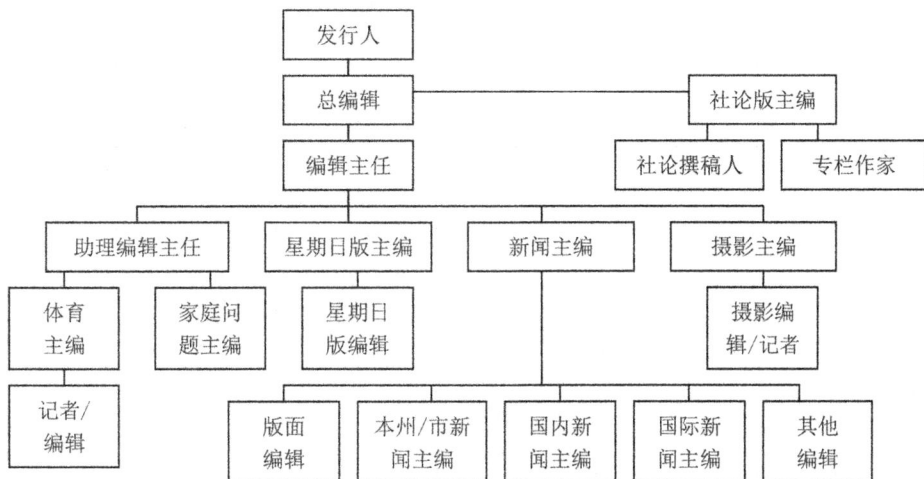

图 13-11 代表性美国报社组织结构①

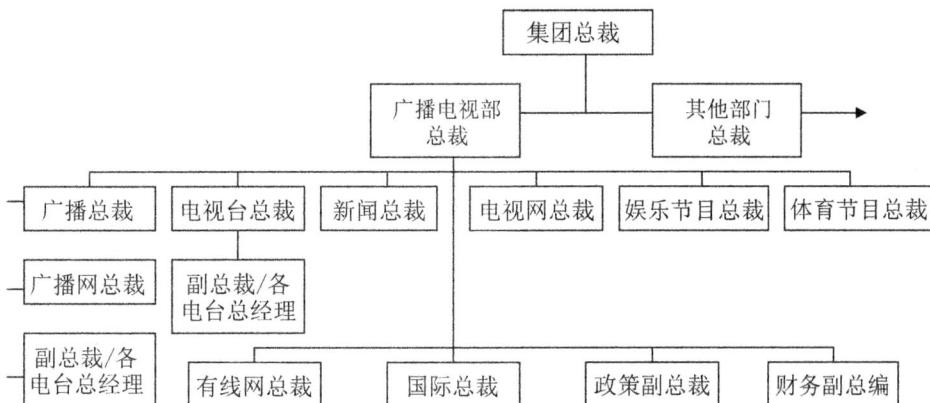

图 13-12 代表性美国广播电视集团组织结构②

从结构图中可以看出，集团总裁位于整个组织结构命令链（chain of command）的最高层，他的权威能够通过一定的控制跨度（span of control），在分工明确的部门里得到相应的发挥。这是一种股东控制模式。

而中国媒体组织结构中，中共中央或地方党委宣传部门处于命令链（chain of command）的最高层，他的权威通过一定的控制跨度（span of control），在以宣传为分工标准的流程里行使职能，是一种以政府控制的模式。

---

① 转引自童兵.中西新闻比较论纲[M].北京:新华出版社,1999:97.

② 转引自童兵.中西新闻比较论纲[M].北京:新华出版社,1999:97.

明显可见,中国媒体多年以来的组织目标是以宣传为主,忽略媒体的资本经营,这就导致随着媒体产业的发展,其组织结构与组织目标间的不适应与冲突,这种以国家行政机构方式的组织结构,显然不能适应媒体发展的需求。

再者,中国媒体多年以来的组织结构控制跨度宽,机构庞杂、分工不明确,部门重复建设,职权、职能不清,界限模糊。这就造成管理成本高,效率低下,资源浪费现象严重。

更为突出的局面是,这种组织结构中集权化(centralization)程度高,决策权集中于党的宣传部门,基层部门自主权力相对弱,参与程度低,因而媒体人的工作积极性难以充分发挥。这种组织结构适应性与灵活性差,难以适应市场经济发展的需要,特别是经营能力薄弱。这严重阻碍了中国媒体产业的集团化、产业化发展的步伐,也给各类民营媒体、新兴媒体的突破性发展带来机遇。

(二) 战略创新的中国媒体组织结构

1. 战略分析基点

中国媒体横跨信息服务业与文化产业,具有经济组织与公共事业组织双重属性。对中国经济制度和政治制度的敏感性强,且受影响程度高,这就决定了中国媒体必须在战略发展的条件下寻求行之有效的组织流程,找寻出一条适应中国特殊背景的独特组织轨迹。

考虑到这种适应性,就是要求在设计组织流程时能明确大体的方向,这样才能在实施过程中随时根据变化的情况做动态调整;再者,在做设计时,要充分考虑到人的因素,关注到人的潜能开发,在用人、授权以及激励方面探索一条行之有效的方式。这正如著名经济学家凯恩斯所认为,经济学是一门有关手段而不是目的的科学,其宗旨在于解决"经济问题",以便人类能够"明智、惬意和富足地"生活[①]。

在考虑到媒体组织结构合理化的同时,必须将这一设计放入媒体产业的整体竞争与协调发展氛围中考虑。媒体集团的总体发展多是依靠并购与结盟来寻求扩张,而具体的媒体机构则是在不断创新与寻求支持中向前迈进。要采取多角度观察、分析,用一种战略的眼光才能看得高、看得远、看得透、看得清。

---

① "思想与世界——凯恩斯传记作者谈凯恩斯",载英国《经济学家》周刊,2000 年 11 月 25 日。转引自项保华.战略管理——艺术与实务[M].北京:华夏出版社,2001:32。

用一种战略的眼光去看待问题,实际上也就是将眼光放到媒体组织的外部环境,关注到那些会对媒体的组织活动和绩效产生或显或潜影响的外在力量因素。

当代形势发展迅速,外部环境充满着许多不确定性,特别是中国转型期的复杂性更高。这可借用二维矩阵模型来表示。该矩阵分为四个单元,单元1所代表的是最小的环境不确定性;单元4代表最高的环境不确定性。管理对组织成果的影响作用在单元1中最大;在单元4中最小(见表13-1)。[①]

表13-1　环境不确定矩阵

		变化程度	
		稳　态	动　态
复杂程度	简单	单元1 稳定的和可预测的环境,要素少 要素有某些相似基本上维持不变 对要素的复杂知识的要求低	单元2 动态的和不可预测的环境,要素少 要素有某些相似但处于连续的变化过程 对要素的复杂知识的要求低
	复杂	单元3 稳定的和可预测的环境,环境要素多 要素间彼此不相似但单个要素基本维持不变 对要素的复杂知识的要求高	单元4 动态的和不可预测的环境,环境要素多 要素间彼此不相似连续变化 对要素的复杂知识的要求高

各种环境的不确定性直接影响着组织的成败。战略管理下思考问题就是要将这些不确定性降至最低程度。

企业战略规范着组织结构的形式,组织结构反过来也抑制着战略的实施。企业战略决定着企业发展的一系列目标、方针、政策,但只有与之合适的组织结构才能将战略得到实际的贯彻和实施。不同的战略发展应有不同的组织结构[②]。

2. 中国媒体组织流程的重塑

如上所说,中国媒体产业的组织流程是一个非常复杂的问题,触及中国政

① 斯蒂芬·P.罗宾斯.管理学[M].北京:中国人民大学出版社,2012.

② 苏东水.管理学[M].北京:东方出版社,2001:151-152.

治、经济、文化等生活的方方面面,而且,同其他产业不同的是,其同时具备社会整合功能与资本运营功能,有着自身的独特性。

中国媒体的产权由国家代表全体人民所有,所有权完全属于国有。媒体企业是党和政府的宣传机构,即党和政府的喉舌,媒体至今仍定位在"事业性单位,企业化管理",不是真正的企业。政府明确规定不允许社会资本和境外资本注入媒体,不实行股份制,也不能直接改制上市。由于事业单位的特殊性,在报业方面实行主办单位、主管单位制,在广播电视方面实行政府台制。在 20 世纪 80 年代之前,新闻单位的经费多由政府直接拨款。目前,部分入不敷出的新闻单位仍由地方政府拨款,保证其正常运作,而大部分传媒企业已不再需要政府的财政支援,完全依靠广告收入和其他经营收入。

因而,中国媒体企业实行的是多头管理、行业所属、部门所有、条块分割的四级办报台体制。从国家级讲,党的中央宣传部门负责宣传内容和舆论导向,新闻出版署负责报刊和音像图书的出版管理,广电总局负责广播电影电视事业的管理,教育部负责教育电视管理,外宣办(国务院新闻办)负责对外宣传和互联网宣传管理,文化部负责文化艺术娱乐业管理,信息产业部、国家工商行政管理局等负责相关产业的行政管理。省、市、县也大致参照上述模式按行政区划多头管理,并明文或非明文地规定不准异地办报办台,广播台不准办电视台,电视台不准办广播台,报纸、通讯社不准办广播台电视台。

在这种体制下,中国媒体的核心领导由行政权力任命,政府通过其主管部门任命报纸、电台、电视台的主要领导,台长、社长或总编辑负责媒体的日常运作,决定新闻媒体的方针,负责财政拨款。

在战略性地考虑中国媒体组织流程的设置时,还应考虑媒体目前产权和股权结构的关系。随着市场经济的迅速发展,特别是媒体朝集团化、规模化发展,为寻求产业扩张和资产重组而进入资本市场筹资融资时,媒体产权不清成为媒体发展的现实问题。

与此同时,媒体发展的投资风险加大,因为在国家和集团之间的责任权利没有明确界定,会带来一系列的问题。比如,集团的决策失误,造成国有资产流失,责任将无法认定。因为,决策者既是经营者,又是资产所有者的代表。

在许多媒体上市公司中,国家拥有高度集中的股权,是最大的控股股东。股权过于集中导致的问题有:国有股股东操纵公司的一切,董事、监事全由国有股股东一人委派,公司机构间无法形成制约关系。有的大股东自恃股份比重高,决策只从自身利益考虑,无视少数股东的权益。

从以上分析可以看出,国有媒体企业目前尚未完全改造为股份公司,尚未建立完善的现代企业制度。在中国目前的媒体管理体制下,媒体是一种非营利机构。按照经济学的理解,非营利机构是不以营利为目的、向社会提供产品或服务的组织。但媒体是介于政府组织、营利机构之间的一种社会组织。

以上是对我国媒体实际情况的剖析,在结合参考国外传媒集团公司的组织结构经验基础上,在一种战略层面上,中国媒体应设置以社委会、监事会、编委会、经理会为基本框架的组织结构,实行决策层、管理层(包括采编和经营)、监督层相互制约的领导体制。具体而言,就是上级主管部门以及出资方委派代表参加社委会,社委会下设经理会和编委会,分别由总经理和总编辑负责,媒体的经营活动和新闻编辑出版分开。

社委会由国家和有关投资方委派,代表履行所有者的权利,决定集团的发展战略等重大问题。经理会作为经营管理机构,对社委会负责,依照法律规定的职权和社委会授权,决定集团经营活动;编委会负责新闻的编辑出版,保证内容质量。监事会作为媒体的监督机构,由国家委派代表和职工代表组成,对媒体的编辑出版和经营管理进行有效监督。监事长和监事会成员不应在媒体内担任行政职务。要保证1/3的监事由职工代表大会选举产生,为职工负责。在可能的情况下,社委会可用高薪聘请专业人士充当外部监事。

上述传媒的组织结构应该说是建立在6个关键性因素基础上的结果。这6个因素:工作专门化(work specialization)、部门化(departmentalization)、指挥链(chain of command)、控制跨度(span of control)、集权与分权(centralization & decentralization)、正规化(formalization)[①],是一种有机式的组织结构流程。而原先的媒体组织结构是一种集权性的决策机构,具有严格的层级关系,职责固定,是高度正规化的宣传机构,上述思路下的组织结构,是形成一种低度正规化下的分权决策,彼此间合作,有效的有机决策机构[②]。

---

① 斯蒂芬·P.罗宾斯.管理学[M].北京:中国人民大学出版社,2012.
② 芮明杰.管理学[M].北京:高等教育出版社,2001:85-86.

第三节　媒体管理创新

古典组织理论创始人法国的亨利·法约尔最早从职能的角度来分析管理。他认为,管理,就是实行决策、计划、组织、指挥、协调和控制。法约尔把管理要素看成是管理的各种职能——计划、组织、指挥、协调和控制。

后来,以哈罗德·孔茨为代表的行为管理学派发展了法约尔的五种职能,孔茨认为,主管人员的职能可以概括成五大类:计划、组织、人事、领导和控制。孔茨则将管理的概念拓宽,将领导职能收入管理者手中,并且把协调作为管理的本质加以强调。但是,总的来说,学界对于基本的管理职能分歧不大。在这里,我采用法约尔的原始定义,将保证管理运行的职能概括为计划、组织、指挥、协调和控制①。

一、传媒决策与计划

编制计划包括选择任务、目标以及完成任务和目标的行动。媒体的经营,需要按照预算制定相应的计划,有时会以一个合理的计划(或项目)向上级申请要求预算。计划虽然不能准确地预见未来,却能帮助规划一个战略性的发展目标,使所有的员工明确地知道工作的方向。另外,计划是其他一切管理行为的前提,诸如组织、人力资源管理等都是围绕着如何实现计划展开。没有计划,工作往往陷于盲目。计划在组织管理中的基础性作用如图 13-13 所示。

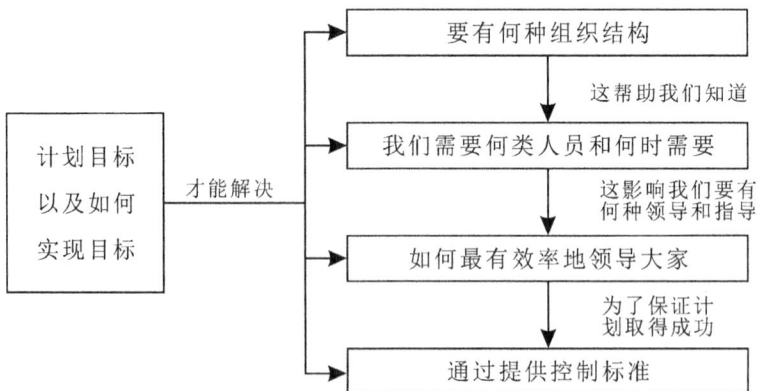

图 13-13　计划在组织管理中的基础性作用

---

① 芮明杰.管理学[M].北京:高等教育出版社,上海:上海社会科学院出版社,2001:85-86.

举例说明,在实际工作中,媒体的组织应随着产业环境的变化而制定有关招聘与培训计划。明确、清晰的组织目标决定着招聘与培训目标。组织能否在规模上做大,在组织体系上做实,关键之一就是看有没有明确的组织目标。招聘是媒体组织对人员的吸纳,培训规划是对一个特定时期内将要进行的培训工作预先拟订的规划,包括以下几个方面的内容:培训目的、目标以及要求;培训时间、地点、进度、讲师以及培训负责人;培训方式;培训内容;培训评估方式;奖惩措施等。

制定培训规划是媒体组织管理中极其重要的环节,必须从媒体组织的战略出发,满足组织以及员工两方面的需求,考虑组织资源条件与员工素质基础,考虑人才培养的超前性以及培训效果的不确定性,确定职工培训目标,选择培训内容和方式。

通常,培训规划的制定流程如下:根据培训需求,结合组织的战略目标,来制定一个良好的培训目标。在培训规划设计中,对培训领域与内容的规划是最基本的内容,解决"培训什么"的问题。这也对组织培训主管人员提出了较高的要求,即既能够掌握工作分析等实用工具,又要对组织特征、组织战略、组织文化有较深入的了解,还要关注培训内容开发的新趋势新动向,结合到组织实际中,挖掘深层次需求,弄清培训领域,确定培训内容[①]。

二、传媒组织的激励与控制

所谓的激励是媒体组织通过设计适当的奖酬形式和工作环境,以一定的行为规范和惩罚性措施,来激发、引导、保持和规划成员的行为,以有效地实现组织目标。控制是管理有效的重要保证[②]。目前媒体组织开始通过绩效考核来帮助实现组织的目标。

所谓"绩效",是指工作业绩和工作效益的统一体。工作业绩是指员工在一定时间内所取得的劳动成果的数量和质量;工作效益是指员工所完成的工作能带来的经济效益和社会效益。

接下来看一下绩效考核,英文是 performance appraisal,指对员工一段时间

---

① 王方华.培训实务[M].北京:北京师范大学出版社,2006.

② 芮明杰.管理学[M].北京:高等教育出版社,2001:210,233.

的工作绩效目标等进行考核,是前段时间的工作总结,同时考核结果为相关人事决策(晋升、解雇、加薪、奖金)、绩效管理体系的完善和提高等提供依据。

(一) 媒体绩效考核作用

1. 作为员工升降调配的依据

一个组织的人事决策如开除、调配、辞退等一般应有相应的依据,绩效考核的结果可充当为依据。如绩效优良的员工更有可能得到晋升,绩效较差的员工则可能被降级甚至辞退(当然绩效较差的原因也有可能是员工与现任职务不相配,此种情形则应进行合理调动)。

2. 确定员工的薪资报酬

为贯彻公平与效率两大原则,使组织内部形成进取与公平的氛围,就需要对每一位员工的工作表现进行评定和测量,并将绩效考核的结果作为决定员工薪资高低的依据。

3. 有利于工作分析

绩效考核既可以发现员工的不足,也可以发现考核标准本身可能存在的问题,这些信息对未来进行工作分析是十分有用的。

4. 促进组织内部沟通

绩效考核的实施要求评价者不断了解和掌握被考核者的工作情况,才能做到客观、公正、准确的评价,而考核的结果又要反馈给被考核者,这样使组织内的员工在讨论工作绩效时收到更有意义的沟通效果。

5. 促进管理改进

通过绩效考核可以发现员工的不足进而可以发现管理中的薄弱环节,通过绩效考核结果的进一步使用,使管理中的不足得到改善,使组织的管理迈上新的台阶。

6. 确定培训需求的依据

绩效考核的结果可以反映员工的绩效与组织标准之间的差距,而这种差距一般可以通过恰当的培训来使之缩小。如技能培训可以提高员工的工作技能,心理的健康可以通过心理保健来完善。

7. 有助于加强组织凝聚力

绩效考核要求考核者与被考核者对考核标准、考核方法及考核结果进行充分沟通,通过沟通可使组织成员之间相互更加了解和团结,有助于增强企业凝聚力。

（二）媒体绩效考核方法

绩效考核方法很多，不同的考核方法各有优缺点，它们适用于不同的环境和对象，可以根据需要对各种考核方法加以选择与组合。管理学家总结出以下方法，同样适用于媒体。

1. 比较法

考核者将不同员工的工作表现进行相互比较，以得出员工工作的相对优劣的评价结果，比较法又可分为简单排序法、交错排序法、成对比较法和强制分布法。

（1）简单排序法是指考核者从表现最好的员工开始，自上而下地列出所有员工，该法简便易行，一般适用于员工数量较少的单位。

（2）交错排序法从简单排序法演变而来，它克服了简单排序法易走极端的情况。考核者在所有员工中先挑出表现最好的员工和表现最差的员工，分别列为第一名和最后一名，然后在余下的员工中再选出表现最好和最差的员工，分别列为第二名和倒数第二名，依此类推，将员工的表现从最好到最差排列完毕。

（3）成对比较法也叫两两比较法，主要适用于管理人员的评价。根据某一标准将每一员工与其他员工逐一进行比较，并将每一次比较中的优胜者选出，就如体育比赛中常用的循环赛比积分高低一样，依次得出最高的员工和积分最低的员工。如图 13 - 14 所示。

	员工 A	员工 B	员工 C	员工 D	员工 E	得分
员工 A		2	2	2	2	8
员工 B	0		2	2	2	6
员工 C	0	0		2	2	4
员工 D	0	0	0		2	2
员工 E	0	0	0	0		0

图 13 - 14 成对比较法

由图 13 - 15 可以看出员工 A 得分最高，表明按成对比较法得知 A 员工在某一方面绩效最好。

（4）强制分布法：这种方法实质是运用数理统计中的正态分析概念，将员工进行相互比较，认为员工的绩效服从正态分布，如图 13 - 15 所示。

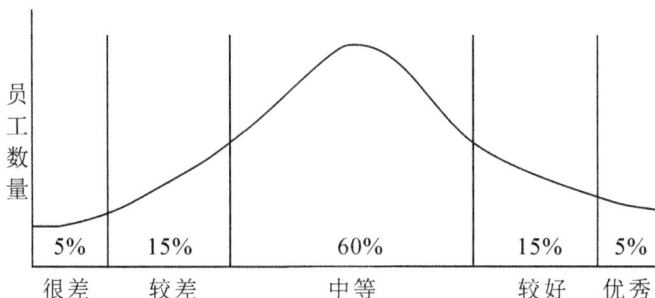

图 13 - 15　强制分布法

该法实际上假定全体员工在进行绩效比较而进行等级排列时，每个级别上都有一定比例的员工存在，如图 13 - 15 中就假定从很差到优秀的员工比较分别是 5%、15%、60%、15%、5%。该方法的优点：成本很小、简便易行；缺点：很难发现员工的问题，评价尺度很难保持一致，易造成考核不客观。

适用范围：适用于人数较少和成本要求很低的考核，不适用于对员工提供建议和辅导，不适用于奖金分配的考核。

2. 关键事件法（KPI）

按照该法评价时，评价者把员工表现中最好的行为和最差的行为记录下来，形成书面的考核报告。评价者在对员工的优点、缺点和潜能进行评价的基础上提出绩效改进的意见。

该方法优点：方法简单、评价客观、成本较低；缺点：评价指标缺乏统一的标准，易发生评价误差，评价内容较随机无明确的针对性；评价结果也无法在员工之间进行横向比较。

适用范围：该法不宜单独使用，宜与其他评价方法结合使用。

3. 图表评价法

图表评价法在实施时，由考核人员依据事先制定的考核表对员工进行考核，根据所使用表格的不同，图表评价法可分以下几种方法：

（1）行为对照表法：实施该方法时，预先给评价者一份员工工作规范表格，评价者按照工作规范中的描述对比员工的工作行为，找出准确描述员工行为的陈述,再根据每项陈述所对应的分数进行汇总就得到这一员工的绩效总分。

(2) 强迫选择法:该法由行为对照表法改进而来,它与行为对照表法不同之处是,每个评价项目并不预先列出对应的分数,评价者按行为对照表法挑选出准确的工作陈述后,由人事部门进行汇总按照不公开的统一标准计算每位员工的绩效分数。

(3) 等级鉴定法:该法把每项评价标准确定的若干等级考核者根据员工的实际表现,在适当的级别上做出标记。举例说明(见图 13-16)。

姓名:**XXX** 部门						
	权重%	优秀 5	良好 4	合格 3	较差 2	很差 1
工作质量	40%		✓			
合格精神	20%			✓		
工作技能	15%		✓			
业务知识	10%	✓			✓	
工作态度	15%					
备注						

图 13-16 等级鉴定法

按图 13-17 所评价结果,该员工的绩效为

$4×40\%+3×20\%+2×15\%+5×10\%+2×15\%$

$=1.6+0.6+0.3+0.5+0.3=3.3$

(注:该图设定满分为 5 分,最低为 1 分)

(4) 行为锚定评价法:行为锚定评价法实质是等级鉴定法与关键事件法的结合产物,该方法是将每一绩效等级与一关键事件相对应,从而评价标准更明确而客观,举例说明(见图 13-17)。

评价标准:工作态度				
指标定义:指对工作的认识、主动性、合作性及责任心等				
优秀 5	良好 4	一般 3	较差 2	最差 1
工作积极主动、善于团结人、有很好的协作性、忠于职守	工作主动不需监督、协作良好、服从安排、工作负责	服从安排、能完成工作与人合作一般	缺乏主动性、与人经常有摩擦、责任心较差	主动性极差、无法与人合作毫无责任心

图 13 - 17　行为锚定评价法

4. 目标管理评价法

该法是将目标管理作为绩效考核的方式,具体做法是:首先确定组织目标,然后再层层分解到部门和个人,目标的设定必须具体,客观可衡量,同时目标的水平应高低适中,既具有挑战性又可经过努力能够达到;目标设定后在实施过程中及目标期末,由评价者按照设定的目标进行考核;之后,根据目标的完成情况再制定下一期目标。整个过程中上下级共同参与讨论,且个人、部门、组织的目标协调一致。举例说明(见图 13 - 18)。

姓名:　　部门:

	职责与目标	目标完成评价
职责 1		
目标		
职责 2		
目标		
职责 3		
目标		
评价总结:		

图 13 - 18　目标管理评价法

(三)媒体业绩效考核程序

1. 制定考核标准

要确保绩效考核成功实施,首先要制定合理的绩效标准,因为绩效标准是实施绩效考核的依据与前提。绩效标准的制定应在工作分析的基础上进行,标准的内容必须明确、具体、可观测,并能获得组织内绝大部分员工认可。

2. 确定考核方法

实施绩效考核需运用一定的考核方法,目前,考核方法有多种,不同的媒体组织应根据自身的特点选择合适的考核方法。

3. 考核者的准备

绩效考核工作必须由特定的人员去完成,实施考核之前要选择合适的人选作为考核者,并对他们进行培训,使他们有能力去执行考核任务。选择考核者需考虑到以下几种考核方式:管理人员考核、员工自我考核、客户考核、同事考核、下级考核等。考核者的培训需理论与实践并重,确保考核者能充分掌握评价工具的运用,并能消除个人的偏见,使考核工作公平公正、客观、合理。

4. 组织实施考核

如果前三项工作是为绩效考核作准备,此项工作就是绩效考核的正式开始,即由考核者依据考核标准运用给定的方法对员工进行考核。考核的组织实施通常由人事部统一协调进行,各部门配合。

5. 考核结果反馈

考核工作完成后所得到的考核结果应向员工进行反馈,这样才有利于员工发现不足,改进工作表现并促进沟通,协助员工自我发展。

6. 总结改进

一个周期的绩效考核工作完成后应进行总结,针对考核工作实施过程中发现的问题进行分析,并采取纠正措施,以促使绩效考核工作不断完善,步入良性循环的轨道[①]。

案例 13 - 1:

国内 12 家新媒体公司的"人效贡献"分析[②]

"人效"即人均效能,它是用来衡量企业人力资源的价值,计量现有人力资源获利能力的指标,将国内 12 家新媒体公司做分析,可以发现其"人效贡献"可以分为三大阵营:第一阵营由垄断巨头组成,包括网易、腾讯和百度;第二阵营则是由门户、社交网站、安全服务提供商及游戏等新媒体企业组成,包括凤凰新媒体、

① 彭剑锋.人力资源管理概论[M].上海:复旦大学出版社,2004:24 - 369.
② 罗亚伟,宋培义.从"人效贡献"看新媒体公司的人力资源管理[M].传媒,2014(17).

人人网、奇虎360、完美世界和搜狐；第三阵营则以在线旅游服务商携程和艺龙，以及新浪、当当网为代表。12家新媒体公司的人均净利润参差不齐，这与各公司的业务类型、公司历史等密切相关。

（1）"人效贡献"高的公司通常会在企业文化、发展愿景或管理理念中明确提及人才，表现出对人才的高度重视，并且还会单独提出人才观念，阐述公司对人才的核心要求。例如，网易、腾讯和百度公司都做到了这两个方面。

（2）"人效贡献"高的公司一般具备完善的薪酬福利体系、明确的职业发展规划和全面多样的培训项目，其中不乏一些与众不同的特色项目。例如，腾讯的薪酬福利体系中的"安居计划"为员工提供了解决住宿的方案，百度的"专家问诊"在医疗服务上为员工谋福利。

（3）"人效贡献"高的公司努力为员工创造人性化的工作环境，并安排了丰富多彩的文化活动。例如为员工提供各种免费的娱乐休闲设施，举办具有特色的文娱活动。而"人效贡献"较低的公司对工作环境的重视不够。

案例 13 - 2：

报业全媒体采编绩效考核[①]

在纸媒网站发展的10多年间，报纸网站始终处于纸媒的附属地位。网站采编人员在收入和地位上普遍低于纸媒采编人员。在身份编制上也是五花八门，不同身份待遇相去甚远。一些报社网站采编人员甚至划入行政人员序列，考核不以业务绩效为导向，收入上也难以体现专业人员的价值。

随着"报网融合""数字优先"等全媒体战略的实施，报业的新媒体岗位从网站编辑扩大到视频制作师、社交媒体编辑、客户端编辑、数据分析师、视觉设计师等。全媒体生产使新媒体岗位员工工作量大增，不仅要制作完成日常采编任务，还要制作多媒体产品、维护用户关系、开拓市场运营，身兼内容和运营数职。如果仍将新媒体岗位简单地等同于行政人员，缺乏业务导向的绩效评价机制，则难以激励现有员工，吸引更多专业人才加入。因此，报社应该尽快完善针对新媒体岗位从业人员的绩效评价体系，提升从业人员的待遇，才有可能鼓励传统采编人员转型到急需人手的新媒体岗位上。

---

① 林颖.报业全媒体采编绩效考核四大趋势[J].中国传媒科技，2015(1).

当前报业对网站编辑等新媒体岗位的考核与门户网站相比,评价指标相对粗放,经营导向也不明显,这与报业网站更多是维护报业自身品牌与追求社会效益有关。

考核通常以完成公司阶段性任务为目标,通过页面访问地址(IP)、页面浏览数(PV)、独立访客数(UV)、用户在线数量、新闻专题制作数量、用户关系维护、网站经营收入等诸多指标进行考核。对报业网站编辑的考核可以参考商业网站的绩效考核,进一步细化考核标准,形成适应报业网站的考核方式,提升报业网站的传播效率和影响力。

对于微博、微信编辑,最直观的考核就是来自微博、微信的阅读量、转发量和评论数量,但完全依据数据考核会带来求数不求质的后果。有的微博编辑为了提高点击率、转发率,不惜放上赚取眼球的低俗新闻,虽然赢得了转发量,却损害到了报社的品牌和形象。因此,对社会化媒体岗位考核不能以数据为唯一标准,最终要看能否提升报社的品牌和公信力。另外,微博、微信这类新兴岗位目前没有对从业人员的资历进行分级,导致员工职业成就感下降。尤其在传统媒体职称评聘体系中,缺乏对新媒体岗位的评价指标,微博、微信编辑拿不出像传统记者编辑那样的作品、版面等代表作,失去评职称的机会,这也直接导致传统媒体采编人员不愿意转型做新媒体。

未来可以根据个人绩效和工龄对新媒体岗位设立见习、中级、高级、资深编辑等级别,将网站、微博、微信产生的社会影响力指标纳入职称评价体系,评价新媒体岗位从业者把关、策划、编辑的能力,使新媒体岗位的员工也能获得专业职称晋升的机会。

传统媒体时代,记者在新闻生产中往往单枪匹马作战,绩效考核偏重对个人的考核。这一考核方式虽然能够激发记者的劳动积极性,但也带来追求个人利益的短视行为,甚至在新闻资源紧张时,部门内部出现"你争我夺、相互倾轧"的局面。

媒介融合时代,新闻生产更多依靠团队合作,跨部门、多工种的组合协作,将是新闻报道的常态。如《东方早报》根据中国新闻的热点和重点领域成立了环保、法制、外交、动拆迁等20多个小组,每个小组由三四个成员组成,通过团队作战进行深度报道。

深度报道项目可以向报社申请2万元到3万元不等的研究资金,报道引发广泛社会影响力的，团队还将获得报社嘉奖。《解放日报》在 2013 年"复旦投毒案"的报道中，派出了机动部、科教部、群工部、党政部、文艺部、摄美部、数字媒体中心等多部门 10 多位记者组成团队，历时半年跟踪案件，以前方记者与后方新媒体团队融合传播的方式，在庭审结束后第一时间将投毒案特稿以"先网后报""报网融合"的传播方式发布到网站、微博、微信，迅速及时地以大量事实回应庭审焦点和热点，1 小时内微博转发 2 000 多次，参与该项目的 10 多位员工也因团队合作共同获得当年《解放日报》总编辑奖。

传统媒体时代，对报纸采编水平的评价更多来自评报小组、部门主管、总编辑等报业内部评价。媒介融合时代，报业新媒体后台记录下来的各类数据，成为衡量采编绩效的另一个尺度。报社通过网站、App 应用客户端、社交媒体后台的数据，监测到新闻的点击率、浏览量、转载率、评论情况，从而了解哪条新闻被点击、转载得最多，哪个专题策划报道最受读者关注，了解读者阅读偏好，把握社会情绪，适时调整报道的内容和节奏，提供更多适合读者需求的内容产品。

比如《三湘都市报》对纸媒好稿的评价标准之一是稿件被重要网站转载，转载在网页甚至头条，都有相应加分。杭州日报报业集团对全媒体采编人员既考核纸媒发稿量，又考核网站发稿量，不仅考核纸媒版面质量，还考核对应网站频道的点击量以及独立 IP 地址的流量。《解放日报》的 App 客户端《上海观察》将数据作为绩效考核的参考指标之一，通过"360 度评价法"，从自我评价、上级评价、下属评价、读者评价、数据评价等多个角度综合评估采编人员业绩，让绩效考核更加准确、科学、公平。

案例 13-3：

电视媒体绩效考核指标体系①

根据 360 度绩效考核，综合利用多种人员的评价结果对工作进行最终的考核，包括被考核者的上级、直接领导、同事、受众和本人等，全方位进行电视媒体从业人员的绩效考核。

根据心理学的研究，业绩、能力、态度三个方面决定一个人的绩效，结合电视媒体的实际，以业绩指标、能力指标、态度指标、团队指标为一级指标。

---

① 高福安,赵新星.电视媒体绩效考核指标体系研究[J].中国广播电视学刊,2013(5).

（1）业绩指标：对员工本职工作的直接结果进行考核的过程就是业绩考核。电视媒体从业人员的业绩考核主要从任务完成量、单位产品成本、收视率、观众满意度和工作完成及时性等方面来进行衡量。

（2）能力指标：根据工作说明书规定的岗位要求，对其能力所做出的考核过程就是能力考核。在一些情况下，人们偶然很好地完成了工作任务，如果只考核工作业绩，就能够得到较高的评价。但为了实现电视媒体及其员工更加长远的发展目标，仅仅进行业绩考核会影响对员工的长期引导。所以，对员工的工作能力进行考核是电视媒体绩效考核体系的重要内容。

（3）态度指标：工作态度与工作能力、工作业绩三者之间是相互联系的关系，工作态度是影响工作能力和工作业绩的重要因素。工作态度的考核也是电视媒体绩效考核体系的重要指标。

（4）团队指标：电视媒体最终要实现的是媒体团队竞争力。个体往往会忽视团队的存在而孤军奋战，削弱了整个团队的竞争力。媒体从业人员必须树立团队观念，一个完整的节目是需要不同角色的分工合作来完成的，一个人的孤军奋战是不可能的。

被考核者的上级、直接领导、同事、受众和本人等，通过完成值与目标值或计划值比较的方法分别对二级指标进行评分。然后将不同考核人员的评分进行汇总，得到被考核者的每个二级指标的得分。汇总分数的方法依据不同电视媒体的结构和考核人员的选择而定，可以计算平均值，或者按不同的比例进行计算（见图 13-19）。

评价尺度（完成值与目标进行比较）	对应分值（单位：分）
超过了目标要求完成了工作	10～8
完成达到了目标要求	7
距离目标要求稍有欠缺	6～4
远未达到目标要求	3～1

图 13-19

在进行绩效考核的过程中，对于不同的考核指标如何衡量并确定其所占权重，避免像过去主观打分的精细化设置，是电视媒体制定和实施绩效指标考核体系的一个重点,从而为电视媒体的绩效考核做出比较客观准确的评价。

思考题:

1. 你认为媒体的绩效考核标准有何特殊性?

2. 你认为《西游记》中西天取经团队组合的有效性在哪里?

第十四章

解密媒体创意经济

在媒体全球战略化趋势下,各国媒体产业的发展和结构调整的目标和任务相应也发生新的变化,即在互联网、大数据新的知识经济形势下,如何投入到媒体全球战略的轨道中,朝文化媒体产业递进,守住本土媒体阵地,同时在国际化合作中赢得本土媒体资源跨越疆土的张扬优势,是各国媒体产业战略发展首要考虑的问题。

第一节　媒体创意:人的创意

新经济增长理论认为,知识积累和专业化的人力资本取代物质因素,成为经济增长的主要因素和原动力。它们不仅自身收益是递增的,而且能通过其外部效应使物质资本及其他因素也产生递增收益,从而使整个经济的规模收益递增,实现经济的长期增长。

媒体产业是一种智力密集型产业,靠创造力发展,知识积累和专业化的人力资本起着决定性的作用。

早期新古典派分析经济增长的时候,只考虑了资本和劳力这两个生产要素。20 世纪 60 年代开始,美国经济学家索洛、丹尼森等人对知识、技术在经济增长中的作用进行了定量分析,把知识、技术引起的增长作为一个"增长的余量",即在经济增长率中扣除劳动增加与资本增加所引起的增长后,总有一个"余量"是无法用劳动与资本的增加来解释的,这就是技术进步的贡献。

这种分析把知识技术作为经济增长模式的外生变量,但尚不能说明知识技术与投入增加的内在联系。直到 1983 年,美国经济学家罗默(Romar)对新古典派进行了批评,他在资本和劳力这两个生产要素基础上,又增加了另一个生产要素:知识,从而创立了新经济增长理论。

他认为,特殊知识和专业化的人力资本是决定经济增长的最主要因素。知识应该作为一个独立的内生变量列入增长模式,知识积累是促进经济增长的最重要动力。一国经济要快速增长,就必须像对机器设备投资那样对知识进行投资,实现投资与知识的相互促进和良性循环。

新经济增长理论是在新古典经济增长理论缺陷的基础上产生的,它将知识和技术内生化,把知识、技术和人力资本引入经济增长模型,来说明经济实现长期持续增长的关键问题是技术进步和人力资本投资。

曾获诺贝尔经济学奖的舒尔茨认为,技术进步主要是靠人力资本积累。所谓人力资本不是指壮工,而是指人的知识和技能。舒尔茨作了很深入的分析,他认为人力资本和物质资本不一样,物质资本是报酬递减的,人力资本是报酬递增的;物质资本投进去以后,你用了别人就不能用,而知识不存在这个问题,你用了别人照样用,它是报酬递增的。

当然现在发展经济学存在另外一个问题,就是知识、科学这些东西,一方面是收益递增的,会给社会带来很大贡献,但也存在一个问题,就是很难排他地使用,就是说你只要拿出去了,你说不许哪些人用,恐怕做不到。当然,技术这个东西的发展要靠整个的市场制度,当然也包括一些法律制度,比如说知识产权的保护制度①。

技术也是人发明创造的,人的创意无限,但要想出其不意,找到创意核心,吸引注意力,帮助人们理解记忆,注入情感因素,打破"知识的诅咒",借用故事的力量,离不开正确的见识和信息,这些都是创意黏性的必需②。

---

① 参见:苏东水.产业经济学[M].北京:高等教育出版社,2001:508-517.
② 【美】奇普等.让创意更有黏性:创意直抵人心的六条路径[M].北京:中信出版社,2015.

案例 14-1：

《达·芬奇密码》为何让人迷①

图 14-1　《达·芬奇密码》电影插图

当科学与宗教交织的一个又一个悬念紧紧抓住读者和观众的心时，《达·芬奇密码》在全世界获得了前所未有的成功。当世界走入创意经济时代后，这部著作的巨大成功，无疑又引领着创意经济步入一个新的阶段。聪明的商人们，凭着他们的奇思妙想，让《达·芬奇密码》的能量辐射到电影、手表、汽车，甚至食用油上，给世界展现了一个无限延展的创意经济新解码时代。

"密码"掀起文化创意"风暴"

《达·芬奇密码》是一本"科学＋宗教"的悬疑小说，热到已经脱销；是一部电影，火到甚至在各大影院上演一票难求。看过书的人渴望带着书中的悬念去电影中和主角再次进行解码之旅，看过电影的人又希望回到书中去仔细琢磨那些秘密。于是，看了又看，一场"文化解码风暴"骤然而起。

解读创意产业的"密码"链条

丹·布朗本人曾经说过，《达·芬奇密码》所衍生出的相关产业，至今已创造出大约 10 亿美元的营业额。但如今看来，实际上远远不止这个数字。电影、腕表、游戏、旅游……越来越多的产品和行业在沾光《达·芬奇密码》的神奇，迅速火爆市场。

---

① 参阅：《北京现代商报》，2006 年 05 月 30 日。

达·芬奇腕表一块卖 2 万元

哥伦比亚国际影片发行公司已经授权给一位珠宝商做达·芬奇腕表,这种表的最高售价可达两万元一块。GOOGLE 已经推出了达·芬奇密码的游戏网站,放了许多解谜游戏。不知道那些酷爱"杀人"游戏的玩家,是否会纷纷倒戈?此外,还有人生产相关的玩具等。

旅游因此而"火"

《达·芬奇密码》对于旅游的促进更是不可忽视。据媒体报道,这部电影借巴黎近郊的维蕾特城堡拍摄,已让这座城堡成为著名旅游景点。现在前来参观的人络绎不绝,城堡的主人如今只需坐拥豪宅,就财源滚滚了。据说,《达·芬奇密码》是首部能够进入卢浮宫拍摄的外国影片,让法国人如此重视的一部电影,其意义明显早已突破了书或电影本身的魅力,一个国家借此扩大的影响力和丰厚的旅游收入,恐怕也在其中占了足够重的分量。

同样是小说中提及的苏格兰罗斯林教堂,自 2003 年《达·芬奇密码》一书出版后,也成为一个全球热门旅游景点,仅 2005 年前 10 个月游客人数就超过10 万。

游戏吸引追随者

此外,电影《达·芬奇密码》的中国香港地区发行商则别具匠心,投资 200 万港元,以电影中男女主角"走遍各地破解密码"的情节为蓝本,在香港开动了"达·芬奇解码之旅"游戏活动。获奖者将追随电影中男女主角的足迹,畅游巴黎、伦敦、爱丁堡等地。

思考题:

1.《达·芬奇密码》出版书籍营造了何种媒体产业链?

2."文化解码风暴"是靠怎样的创意完成的?体现了何种人力资本因素?

第二节　媒体创意经济：知识经济

一、知识经济

知识经济是一种创新经济，以创新优势弥补资源和资本上的劣势，是一种以智力资源的占有、配置、生产、分配、使用为最重要因素的经济。

知识经济，通俗地说就是"以知识为基础的经济"，从内涵来看，知识经济是经济增长直接依赖于知识和信息的生产、传播和使用，它以高技术产业为第一产业支柱，以智力资源为首要依托，是可持续发展的经济。按照世界经合组织的说法，知识经济就是以现代科学技术为核心的，建立在知识和信息的生产、存储、使用和消费之上的经济。

从历史发展来讲，它是区别于以前的以传统工业为产业支柱、以稀缺自然资源为主要依托的新型经济，它是相对于靠土地和养殖业的农业经济和大量消耗能源和原材料的工业经济而产生的新的经济概念和经济形态。

它的最大性质在于，它的繁荣不是直接取决于资源、资本、硬件技术的数量、规模和增量，而是直接依赖于知识，技术特别是高技术，以及有效信息的积累和利用。

知识经济的出现，标志着人类社会正步入以知识资源为依托的新经济时代，在这个新时代，知识将成为最重要的经济因素，知识经济的兴起，使知识上升到社会经济发展的基础地位，知识成了最重要的资源。

20 世纪 70 年代以来，以信息技术及其产业化进程迅速推进为标志，人类社会逐渐进入了一个全新的知识经济时代。其本质上是一种信息经济。

信息经济的主要表现为，信息技术在全社会广泛渗透和使用，信息和知识成为重要的资源和财富，信息产业成为国民经济的主要经济部门；经济表现为一种创新型，技术创新速度大大加快，并成为经济增长最重要的动力；知识经济是一种智力支撑型经济，对智力资源的占有、配置、生产、分配、使用成为最具决定性的经济因素。

二、媒体产业的知识经济特征

媒体产业是我国文化事业的重要组成部分,也是国民经济的重要产业部门。知识密集、智力密集的媒体产业,具备知识经济的特征。媒体发展中,有一种观点是技术决定论,即从报纸、广播、电视到网络,每一次媒体的飞跃都是高科技带来的,从印刷术,到无线电波、数码、大数据,媒体技术甚至规定了媒体的未来。

(一)高科技改造媒体产业,不断提供新载体

计算机和网络技术实现了媒体产业采编工作和经营管理的自动化、网络化,提升管理水平和工作效率。如开展电子商务和网络出版,促进媒体产业升级。图书、期刊、音像制品和电子出版物更是从事电子商务最适宜的产品。

各类"新兴媒体",融声、像、图、文于一体,还挟其信息传播的高度实时性、参与性和交互性等,席卷全球,既丰富了信息内容,也使信息需求者可以更深入和有选择地享受信息服务,并有效介入媒体生产,诞生大量"自媒体"。

(二)媒体本质是内容产业,横跨娱乐和信息产业两大领域

媒体产业本质上是内容产业,横跨娱乐和信息产业两大领域。从事"信息产品"的内容生产、加工和传播,并通过交换来实现信息资源的增值和对生产过程中劳动成本的补偿,获取最大的经济收益。

娱乐是人的本性,亦指快乐有趣的活动,是一种身心联动的体验。根据不同娱乐方式的主要功能,人类娱乐大致可分为三大类:

(1) 文化娱乐,人们为了"心灵的愉悦",根据自己的兴趣爱好选择不同文化产品来消费的行为,这是人类所特有的娱乐;

(2) 体育娱乐,人们为了获得"身体的愉悦",根据自身条件所进行的内容简便易行、富有情趣的各种身体练习,如各种体育游戏等,又可分离为文化性体育娱乐和休闲性体育娱乐;

(3) 休闲娱乐,人们为了驱逐紧张、单调、寂寞和无聊,选择各种"消费闲暇时间"的行为。当代最普及的娱乐是通过影视、音乐、演出与出版(看电视、电影、报刊、晚会,听音乐等),玩游戏(网络、手机、游戏机等)与网上虚拟生活,这些"为社会提供娱乐产品的同一经济活动的集合以及同类经济部门的总和",构成娱乐产业。

麦克卢汉提出传媒是"人的延伸","媒介体即按摩",他认为真正的社会教育

者在媒体这里,而不是在传统的学校和教会,媒体在轻松的视听享受中教育人,甚至改变人,媒体的力量首先是与人耳目,给人以快感、刺激,形成自觉接触习惯,这是对媒体本质的深刻揭示。媒体消费是一个自觉享受过程,而不是接受宣传灌输的过程。

媒体经济是影响力经济,娱乐是发挥影响力的前提和基础。在媒体市场以消费为中心、受众主导条件下,娱乐是其主打内容。真人秀、百万富翁等娱乐、游戏、影视剧风靡世界,以至于媒体内容业 20% 的产值在新闻,80% 的产值在娱乐。在美国洛杉矶,"娱乐"就是一切,从电视频道到百万巨制的好莱坞电影,就连新闻也出现"娱乐化"的倾向,陷于"拳头＋枕头＋噱头"式的程式,用娱乐节目托起新闻节目,打造黄金平台。

(三) 媒体产业依靠创新扩大市场占有份额

媒体产业的各种创新,包括观念、制度、管理、科技、产品创新,都以满足市场需求为最终目的,其效果也靠市场来检验。为了扩大市场占有份额,媒体业必须进行市场创新。

从整个世界经济发展的角度来看,知识经济是最具有成长性的,因此从发展的角度来说,媒体产业作为知识经济的组成部分,也具有相当的成长性。

传统的媒体产业发展,尤其是发展中国家的产业发展,一度曾滞留在成型媒体产品的简单再生产阶段——即过度关注创意结果的复制,而忽视了媒体产业本身要求的创新和变革。

如今的媒体产业,开始更多地关注人类智慧运用。这看似简单的转型,不仅改变了传统媒体产业创新不足、产品不济的现状,还将媒体产业带入了新的快速发展之路。

可以说,媒体产业已成为源自媒体人的创造力、技能和天赋,通过知识产权的开发和运用,具有创造财富和就业潜力的行业。

简而言之,媒体产业就是服务于人类,按人性发展需求作为产业发展资源的一种生产模式。这类生产模式颠覆了以往产业发展的基本理念——即改变了创造力等智力因素在产业发展中的附属地位,而将其确立为产业发展的核心因素。

现代经济总体上已以"文化意义"为基础,现代经济活动、社会活动与文化活动的界限已经模糊。以娱乐性、消遣性、益智性为特征的经营性文化拥有相对广大的消费人群。这样,随着产品的需求者增多,市场也就越大,媒体产业娱乐性内容的发展,如建立在"数字化"技术基础之上,无成本复制和传播、个性化与互动式服务、多媒体界面、虚拟现实、生活性的渗入,在一定意义上体现人类人性化发展的需求。

(四) 媒体产业娱乐化是信息社会发展的必然趋势

媒体产业娱乐化表现是现代高科技发展的结果,是现代社会的产物。现代社会,随着人的放松和对深层心理的理解与宽恕,伴随着信息社会的来临,"媒体娱乐业"随之发展起来。

先是伴随娱乐需求,出现了传统音像业。以 1877 年留声机的发明、1895 年电影的产生为标志,人们可通过媒体,以间接的方式获得娱乐。音像作品进入千家万户,成为大众消费对象;音像作品使娱乐成为大众日常生活的一部分,大批迎合大众的音像作品日益涌现。

接着出现了以广播电视为主要媒体的"在线媒体娱乐作品"。广播和电视的出现,使得在线媒体娱乐作品音画效果生动,可实时直播也可以转播,成为媒体娱乐业的主体,使欣赏者重新获得了一种虚拟的"在场感"。

如今,出现了以互联网为代表的互动式媒体娱乐。人们不单是作为"受众"而接受媒体中的娱乐作品,而且可以作为"参与者"直接参加娱乐活动。

案例 14-2:

不仅虚拟现实 工业光魔 XLAB 打造未来娱乐

美国科技媒体 The Verge 作者 Bryan Bishop 走访 xLab,在体验了《星球大战》等相关的体验后,发表文章表示,工业光魔的 xLab 正在打造的是融合动作捕捉、虚拟现实和增强现实于一体的"未来娱乐形式"。

站在工业光魔工作室的动捕舞台上,旁边就是工作人员所称的"洞穴"——两面巨大的银幕垂直构成了一个夹角,银幕上晃动着模糊的影像。但是且慢,一戴上 3D 眼镜之后,一切都不同了,"洞穴"变成了一个全息甲板。一瞬间,我来到了《星战》影片中的塔图因星球,和影史知名机器人 C-3PO 来了个面对面。我不时弯腰或者蹲下仔细端详 C-3PO,操作动作捕捉的工作人员举起手,我眼前的机器人报以同样的动作。这体验既愉快又沉浸感十足,而且都是实时发生的!

这个"洞穴"是电影人尝试"未知世界"的地方,也是工业光魔的 ILMxLab 用来制作 Demo 和增强现实体验的场所。ILMxLab 是用来实验所有互动沉浸体验的游戏操场。虚拟现实（VR）、增强现实（AR）、娱乐主题公园，全都可以用来玩耍。老牌视效大咖、电脑怪才以及卢卡斯影业的创意人员正式会师在这个未来娱乐实验室之中。

未来电影是一个实时互动的空间。未来的电影将是实时和交互的世界，观众可以选择进入到喜欢的角色的空间中，利用这些角色来讲述自己的故事，而这正是现在所谓的"跨媒体"所没能做到的。"首先需要做的是，让人们了解自己与电影之间的墙已经消失了，电影将变成另一世界的传送门。"John 认为这样的未来其实并不遥远。（资讯编译自 *Wired*）

第三节　中国媒体：国际合作中创新

一、中国媒体国际合作的资源优势

传统意义的区域市场不复存在，所有媒体基本上都能面向同一个市场——全球市场，而且都能提供多种媒体产品服务。

中国具有五千年的发展史，从人文资源的角度看，有着丰富的文化遗存物与极具特色的文化风俗，这些文化资源成为媒体具有经济开发价值的丰富源泉。在知识经济时代，中国无疑成为世界上"资源大国"。仅仅以媒体产业链上的旅游产业为例，中国的历史文化古迹越来越成为国际性的旅游吸引物，其潜在价值无法估量。

并且，由于许多产业将越来越依靠文化符号为其生产附加价值，文化活动从创作、制作、传播，到接受都已经具有越来越大的经济价值，中国媒体完全有机会通过国际化销售网络，实现高产出和高利润的大型"规模经济"，与国际化文化媒体巨头实行跨行业多方面合作经营以实现范围经济利润。

这里需要思考的是，我国媒体在跨国活动中需采取何种有效的运作方式，以什么价值观念进入，以及会面临怎样的世界市场结构，会遭遇哪些经济上的制约等等。

对于我国媒体而言，品牌、版权、发行网、人才以及技术等等皆是处于媒体全球性战略合作的中需要面对的问题，一方面，在市场驱动力下，通过政府行政性力量,对媒体结构进行资源有效配合;另一方面对境外相关性媒体资源进行有益吸纳。

如有文章研究认为,欧洲一些传统大国的平面媒体都面临着二战以来最大的危机,而一些发展中国家如印度、巴西和中国的媒体却正在兴起。该文章从广告市场的萎缩、日报的危机和媒体狂潮在全世界的扩张三方面探讨了西方媒体的发展趋向①。我国媒体在踏入媒体全球化战略大局时,不仅要考虑到全球的媒体布局、产业波及问题,同时也要吸取一些发展中国家的经验。

中国在全球传播的过程中一味强调自己的文化是不可取的,有时候需要媒体创意者将中国元素重组,从全球化视野以外国人更易理解和接收的角度进行作品创作和信息传播。如在电影领域,早期一些电影创作者一味学习好莱坞模式,结果作品"不洋不相",近期电影则利用中国元素 IP,将中国功夫、中国古典名著和神话等作为电影创作的灵感和源泉,如《功夫熊猫》《西游记之大圣归来》等,取得了一定的成功。

二、创意国际传达的媒体资源

中国民族文化资源丰富,如何将这些丰富的民族文化资源推广为具备国际传达效果的媒体资源是值得探究的问题。

(1) 中华文化是东亚文化的核心,自古以来便对周边国家形成强大的文化辐射。这样,必须整理、创作好的本国作品、好的节目,办好栏目、版面,注意受众本位,建构自己的媒体文化优势。建立起拥有中国各民族共同指认的文化特性(Identity),在它们之间培育起新的、经得起现实压力和未来考验的文化向心力是首要的难题。

媒体创意产业本质上是智力创造所决定的,当属于集约型文化经济形态,适宜对外输出。现阶段我国对外文化贸易与西方发达国家相比,一个最大的战略性差异就是:中国输出产品,西方输出版权,成本与效益呈现出截然的反差。因此,以版权产业为核心的文化产业将成为文化产业发展的主流和文化产业综合竞争力强弱的战略性标志。中国文化产业发展的国际化战略不能走低端产品发

---

① 法国里尔高等新闻学院的 Thierry Guidee 教授《西方媒体的发展趋向与媒体的市场化》,上海大学国际学术研讨会 2003 年。

展的老路。①媒体创意产业也是同样的道理。

（2）组建自己的媒体跨国公司，将中华文化更多地传播海外，让世界人民领略中华文化的魅力，从而扩大民族文化的发展空间。②

一些中国元素有效地用国际传播策略达成国际化效果，如中国传统戏曲"生、旦、净、丑"，"唱、念、做、打"，"手、眼、身、步、法"在国际动画影视作品里的使用，创意地将戏曲元素与现代元素相融而不违和，是中国传统文化传承与国际传达的极佳创意组合。

案例 14-3：

东方梦工厂

东方梦工厂根据中美经贸合作论坛协议，由华人文化产业投资基金(CMC)联合上海东方传媒集团有限公司(SMG)、上海联和投资有限公司(SAIL)与美国梦工厂动画公司，于 2012 年 8 月在上海合资组建。东方梦工厂将由两个业务板块构成：一是影视产品及其衍生产业，二是位于徐汇滨江的大型城市综合娱乐旅游目的地——梦中心。

《功夫熊猫3》由中影股份、东方梦工厂与美国梦工厂联合投资拍摄，作为一部中美合拍动画电影，不仅有更多中国故事元素，甚至许多中国式表情都由东方梦工厂来做。目前，中国已经稳居全球第二大电影票房市场，但与电影相关的衍生品市场却仍处于初期开发阶段。在电影文化创意产业中，票房应该只是其中一部分，而涉及电影周边衍生品开发、IP 的授权运作等对于整个产业持续发展而言是至关重要的一环。

（3）中国语言如何突破表意文字特性，完成与英法德拉丁诸拼音文字的对接，打破语言障碍？

经济全球化的迅猛发展，毫无疑问会对各个民族和地域的文化产生巨大的冲击，在相当程度上改变它们原有的面貌，但不同民族的各自特点包括文化差异依然会存在，它们之间应该和谐共处，相互取长补短。否则不利于人类文明的发展。

---

① 胡惠林：2006 年 1 月 23 日《文汇报》。

② 童清艳. 传媒产业经济学[M]. 上海：复旦大学出版社，2007.

中国语言复杂,许多媒体内容在对外传播时难免受到文化解读的难题。如何用国外能理解的表现形式,创造性地突破语言障碍,用他国能理解的故事视角传递中国媒体内容,需要继续探索。

案例 14-4:

迪士尼在中国开拓戏剧产业市场①

上海将成为继纽约、伦敦之后的又一世界音乐剧产业基地。美国华特迪士尼公司与上海大剧院,共同在沪推出舞台剧——《狮子王》。双方表示,这不仅意味着上海将成为英语原版《狮子王》演出的唯一亚洲城市;也显示出迪士尼公司将在进军中国消费品、电影电视、乐园之外,抢先在中国开拓戏剧产业市场。

《狮子王》在上海演出,是迪士尼公司将中国作为全球发展战略的规划之一。《狮子王》1997 年推出,目前全球已经有 3 400 万人观看,该剧在伦敦和纽约至今续写着场场爆满的票房纪录。

上海大剧院方面估计,《狮子王》仅票房总收入一项就将达到 7 000 万元。上海大剧院未取得《狮子王》衍生产品的授权,选择了收取场地费,即《狮子王》的各种衍生产品只在上海大剧院销售,销售所得由双方分成。

百老汇亚洲娱乐公司的研究报告表明,音乐剧产业会拉动旅游、饭店、购物、交通等行业,曼哈顿地区 60% 的游客与到百老汇看戏有关。而上海与曼哈顿很相像,将来可以成为音乐剧的圣地,上海发展音乐剧产业也会对上海的旅游产业产生巨大影响。

第四节　媒体创意的国际化

一、从韩剧热播看国际化

自 20 世纪 90 年代初期被我国引进播出后,韩国电视剧在我国历经起伏,至今已逾二十载。继日剧、港台剧之后,韩剧在我国掀起的收视热潮一轮接一轮,至今不曾平息,其影响时间之长,影响范围之广为当世所罕见,堪称当代跨文化

---

① 参阅李卉:《每日经济新闻》,2014.02.22.

传播的成功典范。

（一）韩剧热播的原因

韩剧热播最直观的原因是剧中令人赏心悦目的男女主角，他们大多都是帅哥美女，并穿着精美的服饰。那些唯美画面加上动听配乐让影视剧爱好者很难拒绝。

然而韩剧热播的原因远不止于此。首先韩剧编剧水平高。其内容大多是健康向上的主题、生活化的剧情。爱情、亲情、友情和信义是韩剧的表现主题，也是最打动观众情感的核心内容。

剧中的人物就在爱情、责任和良心之间备受煎熬，同样也考验着观众内心的情感尺度。韩剧充分发挥了电视的娱乐功能，带来情绪上的解放感，带来"心绪转换效用"。

其次韩剧注重亚洲文化圈的集体认同。韩剧的价值观念、道德标准、审美趋向都是建立在亚洲文化之上的，比较容易引起亚洲人的共鸣，以传统的手法进行了真实的表现是它成功的另一原因。

韩剧对民族性和世界性元素的分寸把握非常适当。尽管韩剧注重亚洲文化圈，然而它也能借鉴现代意识和影像表现手法（世界性）通过民族文化的表达（民族性），容纳并且丰富世界性文化命题的审美理解。

最后，作为"亚洲四小龙"之一，韩国的经济起步较早，发展水平也较高，生活水平比部分中国人高出许多。因此，经济因素也是韩剧热播的一大原因。韩剧观众一方面羡慕韩国人的生活，一方面也觉得并非可望而不可即，于是把它作为一面镜子，照出自己不久的将来富裕以后的生活。

（二）韩剧的国际传播与经营

早在2004年韩国电影出口额达到1 500万美元，好莱坞片商也对韩国的电影表现出极大的兴趣，争相购买翻拍权。

韩剧的国际传播与经营与韩国政府积极推动离不开。韩国政府在政策层面首先制定国际化的发展战略，从战略高度对其体现了高度充分的重视；其次成立专门研究和发展机构，对韩剧的发展提供一些研究理论支持；最后韩国政府提供资金支持。

韩剧以现实题材为主，突出本民族的文化生活特点。家庭生活是韩国电视剧的一大主题，在现代剧中也随处可见韩国的传统文化元素：温暖的小吃馆、街头排挡；独特的泡菜和清酒文化；女性的传统民服，还有韩国特色的饮食方式。韩国在向世界各地销售文化产品的同时，也使得其间附带的所谓高丽文化逐渐为世界所认同。

韩国电视剧多走亲情、友情、爱情的情感路线，这些都是超越民族和文化界限，被不同文化背景的受众普遍接受的影视题材。

"环环相扣、互为引擎"的国际市场定位策略，占据有文化同源性的亚洲市场，进入中东、欧洲、北美市场。韩剧的国际营销市场分为四个等级，具体为下。

一级市场：中国大陆及港台地区

二级市场：全球华人散布区域及有中国文化根源的外籍华裔聚居地

三级市场：欧美市场

四级市场：受欧美国家文化影响的其他国家

二、我国影视媒体产品出口的问题与对策

20 世纪 90 年代开始，英美日等发达国家开始大力扶持发展本国影视产业，并把其提高到国家发展战略层面，促进了全球影视贸易的发展。如今影视贸易已成为全球贸易竞争的重要领域，在各国经济发展中占有重要地位。

（一）从资金，到内容制作的系列问题

中国影视贸易发展存在的问题主要有以下几点。一是资金匮乏。融资困难，融资规模小，渠道有限，缺乏专业机构，且大多依赖国家资金资助，经营效率低，此外，海外融资渠道也不畅。二是内容缺乏创新。很多中国影视产品在取材的过程中脱离现实生活、拍摄手法单一、表现形式缺乏审美价值和艺术价值，导致影视产品内容品质低下。三是文化背景存在较大差异。中国影视制作一直在模仿和复制好莱坞的模式，披着中国故事的外衣，却演着外国人的影视，最终影片的内容既偏离了中国传统文化理念，又没有西方文化的精髓。四是制作水平落后。五是相关体制不完善。竞争秩序差，盗版侵权行为严重，影视市场混乱与中国影视贸易法制建设的不完善有很大关系。六是影视贸易商业化程度低，影视盈利模式单一。收益主要来源是票房、收视率或广告，占到其总收入的 4/5，盈利过度依赖票房，对其衍生产品的开发不重视[①]。

---

① 王嫒.我国影视贸易发展的现状、问题与优化途径[J].价格月刊,2015(10).

（二）国际合作是唯一突破

对于这些问题,主要有四点对策。

（1）加强国际合作。如与韩国、美国、英国等国进行影视联合制的合作,引进国外影视制作优秀人才,目前许多影视作品最终致谢的名单里,国外从业人数越来越多①。中国影视内容单一、制作能力落后且缺乏完善的营销体系,这使得我国影视作品出海大大受限。加强国际合作能够让我们有机会学习和借鉴外国影视作品好的制作经验和营销经验,从而在今后的拍摄制作中扬长避短,拓宽中国影视作品在海外的销售路径。

（2）降低和规避文化折扣。提高译制水平:语言不通是文化交流的最大障碍,而影视作品的译制工作就是要扫清交流障碍,帮助外国观众理解影视作品剧情,并体会其中的深意。追求"真善美"是人类永恒的话题。影视剧要想降低文化折扣、赢得各国观众的共鸣,需要的是"共享价值"。

（3）提高影视作品国际营销能力。影视公司要加大对影视作品海外营销的资金投入,通过多种途径进行影视作品的国际市场营销。合理利用电影节和影展促销,借此平台拓展知名度。在影片制作初期就介入发行,根据电影的不同风格,以国际市场定位为引导,来主攻主要目标市场的电影节。应利用新媒体和网络平台。影视公司应该与国外新媒体沟通,在国外热门网站上进行宣传,在影视作品在国外影院上线前做足影视宣传,提高知名度和影响力。

（4）鼓励以自然题材和历史题材为主的纪录片走出国门。随着中国经济的快速发展和影响力的日益扩大,国外消费者对于神秘而古老的中国历史文化及自然风光兴趣日益浓厚,有越来越多的海外观众希望看到有关中国历史文化及自然风光题材的纪录片②。

三、媒体公司为何全球化

媒体公司是否也有全球化的必要呢? 全球化最主要的目的之一是扩大市场,增加收入。媒体公司全球化的目的也是不断寻求市场,增加收入。

媒体内容可以不断重复利用和重新利用,因此其实现全球化的难度也因此

---

① 王鸿海.创意媒体[M].北京:社会科学文献出版社,2014:7.
② 杨伊慧.中国影视出口的问题与对策[J].中外企业家,2015(23).

相较于其他行业容易些。

此外,国际收入也是媒体商务的重要部分。

媒体公司全球化还可以实现与全球伙伴共同承担风险和分享机会。许多发达国家中国内市场竞争激烈,中国媒体公司也必须走出国门寻找新的增长点。保持国内市场份额同时进行国外扩张。

中国的"一带一路"的国际化战略,扩大中国的文化和创意传播,既有经济效益也有输出中国文化共识等作用。共建"一带一路"顺应世界多极化、经济全球化、文化多样化、社会信息化的潮流,秉持开放的区域合作精神,致力于维护全球自由贸易体系和开放型世界经济。

媒体公司追求全球化能够促进经济要素有序自由流动、资源高效配置和市场深度融合,推动沿线各国实现经济政策协调,开展更大范围、更高水平、更深层次的区域合作,共同打造开放、包容、均衡、普惠的区域经济合作架构。

思考题:

你认为大数据时代应如何将中国元素通过媒体进行国际化传播?

参考文献

[1] 埃德温曼斯非尔德.应用微观经济学[M].北京:经济科学出版社,1999:735.

[2] 沃尔夫.娱乐经济[M].北京:光明日报出版社,香港:科文(香港)出版有限公司,2001.

[3] 安有太.全媒体融合发展的思考[OL].北屯在线.

[4] 彼得·圣吉.第五项修炼[M].上海:上海三联书店,2001.

[5] 保罗.新新媒介[M].上海:复旦大学出版社,2014.

[6] 伯杰.疯传[M].北京:电子工业出版社,2014.

[7] 柴静.看见[M].桂林:广西师范大学出版社,2013:26.

[8] 陈勤.媒体创意与策划[M].北京:中国传媒大学出版社,2015:1-19.

[9] 陈威如.平台战略[M].北京:中信出版社,2013.

[10] 董观志,李立志.盈利与成长——迪士尼的关键策略[M].北京:清华大学出版社,2006.

[11] 多斯桑托斯埃德娜,张晓明,周建钢.创意经济报告[M].北京:三辰影库音像出版社,2008:14.

[12] 弗里德曼.博弈论在经济学中的应用[M].牛津:牛津出版社,1986:70.

[13] 高振强.全球著名媒体经典案例剖析[M].北京:中国国际广播出版社,2003.

[14] 霍金斯,庆福,薇薇,等.创意经济:如何点石成金[M].上海:上海三联书店,2006:6-7.

[15] 林伟贤等.生意从创意开始[M].北京:北京大学出版社,2012:36-45.

[16] 曼昆.经济学原理[M].北京:机械工业出版社,2003:22.

[17] 彭剑锋.人力资源管理概论[M].上海:复旦大学出版社,2004:24-369.

[18] 芮明杰.管理学[M].北京:高等教育出版社,2001:88-109.

[19] 舍基.认知盈余:自由时间的力量[M].北京:中国人民大学出版社,2012:60-71.

[20] 斯蒂芬.伟大创意的诞生[M].杭州,浙江人民出版社,2014.

[21] 斯蒂芬·P.罗宾斯著.组织行为学[M].北京:中国人民大学出版社, 2000:423.

[22] 斯蒂芬·P.罗宾斯.管理学[M].北京:中国人民大学出版社,2012.

[23] 苏东水.管理学[M].北京:东方出版社,2013.

[24] 孙隽.超级女声 VS 超级策划[M].合肥:安徽人民出版社,2005.

[25] 童兵.中西新闻比较论纲[M].北京:新华出版社,1999:97.

[26] 童清艳.超越传媒——揭开媒介影响受众的面纱[M].北京:中国广播电视 出版社,2002:2.

[27] 童清艳.受众研究[M].上海:上海人民出版社,2013:5-10.

[28] 童清艳.传媒产业经济学导论[M].上海:复旦大学出版社,2007.

[29] 王慧等.动漫创意设计[M].北京:北京邮电大学出版社,2012.

[30] 谢林.冲突策略[M].牛津:牛津出版社,1960.

[31] 席文举.策划传媒:传媒时代,如何让传媒为我所用?[M].广州:南方日报 出版社,2007:13-19.

[32] 向勇.创意领导力:创意经理人胜任力研究[M].北京:北京大学出版社, 2010-11.

[33] 王鸿海等.创意媒体[M].北京:社会科学出版社,2014:205.

[34] 王方华.培训实务[M].北京:北京师范大学出版社,2006.

[35] 张维迎.博弈论与信息经济学[M].上海:上海三联书店、上海人民出版 社,1996.

[36] 陈颖,任翔.国产剧"逆袭海外","嬛嬛"留洋极好的?[N].华西都市报, 2013-01-27.

[37] 陈硕.并购动因的行为经济学分析[J].中国物价,2004(06).

[38] 高福安,赵新星.电视媒体绩效考核指标体系研究[J].中国广播电视学刊, 2013(05).

[39] 郝苗苗.从"美剧下架"审视视频网站版权运营策略[J].今传媒(学术版), 2015(04):60-61.

[40] 胡美香.游戏人才教育培养现状观察及发展趋势分析[J].创意媒体,2015 (1):231-238.

[41] 江环."泛娱乐化"与"限娱令"——关于省级卫视娱乐节目发展的思考[J].才智,2011(34).

[42] 覃晴,谭天.《中国好声音》的传播特征与价值创新[J].新闻与写作,2012(10):36-39.

[43] 李穆南.亚马逊的品牌建设之道[J].中国市场,2011(39):40.

[44] 林颖.报业全媒体采编绩效考核四大趋势[J].中国传媒科技,2015(01).

[45] 刘刚.电视节目的品牌打造[J].记者摇篮,2005(04).

[46] 童清艳,王卓铭.中国传媒并购行为动因及风险规避[J].新闻记者,2006-03.

[47] 童清艳.当代中国博弈行为分析[J].新闻记者,2003(10).

[48] 童清艳.战略下的中国传媒产业组织结构的重塑[J].当代财经,2003(12).

[49] 王媛.我国影视贸易发展的现状、问题与优化途径[J].价格月刊,2015(10).

[50] 严正,胡晓琼.快速成长型企业的组织建设与领导力发展[J].新资本,2008(03).

[51] 杨伊慧.中国影视出口的问题与对策[J].中外企业家,2015(23).

[52] 尹冰.浅析如何做好亲子互动真人秀电视节目——以湖南卫视《爸爸去哪儿》节目为例[J].中国报业,2013(22).

[53] 张峰.企业并购战略的策略和出发点[J].安徽师范大学学报,2004(01).

[54] 张国涛.电视综艺节目研究述评[J].当代电视,2003(05):50-53.

[55] 张旖旎.企业价值观与企业凝聚力关系研究[D].重庆大学,2009.

[56] 张倩,童清艳.2013年中国手机游戏发展报告[A].//体蓝皮书2014年[M].北京:社会科学文献出版社,2015:25-36.

[57] 周启明,刘勇.益智类答题节目平民化路径探析——以江苏卫视《一站到底》节目为例[J].上饶师范学院学报,2014(05):74-77.

[58] 荆翡.媒介融合背景下手机媒体发展的社会背景、现状及展望[J].北方传媒研究,2013(5).

[59] 罗亚伟,宋培义.从"人效贡献"看新媒体公司的人力资源管理[J].传媒,2014(7).

索　引